杜希福 主编

家教神话

没有不成功的孩子

库金会 著

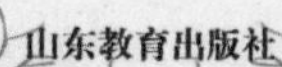

8岁的沈琳琳2009年4月14日到库金会超常教育学校读书，此前读小学三年级，成绩差，做作业慢，马虎，调皮，任性，乘法口诀都不会背，考试只有40分。仅仅2年时间，库金会就使她连跳三级，目前读初二，成绩优秀，各种坏习惯都变成好习惯。

张文龙同学在库金会超常教育学校课余娱乐

刘鉴开同学在库金会超常教育学校课余娱乐

2011年3月13日，作者带领库金会超常教育学校的学生到湖北襄阳古隆中诸葛亮故居春游。

高天米

高天米同学在库金会超常教育学校上午学武术，下午学文化。数学、物理、英语等初二课程，考试成绩都接近满分。今年才12岁，成功跳了一级。

库金会的学生侯高俊杰与蔡国庆、印小天等名人同台演出。

侯高俊杰与蔡依林在东方卫视同台演出

在2009年中央电视台春节联欢晚会上侯高俊杰与周杰伦载歌载舞

9岁男生2年学完小学功课

库金会，时年53周岁，只有小学二年级文化，却陆续出版了11本著作，畅销海内外；教育两个小学调皮捣蛋、成绩差的儿子16岁就全部考上了北京的名牌大学，大儿子库搏飞北航毕业现已就业，小儿子库稳飞在中国科学院读硕士（已经收到美国4所名牌大学录取通知，为全额奖学金博士研究生）。他先后8次接受中央电视台和几十家权威媒体的专访，被喻为“平民教育专家”。其家庭被国家授予“全国学习型家庭”荣誉称号。个人被十堰市委、市政府授予“文明市民”称号。几年来，库金会为了方便全国家长咨询问题孩子的教育方法，向全国公开了电话（宅电0719－8763001和手机18986883103）。

成绩差的学生们“连级跳”

春节前，因东莞企业家朋友的力邀，记者一行冒雪北上湖北十堰，在十堰市库金会超常教育（学校）研究所，记者见到了再普通不过的库金会和他的学生们。如8岁的沈琳琳同学，2009年7月到库金会学校之前是3年级学生，乘法口诀不会背，书写汉字笔顺全部错，26个英语字母认识不全，做作业马虎到极点，做作业慢，调皮，实际文化程度只有小学一年级。可是2010年1月29日参加湖北省十堰市初中一年级上学期期末考试，各科成绩全部优秀。还有9岁男生齐奥奇，2009年7月是一年级学生，现在却注册了初一的学籍。年龄最大的是16岁孩子杨珍洁，中考成绩只有200多分，到库金会学校仅两年，目前读高二，成绩优秀，2010年6月期末考试历史满分。特别是过去懒惰、脾气不太好、做作业慢等坏习惯一扫而光，变成了文静秀气的优等生。

东莞富豪北上寻师

叶基和袁玲夫妇是土生土长的东莞人，夫妇俩白手起家，打拼13年积累财富过千万，目前有两个儿子在深圳读贵族学校。读初一的小儿子阿恒，今年12岁，数学成绩刚及格，语文和英语极差，上课几乎听不懂。孩子在校几乎处于放羊状态，用阿恒自己的话说是在受“煎熬”！

叶基夫妇打理着若干产业，小儿子阿恒的教育却让他们着急上火、忧心如焚。袁玲无意中在书店里看了库金会的书，对库先生的教育理念和教育成果颇为信服，所以放下工作，为儿子千里寻名师。

轻松活跃的课堂氛围

在库金会学校就读的孩子来自全国各地。记者经过两天的采访，发现学校里课堂氛围轻松而活跃，孩子们的基础知识都很扎实，许多孩子过去在一些公办学校或贵族学校考试只有十几分，如今不但成绩上来了，还改掉了过去许多坏习惯。如张文龙、刘鉴开、高天米等同学，都进步神速，特别是读初二的高天米同学，身体也锻炼好了，考试成绩几乎都是满分。

交谈中，孩子们告诉记者，刚开始觉得很辛苦，每周只休息一天，从早上7点半学到晚上11点，晚上10点半后写一篇作文，夜里11点才能睡觉。但现在很快乐，而且想到可以早点读大学、读博士就更快乐。库先生说，他时常告诉孩子们，不读书只能打工，没文化打工一定很辛苦，还会沦为低保对象或走向犯罪，成为国家的负担。与以后打工相比，现在的学习就跟玩儿一样。

“调皮鬼”进步神速

农历正月十二，叶基夫妇就带小儿子启程到库老师的超常教育研究所报到。袁玲告诉记者，与其让孩子在课堂上受“煎熬”，不如给他找一块“净土”，让他静下心来读书。他们对孩子的学习能力毫不怀疑，孩子缺少的只是一个环境。半个月过去了，阿恒从起初的坐不住，到现在的每天都能静下心来学习10个小时，并且坐姿“稳如泰山”，叶基和袁玲夫妇觉得很欣慰。

库先生告诉记者，阿恒已经明白了为什么而读书的道理。他仅仅半个月就复习完上学期的语文和数学，学会了英语音标，目前已开始学习下学期课程。

袁玲告诉记者，如果效果好，就把大儿子阿儒也送过去。叶基告诉记者，为了孩子的明天，事业牺牲再多也值的。

原载《信息时报》（记者　周霞）

出版说明

“家庭是孩子的第一所学校。”“父母是孩子的第一任老师。”“好父母胜过好老师。”如今，这些教育名言已成为家长们的共识。因为成功的家庭教育是孩子走向成功的基础，所以，天下父母都想为孩子打牢这个基础，都希望孩子在人生道路上快乐前进，走向成功。

而在现实生活中，绝大多数的父母并不是教师。那么，怎样才能成为胜过“好老师”的“好父母”呢？怎样才能成为合格的“第一任老师”？怎样才能真正担当起孩子家庭教育的重任呢？

学习，父母需要学习。学习最先进的教育理念，学习一些教育学、心理学知识，学习教育孩子的方法和技巧，学习他人教育子女的成功经验。

罗丹说过，我们生活中不是缺少天才，而是我们的教育中缺少发现和认识天才的能力。

每个孩子都是潜在的天才，孩子身上都蕴藏着巨大的、不可估量的潜力，只要教育得法，看似普通的孩子，也能做出非凡的成就。

心理学的研究发现，0～13 岁是人一生中大脑发育最迅速的时期，是记忆力最佳时期，是一生中最可塑的阶段，也是奠定人的智能和性格的重要阶段。这个阶段，特别是学龄前，孩子与家长相处的时间最长，所以，家庭教育对孩子的成长与成才起着关键作用。父母不仅要爱孩子，还要用最适合的方法教育孩子。反之，错误的教育方法则会贻误孩子一生。适合的教育方法是最好的。用适合的方法教育自己的孩子，才是父母对孩子真正的爱，才能教出成功的孩子，才能成就孩子辉煌的一生。

所以说，教育孩子，方法最重要。

比如，很多孩子都喜欢“搞破坏”，父母应该怎样对待孩子的这种行为？如果父母见孩子“破坏”东西，不问青红皂白就是一巴掌，这一巴掌很可能把一个天才打成一个蠢才。如果对孩子的这种行为加以分析、引导、指导、教育、启发、鼓励，很可能培养出一个爱迪生或爱因斯坦。

比知识重要的是能力，比能力重要的是兴趣；好成绩不如好心态，好心态才有好未来。

在教育孩子时，父母应该树立这样的理念：父母给孩子的不能只是富裕的生活，或是英俊的外貌，最重要的是给孩子一个成功、快乐、幸福的人生。

其实，天下所有的父母都期望孩子有一个成功、快乐、幸福的人生。那么，怎样才能使期望变成现实呢？

请读一读《成功家教丛书》吧，您能从中找到答案。

本《丛书》得以出版除主编和作者的辛勤劳动外，还得到了常淑敏、刘庆芳、刘士祥、方圆、齐敦贤、吴若瑜、钱玉、孔令柱等专家的指导，以及快乐教育网、儿童发展教育研究中心、库金会超常教育（学校）研究所等机构的支持和帮助。在此表示真诚的感谢！

总　序

杜希福

许多家长都上过大学，在大学里学着不同的专业，以适应社会上不同的工作。但有一种几乎人人都要从事的工作，却没有相应的专业去对应，这就是如何做父母。

而孩子的教育又是那么敏感！伟大的儿童教育家洛克在《教育漫话》一书中说："教育上的错误比别的错误更不可轻犯。教育上的错误和错配了的药一样，第一次弄错了，决不能借第二次、第三次去补救，它的影响是终身洗刷不掉的。"

如何教育孩子，成为年轻父母及至整个家庭的首要问题。

没有办法，必须学习！

个人认为，根据事前、事中、事后来分，家长对家庭教育知识的学习可以分为三种时态，以对 3～6 岁幼儿教育的知识为例：

一是前导性学习。即在孩子 3 岁以前，家长就要系统地了解孩子 3～6 岁发展进程，并知道在不同的时期，孩子会有怎样的发展和怎样的需求。有了这些知识做基础，家长就可以优雅地欣赏孩子的发展，并在关键的时候帮孩子一把。

二是适时性学习。即孩子已经进入幼儿时期，他们的成长给家长提出了许多新问题。家长一边学习，一边指导孩子，尽管有点儿手忙脚乱，但总体上能赶得上孩子的发展。适时性的学习也有风险，当孩子稍稍度过了你所刚刚了解的发展时期，就可能耽误一点儿。

三是弥补性学习。即孩子已经进入小学，发生的问题却是幼儿时期的欠账，解决问题还得从幼儿时孩子发展的原因找起。为此，家长不得不再去了解孩子幼儿时期发展的心理特征，根据当时的发展缺陷来制定补救方案。

显而易见，家长最好参与前导性学习，这对于掌握孩子成长规律、系统把握家庭教育的阶段性工作是十分重要的。尽量不要用弥补性培训去解决已经存在的问题，那样，事倍功半就在所难免，出力不讨好、出力不管用也是非常可能的。

就学习的途径来说，可以分为向父母学习、向同伴学习、向老师学习和向书本学习几种情况。

向父母学习，是多数人的天性。一旦孩子有问题，我们都会想父母当年是怎样教育我们的。

向同伴学习，就是看别人怎样教育孩子，然后引入自己的家庭教育。

向老师学习，因为幼儿园和学校是有组织的教育机构，教师应该是教育的专业工作者，对于家庭教育具有特别的指导作用。家长应该与老师保持良好的关系，经常听听老师的意见。

向父母学习无可厚非，但今天孩子的成长环境与我们可不一样。向同伴学习可以弥补前者，但视野不够宽阔；大多数老师可以成为我们的老师，但个别老师的教育行为也值得商榷。

对于有作为的家长来说，向书本学习是必不可少的。因为书本里有专家对孩子成长规律的描述，有教育孩子应该遵循的基本规则，这些都具有较为普遍的指导性；书本里也有许多成功家教的经验，通过对成功事件的分析，从中找出影响成功的决定性因素，这对于我们都具有一定的借鉴意义。

本《丛书》的作者们通过长时间的努力，分四个专题介绍了家庭教育的知识和方法，提供了若干成功家教的实践案例，愿它能为您的家庭教育提供帮助。让我们的孩子健康成长，是我们共同的心愿！无论这个孩子是我的、您的，还是他的，他们都是中华民族的子孙！

文明市民库金会同志简要事迹
（代前言）

湖北省十堰市精神文明建设委员会

库金会是湖北省十堰市茅箭区铁三处居委会辖区居民，现年53岁，中国共产党党员。该同志利用业余时间培养两个儿子，敢为天下先，将两个极顽皮、成绩差的儿子培养成跳级生，并先后于2002年和2004年考上了北京航空航天大学、中国地质大学（北京）。兄弟俩目前均在北京工作和读研究生（中国科学院研究生）。库金会同志之所以能下这么大力气培养儿子，他说："一是不想儿子走歪道；二是不想儿子成为国家的低保对象，给国家增加负担，让儿子成为一个自食其力的人；三是力争使儿子成为国家的人才；四是如果儿子考上了大学，全家也高兴，这就是一个幸福家庭。"

库金会自己原本只有小学二年级文化，他通过刻苦自学，从抄字典开始，终于成为作家（湖北省作协会员）。出版著作11部。他在电视上演讲"库金会读《红楼梦》"和出版的研究《红楼梦》著作引起强烈反响。他出版的书远销美国、日本。他为了培养儿子，做到"八不"，即不抽烟，不喝酒，不打麻将，不"斗地主"，不唱歌，不跳舞，不吸毒，不赌博。每天下班回家就与儿子一起学习。

为了当好监护人，他五年如一日，风雨无阻，为两个上高中的儿子送午饭；他家离学校6公里，他每天如此做，一共1700多天。他培养儿子的方法被全国1000多家媒体报道，4位作家为他立传出书4部，在全国产生强烈反响。其中作家李振斌写的《家教神话》，被全国十八个省的报刊连载三个月。自2003年8月起，中央电视台先后8

次为他做专题节目，每次向全国播出30分钟以上。2005年3月，中央电视台还专门派出摄制组到十堰市拍库金会的专题片，历时9天。目前，中央电视台有6个频道播出过他的专题节目。山东电视台也于2005年12月专程邀请他去做了两期共80分钟节目。这些节目在全国省市级电视台重复播出多次。目前，又有许多省市电视台邀请库金会前去做节目。为此，由中共中央宣传部、教育部等18个部门组成的全国五好文明家庭活动协调小组授予他家“首届全国学习型家庭”荣誉称号（湖北省仅两家、全国100家）。库金会自己撰写的11部书，其中有两部被国家财政部、文化部大批采购送到全国贫困地区图书馆。仅国家图书馆就收藏了18部。他的教育成果被全国妇联、全国总工会、团中央、国家新闻出版总署联合下文向全国推荐。市委、市政府连续两届授予库金会同志“文明市民”称号。

目前，库金会正在做一件了不起的工程，即充当“救火队”，只要有电话告急，说孩子难管、不听话，他就去面对面地教育。他已应邀走访了28个省（市、自治区），如浙江、北京、陕西、河南、广东、上海、山西、新疆、甘肃、黑龙江、吉林、内蒙等。十堰市一高三学生由于迷恋上网，休学半年上网，还离家出走，经库金会教育后，像变了一个人似的。为此，山东电视台于2005年12月3日约库金会带这对父子去山东电视台做了一期45分钟节目，此节目在山东卫视“天下父母”栏目和全国上百个电视台播出数百次，在全国产生强烈反响。

库金会表示，在他有生之年，一定尽自己最大努力去帮助一些不愿读书的孩子。他已经创办一所超常教育学校，力争使10000个孩子不走歪路、不犯罪，并且成为国家的重要人才。何谓超常教育？就是用科学的教育方法使普通的孩子由成绩差变成优秀、变成天才神童，8年轻松学完12年课程。比如，河南省的普通孩子侯高俊杰5岁多跟着库金会学习，2009年春节晚会与周杰伦一起演出，一举成为大明星。

我哥哥

（序一）

中国人民解放军国防科技大学电子技术系主任、教授、大校　库锡树

“差生都能变优生，8年轻松学好12年课程”，这听起来像神话，但它确实是事实。它是我哥哥（著名教育专家、作家库金会）集20多年心血、跑遍全国调查研究和实践的结晶，是教育科研成果。特别是他的“我要学，动脑筋，仔细审题”十字诀，一看就会操作，令全国数以百万的学生、家长受益。

自从我哥哥自己写的和别人写我哥哥的十几部著作在国内外发行后，我哥哥也算是个“名人”了。特别是中央电视台的几个频道和全国各省市电视台、报刊、广播电台诸媒体连续宣传我哥哥的“传奇故事”后，他每天要接到许多“求救”电话，都是反映孩子厌学、不听话、上网成瘾的，有的要求把孩子送给我哥带，有的带孩子到我哥家咨询，大多数是邀请我哥去他们家帮助管孩子的，因为许多孩子不愿意跟父母到我哥家，我哥就只好不辞辛苦，接受家长的邀请，奔波于全国各地。

2006年，广西漓江出版社出版了我哥写的《最管用的家教——库金会的家教神话》一书，书中披露了他到全国各地帮助教育孩子的内容，于是，邀请他的信件、电话更多了。

2004年以来，我哥已跑遍了28个省（市、自治区），到过300多个家庭进行帮教。他说：“我是世界上真正能解决差生问题（即由差生变成优等生）第一人！”

我哥本是一个不善于也不喜欢张扬的人，记得他出版了一部研

究《红楼梦》的书，一些电视台约他去讲《红楼梦》，他都没有答应，只在本市电视台讲过几回，其他省都被他拒绝了。那么，他为什么口出“狂言”说自己是“天下真正能解决差生问题第一人”呢？

他说，虽然培养两个孩子考上北京的两所重点大学，并且于2003～2004年出版了3部培养孩子的书。但是怎样将不听话的、“不是读书这块料”的孩子培养考入一流大学，是被全国家长邀请走向千家万户之后，他才掌握了管好孩子的秘诀。

因为我哥到全国各地帮教，经常乘飞机、火车来往奔波，非常辛苦，是一个真正“吃百家饭”的人。他说，他从事这项工作，恐怕全世界只有他一个人，也只有他一个人能吃这样的苦。他每到一个家庭，往往是一下飞机或火车就开始工作，与家长和孩子谈话，一天谈十几个小时，每天谈到深夜。由于南方和北方以及各个家庭的生活习惯不一样，他几天就要适应一次新的生活，天天吃着“百家饭”。可以这么说，全世界的教育家们，有谁能吃这样的苦，有谁敢去那些“问题”孩子的家庭？

因为去了必须为那些家庭解决问题，使孩子变好，并且当场变好。我过去只听说有医生上门看病的，从未听说过上门帮忙教育孩子的；而医生上门也仅限于本地区，并且工作时间不长，而我哥是跑遍全国天南地北，真正的“吃百家饭”，并且是连续工作，一干就是两天二十几个小时。他说，一个人根本忙不过来，几乎每个家庭都需要他，即使那些学习成绩非常优秀的学生，同样需要他。他可以告诉孩子们更好的学习方法，更佳的做题技巧，以更优的心态去学习和生活。奇怪的是，我哥原本只有小学二年级的文化程度，更没有学过什么心理学、教育学，但他就是能解决孩子们的心理问题和学习问题，帮助孩子们树立起信心。难怪孩子们都喜欢他，与他成了朋友。

哥哥说他又写了一本书——《家教神话——没有不成功的孩子》。书中公开了哥哥让差生变成优等生、让孩子们“8年轻松学好12年课程”的秘密的书。他说，之所以要公开这个秘密，是因为全国的家长和孩子太需要了。2007 年 8 月 15 日，湖南省双峰县永丰镇和塘居委会第三组村民谢艳春携女儿到十堰我哥哥家咨询学习方法，这一对母女以前从未出过远门，也未坐过火车。我哥说，他很受感动，这促使他向全国公开他的学习方法和管孩子的方法。哥哥书写好之后，嘱咐我为该书写个序；其实，上述都是些大实话，就算序吧。但我要告诉读者朋友，这是一部真正的管好孩子的教育科学实验著作，虽然句句都是大实话，但却是我哥哥踏遍祖国山山水水，到几百个家庭的亲历体验，接听几千个电话，回复几千封来信，并以两个孩子作为研究对象，潜心研究近 20 年的心血啊！无论你的孩子是否出世，是差生或优生，读了此书必定大有收获呢，不信的话，请翻翻此书吧！（我哥哥 2003、2004 年出版的《没有不成功的孩子》、《没有不成功的家长》被国家文化部、财政部采购送往全国各贫困地区以及各省市图书馆，还远销美国、日本等国家。）

最后，告诉读者一个好消息，我哥哥已经办了学校，面向全国招收 6～18 岁幼儿和上小学、初中、高中的学生。学校名称是“库金会超常教育学校（研究所）”。他最近又创造了一个世界级的神话——他的学校从 2009 年 4 月成立到目前，他指导湖北省十堰市叶湾小学一位 8 岁半、学习成绩差、习惯很不好、非常马虎、英语成绩仅仅认识几个字母的 3 年级学生沈琳琳自学，仅仅两个月，就学习完 3、4、5、6 年级课程，现在正在学习初中二年级的课程。他把这个世界教育史上的神话带到了中央电视台，因为中央电视台《我们》栏目 2010 年 5 月 30 日邀请他做了两期关于家庭教育的节目，是在当年 8 月播出的。我哥为了方便全国的家长咨询，公开了他的联系方式（手机号是：18986883103，宅电是：0719－8763001；地址是：湖北省十堰市武当路 36 号；邮编：442012）。

2011 年 2 月于长沙

谈谈"超常教育"
（序二）

南京今日教育集团董事长　刘　强

这是全国著名教育实践专家、南京今日教育集团超常教育研究院院长、作家库金会先生的研究与实践专著。库老师谦虚地让我写个序，我欣然应允了。如果说家长必读此书的话，我更推荐教师们也要读读这本书。

国内的"超常教育"从 1978 年开始，是钱学森倡导的。原来主要是针对 1%～3%智力超常的儿童进行研究，从没有重视常态儿童同样具备超常的潜能。"超常教育"是一门教育学、人才学、社会学、心理学、遗传学等综合性的科学研究课题，它不是迷信，更不是特异功能。超常教育是素质教育当中的前沿教育，注重人的充分发展，在世界范围内普遍受重视，也必将成为我国基础教育进一步改革的趋势。超常不仅仅是指特长、能考上重点大学为结果，核心是使人的智商和情商得到协调发展，其中重要的因素是调动人学习行为的主动性、创造性。库金会老师是国内面向普通孩子进行超常教育实践的第一人，他成功培养自己两个孩子都考上北京的重点大学，6 年走遍全国 28 个省、直辖市、自治区，深入 300 多个几乎陷入绝望的家庭成功进行帮教，电话、信函成功指导过数以万计的学生。以他为杰出代表、与今日教育集团 300 多位一线特级教师"后课堂"理论研究结果再次表明，超常教育对于任何普通的学生均可实施。

一个极其普通、不求上进的孩子，短短两天却能变成让人刮目相看的要求上进的学生；一个学习懒惰、本该留级的孩子却能出乎意料地跳级，库金会老师经历的无数案例足以说明实施科学的超常教育，会让孩子得到立竿见影的超常发展。

在国内，很多家长意识到家庭教育的重要性，但真正最终把孩子培养成材是难上加难。于是，家长就会抱怨教师无能，抱怨教育体制的缺陷。痛苦也罢，困难也罢，孩子总归是自己的，读好书是硬道理，家长是培养孩子成材的第一责任人。当我们听到孩子无奈的叹息，看到家长充满期待的眼神时，都使我们倍感沉重，高度的社会责任感促使我们将尽快在国内第一家举办8年制超常教育学校，并在有可能的情况下，在各地符合条件的学校举办超常教育实验班，尽可能让这些系统的研究和实践成果得到共享。

在读此书之前，必须认知以下几个观点：

1. 人之初，性本惰。我无意改变原来的"三字经"，但这是人的本性。在教育行为的实施过程中，必须首先克服一切惰性，变得积极、主动、乐观，这也是取得良好教育效果的必然前提。本书会针对孩子不同的情况介绍实用的方法，激发学生的学习动机，使其明确学习目标。

2. 孩子是自己的老师。有人说家长是孩子的老师，有人说学校的老师是孩子的老师。我们认为，一切知识都是依靠孩子自己消化获得的，任何人都不能把知识灌注给孩子，一切教育行为要遵守教育的本质，孩子才是学习的主人。

3. 教师的作用是解惑。一直以来我们定位教师的功能是传道，授业，解惑。善、恶、美、丑的辨别不是传的，更不是教的，立场不同，标准也会不同。我们认为，教师的"解惑"才是唯一本质的功能，任何家庭教育行为不可能终身代替学科教师的"解惑"。

4. 学会检讨。当做错事情以后，我们听到最多的就是"我以为……"我们认为教育的行为其实就是学生、家长、老师之间的交往行为，勇于承担责任并表示坦诚的歉意，对教育所起的作用是不可估量的。因为其中体现了尊重、宽容。本书的作者就是勇于承认"错误"的人。

衷心希望天下父母尽开颜，让孩子拥有才智清明、德艺并举的美好明天。

2011年2月于南京

目 录
CONTENTS

第一章 每个孩子都能成功

——8 年轻松学好 12 年的课程

◎ 侯高俊杰的成长过程

◎ 神童不神的秘密

◎ 近一半的高中生文化程度名不副实

◎ 快乐实用的读书方法

我每到一处，都要宣传我的教育理念，即让所有孩子12～15岁考入名牌大学。本章将揭开神童不神的秘密，其中周杰伦的徒弟侯高俊杰的成长过程将使读者大开眼界。

侯高俊杰的成长过程

读者看了本章的副题可能认为有些出格，因为各国目前实施的大多数都是中小学12年制。一般是小学6年，初中和高中各3年。一个孩子从7周岁开始上学，到18周岁中学毕业或考大学，或参加工作。这一学制已经实施了几十年。

作者在福州大学演讲

我提出"8年轻松学好12年课程"荒谬吗？大家如果有时间到我创办的学校（研究所）参观参观就清楚了，学校的学生人人都跳级、成绩优秀。我在2006年出版了《没有不成功的孩子：库金会家教系列——女儿七岁上中学》，已经对全世界现有学制提出了挑战，已有千百万家庭受益于此书，许多孩子成功跳级（此书只写了几个个案而已)。

老实说,我把两个儿子培养好,先后于2002年和2004年送进北京的两所重点大学后,虽然当时我已出版了四部培养孩子的书,但可以说,离真正懂得孩子,真正懂得家庭教育,真正懂得学习方法还差得很远,犹如"白痴"一个。那时我还在书中大言不惭地说"幼教是荒唐的"。现在看来,荒唐的是本人,因本人无知说出荒唐的话。

时过6年多,是实事教育了我,我到300多个家庭帮教,并实地做各种学习方法实验,特别是我亲自创办学校2年多来,我发现读书原来这样简单。12年课程完全可以在7~8年内完成,而且学得很好。

目前我国的实际情况是,每年都有10~15岁的孩子上大学。在河南省新乡一中、北京八中、上海师大附中等全国十几所学校里,都设有9~10年制"快班"。即:使孩子在9~10年内完成从小学到高中的全部课程(但没有7~8年制的学校)。可惜的是,这些学校仅仅选拔的是本书里所说的"5%的学习自觉型"的孩子。这些孩子是从小学4年级或6年级被挑选到9~10年制"快班"的。美其名曰:选拔超智商的人才。其实,这些学校选拔的实际上也是智商平常的孩子,只不过这类孩子学习自觉一些罢了。

下面将要介绍的方法是,能将80%以上的孩子都培养成"天才"、"神童",使之都变成"超常"智商的孩子。

下面先向读者介绍周杰伦的徒弟侯高俊杰的成长过程。

在2009年的春节晚会上,周杰伦带着侯高俊杰一起跳舞唱歌,倾倒全国的观众。那么,侯高俊杰小朋友成功有秘密吗?侯高俊杰小朋友是怎样在5岁读5年级并且健康成长的呢?下面我就来揭开这个秘密。

侯高俊杰的父亲培养儿子的方法步骤是:

在儿子出生9个月时,专门为儿子做一个单杠,让儿子一双小手握住单杠后,父亲立即松手,使儿子双脚离地面只有3厘米。孩子首次吓得哇哇大哭,父亲也不管,让儿子吊累了自动落下来。一日吊10

次左右。养成习惯后，便让其自己玩单杠。

作者带神童侯高俊杰在福州大学演讲后在校门口留影

在孩子1岁3个月会走路时，如果孩子摔倒了，父母是不扶孩子起来的，让孩子自己爬起来。如果路遇什么“好心人”把孩子扶起来，父亲还要再次把儿子推倒，让其重新自己爬起来。这位父亲说，他是照着日本出版的一本书中说的去做的。可见他也是学来的。

在孩子两岁半自己会吃饭时，父亲对儿子说，一个人只能活一百岁左右，必须节约时间、珍惜时间。他规定孩子吃饭必须自己吃，吃一餐饭的时间不能超过30分钟。

在孩子3岁半时，父亲规定儿子吃饭时间为25分钟，并坚持让孩子春夏秋冬四季洗冷水澡。

在孩子4岁半时，孩子吃饭时间缩短为20分钟。这一年的元宵节一过，他便带儿子住了一宿宾馆。

他对儿子说，咱们家每天吃的、用的，都是父母劳动换来的，每个人必须学会劳动挣钱，不劳动就没有房子住，就没有饭吃。咱们今天在宾馆住一夜要160元钱。从明天起，你住在家里，也得向父母交钱，每天交60元住房钱。你每天吃零食、吃饭、穿衣服、使用水、电和上卫生间都得向父母交钱，一天交 40 元钱给父母。连同住房总共加起来，一天你要交给父母 100 元钱，不然，你不能住在家里，更没有衣服穿，也无饭吃。

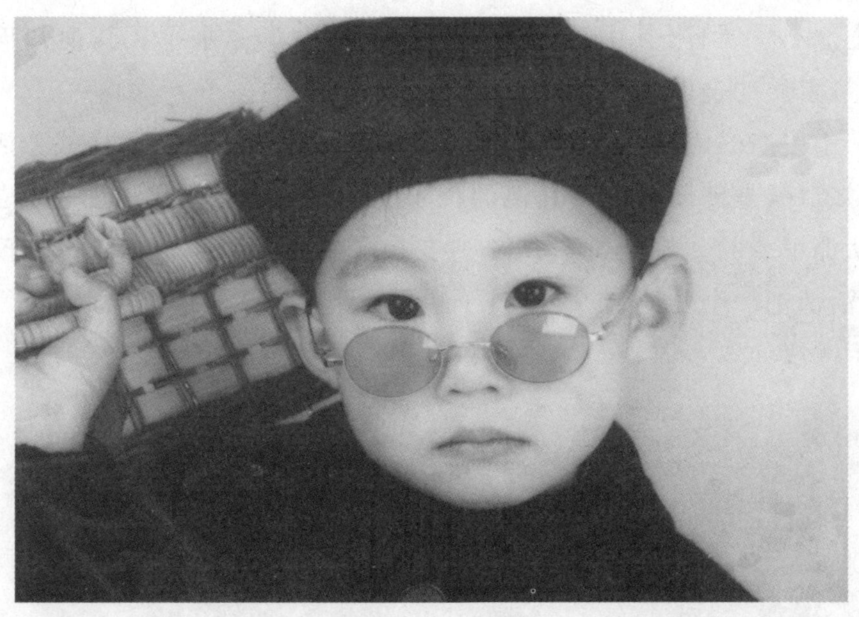

侯高俊杰(2005 年)

孩子哭道："我没有钱。"

父亲说，那好，我告诉你劳动挣钱的方法。你只要每天认识 5 个汉字，背诵 10 个英语单词，再学一些数学知识和练习写两页字，还学一点武术、舞蹈知识，每天可以得到 100 元钱。如果想吃水果、雪糕等零食，还要多做一些劳动，即多认汉字，多学数学、英语等。因为别人家的孩子都是这样劳动挣钱的(这是善意的谎言，是合适的。等孩子长大成人成才后，可以解释清楚的)，你也必须这样做。

小俊杰听父亲这么一说，非常高兴，因为他找到了劳动挣钱的办法，有房子住了，有饭吃了，也有零食吃了。

小俊杰从 4 岁半到 5 岁半，这一年学了多少知识呢？汉字 2000 个(由于平时吃零食便多学习了 100 多个)。数学会加减乘除了，英语单词背诵了 3650 个，还学会了武术里的劈叉、单手翻斤斗，会跳拉丁舞、街舞，"π"能背诵到 100 多位，还知道各国首都的名称等等。

上述罗列的这些数字，说明了一个什么问题呢？说明小俊杰汉字水平达到了小学毕业水平。那么数学呢？达到了6年级水平，英语单词量达到了初中毕业水平。小俊杰用两年时间在6岁半时便学完了全部小学课程，其中英语单词量达到高中毕业水平。其他知识的学习、素质的全面发展，则更是远远超出同龄的孩子。

小俊杰的成功，关键在于他4岁半就知道了必须劳动挣钱养活自己，知道钱是怎么来的。其他的孩子呢？即使上了大学，也不知道钱是从那里来的。家长都是从小追在孩子后面喂饭，一天到晚让孩子吃，活活把一个聪明、健康的孩子喂成了胖墩，更把孩子给惯坏了，养成了懒惰的坏习惯。

作者(右一)与2004年福建高考状元吴士诗(中、女)合影

下面是侯高俊杰的辅导老师付昕的一篇文章，照录下来，供读者了解小俊杰品德教育的情况。

品德教育是儿童早期教育的源泉

虽然春节前我就听说我市有个4岁半的小男孩儿叫侯高俊杰，能认得三四千个字，会用“珠心算”做一百以内的口算题。但是，当这个小不点儿站在我面前，让我当他的辅导老师的时候，我的脑子里仍是空荡荡的，心里一点儿底都没有。俗话说："三生四岁，闹人才会。"意思是说三四岁的娃娃最会闹人。教一个4岁半的孩子学习小学三年级的语文课，我还是头一次经历（尽管我已在三尺讲台上耕耘了二十几年，也曾通过媒体，看到或听到过一些关于早教的信息）。我怀着试试看的心情，收下了这名小学生。严格地说是一名幼儿啊。

侯高俊杰父子在福建省科技馆

三天过后，我惊奇地发现，学生虽小，却有着良好的行为习惯和学习习惯。4岁多的小宝宝能够安安静静地坐下来读书、写字，从没出现过到处乱跑、哭闹、撒娇、任性等现象。小学三年级上学期的语文课本，在不足两个月的时间里已经学到了第26课。每篇课文一般第一遍都读得不太顺，因为有个别生字、生词挡路，但基本上能读下来。读过两三遍以后就能有感情地通读全文了。同时我还发现，孩子的情感十分丰富，善于表达。一般小孩都喜欢看课文的插图，他也不例外。例如，学习《师生情》时我有意让他先看插图。他顺利地说出了画面上的主要内容：三个戴红领巾的女学生，踮着脚，透过玻璃窗，正在向病房里张望；三个女学生的脚边放着一个竹篮子，篮子上面盖着一条毛巾。我问俊杰："篮子里装的什么？"他仔细地看了看毛巾边上露出来的白色的鸡蛋说："是馒头。"我摇了摇头。（他又说：）"是包子。"我说："可能是馒头或者是包子，也许是别的东西，你读读课文就知道了。"当他把课文读完时笑着说："原来篮子里装的是鸡蛋。"我乘机用关联词语"不是……也不是……"选了个句子："篮子里装的不是馒头，也不是包子，原来是鸡蛋。"没想到小家伙在重复我造的句子时，在句子末尾添了个"啊"字。（当时我已把这个句子写在了黑板上）我高兴地伸出大拇指称赞说："这个'啊'字添得好，不过这样一来，后面的句号也应该换一下，换个什么号合适呢？""换感叹号。"孩子高兴地说。

这篇课文已经学过一个多月了，但是孩子出色的表现令我惊叹不已。我想，除了孩子智商正常之外，最重要的是：通过他父亲的培养，小小年纪，品格端正。通过一个多月的观察，我发现孩子不但学习情绪稳定，而且有耐心，有毅力。首先表现在：动手能力强，勤快，手巧。休息时，拖地、擦桌子、倒垃圾等杂活总是抢着干。擦鼻子纸和各种小食品袋、纸屑从不乱扔；用过的东西，全部"物归原位"，甚至比大人做得还要到位；没有不文明的污言秽语，没有独生子女"小皇帝"似的那种娇气、霸气和自私等坏习气。

不必说一个 4 岁半的孩子能读多少书，写多少篇日记，做多少道数学题，也不必说孩子的一般常识多么广博，体操、舞蹈练得多么带劲儿，单说这些良好的日常行为习惯，就为孩子将来健康地成长打下了坚实的基础。

侯高俊杰的父亲侯海琳在阜阳二中礼堂作演讲后回答家长问题

阜阳二中演讲现场

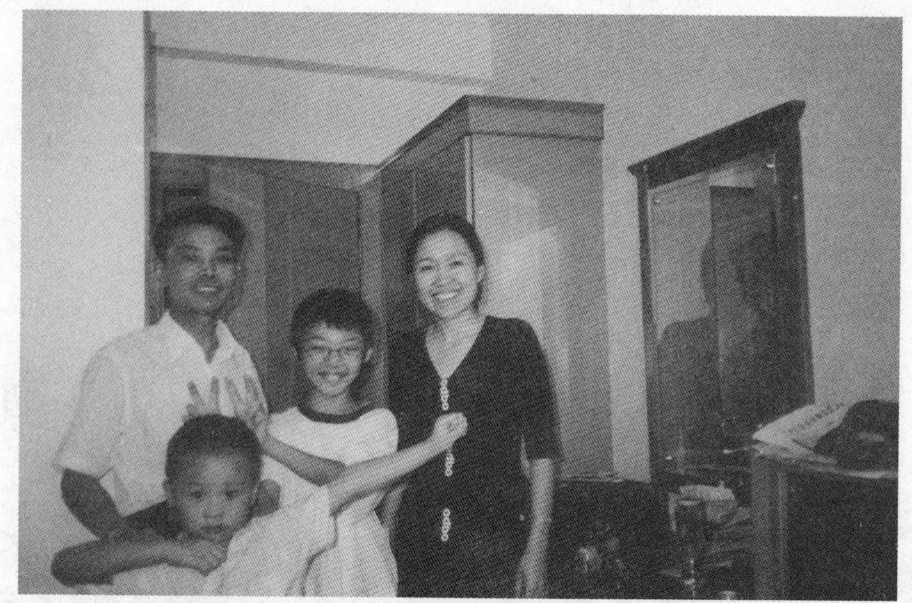

作者与带儿子专程到福州听演讲的深圳皇岗海关干部合影

2004年3月27日、28日，侯先生一家三口随我到安徽省阜阳市，在第二中学礼堂里，侯先生讲述了他的教子经验(现根据录音整理)：

我和广大的父母一样，很普通很平常。

我的儿子名叫侯高俊杰，自孩子出生后，改变了我的一生。

孩子是1999年8月6日出生的，出生时和别的孩子一样，没什么特别的，更看不出聪明之处，但健康。满月以后，我就抱儿子在外面玩。当时经营一个饭馆，就带孩子每天在马路边上玩。因为孩子小时候很干净，小朋友都喜欢抱他、逗他说话。现在想想儿子说话早，和当时的小朋友逗他有极大的关系。孩子半岁时，我看到了几本关于早期教育方面的书，看过以后，对我影响很大。这以后，我一有空就到新华书店看关于怎么教育孩子的书。看得越多，我心中的愿望越大，我很希望我的儿子也像书中那些孩子一样聪明、爱学习、独立、自信和自强。可我要上班，看饭馆(我开了一家个体饭馆)、看管孩子。我无法专心教育孩子。怎么

办，我想了很久，下定决心，辞掉工作，转让饭馆，一心一意培养教育儿子。我的决定给我后来的生活带来了难以想象的困难。孩子半岁以后，我每天给儿子念故事书，带孩子到各处去玩。在玩的过程中给他讲知识，锻炼身体。比如在八个月的时候，我常常把孩子吊在单杠上，一吊就是很长时间，孩子吓得、累得哇哇大哭，我也不管，直到他自己坚持不住了，掉了下来，我才在下面接住他。我时常让他倒挂在单杠上，脸憋得通红，大哭，我也让他坚持到一定的时间。就是在这种情况下，侯高俊杰的能力一点一点地提高了。

侯高俊杰的父亲侯海琳在福州大学接受家长咨询

孩子开始学走路时，每一次摔倒我绝不允许别人扶他起来，不管哭得多么伤心，我总是鼓励他自己站起来。有时摔倒，满手是血，别人看到，扶他起来，我会走过去再一次把他推倒，让儿子重新站起来（库金会附言：培养孩子，必须宽严结合。这一点侯先生与我是一样的。做家长的有时必须要心“黑”一些才行，不能老是心疼孩子）。别人都说我有

"病",是练"法轮功"的,心那么狠。当时,我的一些朋友、亲人也认为我做得不对。我暂时无法与他们沟通,他们认为我在做一件傻事,一件不可能的事,一件无法和现实生活相符的事!我给他们讲不清也道不明,干脆我和朋友说,以后我们暂时别来往了,过十年以后再相聚(平时来往也就是喝酒、聊天、打牌,无正事)。

俊杰与母亲在阜阳二中演讲后在校园合影

孩子两岁时,我辞掉了在平顶山神马实业公司的一份月薪2000元的工作,父母和丈人知道后都骂我,说我是神经病。妻子也到北京打工去了。我一人带着孩子。当时的我,是多么地无助、多么地伤心,没有一个人理解我啊!当

孩子有病的时候，当孩子要妈妈的时候，我心如刀割，可没有人帮助我，在我身边的只有儿子侯高俊杰。在种种痛苦、压力下，我在孩子面前却总是笑脸，认真和孩子做游戏，和孩子玩，从不间断。每天都和孩子做认字游戏，比如赛车，两辆小车，从一条线上开过，离开直线认字，谁的车慢就罚谁认字。过几天再用手枪玩打字游戏。在枪的前后，放好字卡，儿子打中了就不认字，我认字。打不中就是儿子认字。这样一反一正，孩子在这种游戏中认字学文化。还有，做积木游戏，谁堆码得高谁不认字，谁的低谁认字，仅一年时间，孩子便在游戏中轻轻松松地认识了3000多个字，到三岁时，就能自己看儿童读物了。

在两岁多时，我们父子二人离开了让我伤心的城市平顶山，到上海去打工。到上海以后，我特别注重孩子全面素质的培养，孩子学会了洗衣服、做饭、拖地、洗碗，这对于不到三岁的孩子的确是太过分了，但是他都做到了。因为我从儿子几个月的时候，就对他严厉要求，不迁就、不娇惯、不溺爱，打下了坚实的基础。所以对他来说做起来很轻松。在上海为了生活，我很早要去打工，常常是凌晨四点多钟我就起床走了，走时总是留一张纸条。当孩子醒来时，看到纸条知道我出去了，这是一个两岁多的孩子呀！他便一个人在床上看书，等我回来(当时他已能够看懂纸条了)。下午是我带孩子锻炼身体的时间。在街道上行走都是侯高俊杰学习的时候，看到什么我就给他讲什么，如蚂蚁、树、石头、云、天空、人、车、物都是我们学习的主题，尽我所知，尽我所能。这时候也是孩子最愉快的时候。我总是一个星期里带他到“上海书城”去三次，培养他学习和看书的习惯。在认字的过程中，我把字板做了很多，一张大纸上写了120个词，每天早上认一到两张，认一张可以得到5角钱，认两张得一元。他每天的零花钱都是这样"挣"的。如果5角、一元花完了,对不起,任何东西都得不到。他也不会再张口要,张口也没用,他知道我不会给他的。在素质培养方面,我特别注重从穿衣打扮开始。三岁时,我开始给儿子找人做衣服,量体制做。做工、样子全部按我设计的做(到现在仍如此),布料都是便宜的普通布。为什么我要为孩子单独设计一些别具一格的服装呢?为的是提高孩子的自信和气质。在上海这么大的都市,当我儿子走在南京路上,走在外滩时,"回头率"都是很高的。在到福州去做演讲时(随库金会老师一起

侯高俊杰2005年随作者先后到福建、安徽等省作过演讲

去的)，我们走在福州市的大街上，儿子的服饰引来的“回头率”几乎是100%。在言行方面，我从不让别人和侯高俊杰开玩笑、说无聊的话，我和他说话全部用文明语言，干什么事“请”字当头，“谢谢”在后。现在孩子4岁多，从没说过脏话，从没骂过人。这一点我很高兴。在安全方面，我也下了不少工夫，看宣传画报，听“故事讲解”，在平时生活中，讲、看、说，经常地提醒。2004年年初，刚回到平顶山，在街上碰到以前的一个朋友，一起过马路，看到红灯时，我和儿子马上站住，可朋友和朋友的儿子硬拉着侯高俊杰过了马路。绿灯亮后，我过去了，儿子第一句话就说：“爸爸，我不和他们一起了。”我说：“怎么了?”他说：“他们素质太差了，一点文化水平都没有。”当时，我心里有一种说不出的感觉。这话出自一个刚刚四岁的孩子之口，我非常高兴，我为儿子的懂事而高兴。从这以后，我再也没和这位朋友来往过。是孩子给我上了一课，告诉了我，作为父亲，在孩子面前应该怎么做，怎样做才是有素质、有修养的父亲。

回到平顶山以后，第一件事，是给侯高俊杰找一个锻炼身体的地方。我送儿子去了体操房。刚去的时候。孩子三岁八个月，教练不收。没办法，过了两个月，又找了几次教练，才收下儿子。儿子成了体操队最小的队员(体操教练说，五岁以后才收)。在这期间，我让孩子又学了拉丁舞。

在报拉丁舞班的时候，很有意思。我带孩子去报名，老师问孩子几岁了，我说三岁多，老师说我们不收，年龄太小。我听后很生气(学体操、学小提琴都说太小不收)。我问老师，你们是按能力收，还是按年龄收。老师说按年龄收。我说，那我给你带一名20岁的弱智如何，老师没办法，说看看吧。然后领着我儿子到了舞房，教了几个动作，我儿子跟着做了一遍。就这样，他又成了最小的拉丁舞学员。在学这些的时候，我从没间断过教他学习文化，到新华书店看书，培养他各种能力。平时，我自己学习儿童心理学、生理学、营养学和教育学等多门学科知识来充实自己；看大量文学作品，提高文化水平；看《十万个为什么》，时刻等着回答儿子千奇百怪的问题。说实话，我文化不高，只有初中学历。如果不抓紧充实自己，我就再无法教孩子什么了。

在数学方面，我请了一位珠心算老师，专门教孩子珠心算。老师一共给儿子上了15节课，用了不到3个月的时间，侯高俊杰学完了加减法，心算可以做2位10行的加减法。现在学乘、除法。四岁以后，我带着孩子到学校报名读书。没想到都因太小不收。只好送到他小姑的学校"平煤七小"(离家8公里)，在学校读了一个多月，孩子感到老师讲得太慢，我便请了一位老师在家里教，只用一个多月学完全部二年级语文；现在请了一位退休教师教我儿子三、四年级的文化知识；我主要教他课外知识。下面简要介绍我儿子的情况：

侯高俊杰，1999年8月6日生。

身体素质：可以连做侧手翻50多个，可以倒立、单手翻、单手俯卧撑、空翻等。三岁半开始洗冷水澡，坚持到现在，冬天零下15度可以不穿棉衣、棉裤。

自理能力：自己穿衣、做饭、洗碗、洗衣服、拖地、擦皮鞋(儿子一直穿我为他设计的自制的牛皮鞋)，自己的事情几乎全部自己做。

文化方面：知道世界各国的首都、六大古都、四大发明、唐宋八大家、四大名著及作者，可以背圆周率表500位(用了不到20天时间，每天20分钟在游戏中学)。已掌握小学一至五年级应知应会的全部知识。还了解不少初中物理、化学、生物等知识。

说到这儿，我再向大家介绍一下我与库金会先生的交往。

小俊杰跟作者去安徽演讲时留影

2003年春天，我在书店无意间看到了库先生写的书，翻了翻，觉得通俗易懂、观点全新，其教育理念与我不谋而合。过去，我总认为这世界上只我一个人是“傻子”呢，却原来库老师也是个极“傻”的人。说老实话，正当我担心孩子将来能否安全度过青春期时，是库老师的书给了我信心和力量。我还庆幸书中有库老师电话，于是，我赶紧与之通话请教。库老师这个“傻子”，却是一个热心肠的人。他教我怎样用科学的方法培养孩子，还教我怎样应对孩子的青春期，使我受益非常大。他还答应收侯高俊杰为徒，我们不断书信、电话交流，在他的指导下，侯高俊杰进步更快更大了。2004年3月初，他说安徽省阜阳市请他去演讲，他愿意带我去并与我一起交流交流。能见到库老师，我非常高兴。于是，3月26日他在我市下车邀我一同前去安徽。所以今天才能与大家见面一起交流。在此谢谢库老师。

最后谢谢大家。

侯高俊杰几乎没有上过正规的学校，他爸专门请了一位退休老师教俊杰和另外几个小朋友在家学习。他的姑姑侯海红是河南平顶山市平煤集团第七小学的老师，曾教过她侄儿一个多月，她写了如下的体会：

我侄儿，我的学生侯高俊杰

记得我把侯高俊杰领到教室门口、推开门的一刹那，全班同学都用好奇的眼睛打量着他。他也大胆地回望这些大哥哥、大姐姐。当我向同学们介绍他叫侯高俊杰、今后在我们班上课时，同学们一阵欢呼，大声喊着他的名字，招呼他过去坐。他立刻也兴奋起来，抬头望着我，像在问，他应该坐哪儿。“你和温志龙坐一起吧。”温志龙像个赢家立刻挪出半边桌子，让出地方与他同坐。就这样，我的侄儿开始了短暂的学校生活。

当时侯高俊杰4岁零1个月，却和8岁多的孩子一起学习，我作为姑姑和老师真担心他们年龄上的差异。没想到头一天上课一切都很顺利，他一下子就和同学们融在了一起。

上课铃响了，他东张西望地看着大家唱着他不熟悉的歌。上课后，双手抱臂端端正正地听课，几乎没有小动作。

回答问题也特别积极，通过几次提问，我发现他有一个特点，当他的手举得慢、不太情愿、不太有力时，他的回答不太令人满意，甚至是站起来后才去思考；当他把小手坚决地竖起来、有力自信、甚至小手举得离开桌面时，他的回答总是令人满意的。

侯高俊杰与福州大学的女大学生合影

记得给“伸”字扩词时，同学们七嘴八舌地组完“伸开、伸展、伸出、伸手”后，他仍高高举着小手，一副急于回答的样子。

“侯高俊杰，请你回答。”我大声地说。

“伸手不见五指。”他用小手撑着小椅子跳到地上说。

“请大声点，再说一遍。”

“伸手不见五指。”

“非常好，你能不能向大家解释这个词是什么意思?”

“就是天很黑，黑得伸出手看不到自己五个手指头。”

“非常好，请大家夸夸他。”

同学们为他鼓掌并夸他：“嗨嗨，你真棒!”他再也掩饰不住喜悦，美滋滋地坐下，腰板挺得更直了。

上数学课，他学习也很认真，简单乘法和一般计算与中等学生差不多；口算能力和理解应用题的能力甚至强于中等学生；就是写字太难、也太认真。铅笔的应用，对于他这个4岁1个月的孩子来说是个大难题。他用尽力气紧握铅笔，小嘴也用力咬紧；可铅笔实在太不听话，好不容易写出一个字，看看不如意毫不犹豫地擦掉，再重写，写得不好再擦；所以一节课下来也写不出两行，纸倒是快擦烂了。个性强的他时不时注意一下旁边的同学，总想赶上别人。下课铃响了，还不乐意放下铅笔。看他那认真劲儿，又可笑，又让人心疼。

侯高俊杰是个很听话也很好相处的孩子。一下课同学们拥挤着他到楼下，他给同学们表演倒立、侧手翻、拉丁舞、单手打马车轱辘；他像个可爱的“玩具”夹在同学们中间，挤倒了，爬起来接着玩，操场上时时传来他和同学们的欢笑声。

侯高俊杰接受能力强。在操场上做眼保健操时，我跟着节拍把着他的手教他，只这么一次，第二天，他就可以自己正确地跟着节拍做完眼保健操。

由于二年级语文、数学许多内容他已学过了，他爸爸说，你们教得太慢了。你把三年级书找来，我自己教他。尔后，我的侄儿侯高俊杰就不来上学了。一个多月的学校生活，他给同学和老师们留下了深刻的印象。特别是同办公室的老师们，经常提起他，让我哥有空再带他来玩。他胆大，不扭捏，让跳就跳，让说就说，让读就读，让背书就背书。他那活泼可爱、聪明懂事的形象，让人难以忘怀，我时时想起我亲爱的侄儿。

2005 年 3 月作者在河南平顶山市作家教报告时与侯高俊杰留影

侯海琳与儿子侯高俊杰在青岛做报告后游玩公园

下面是侯高俊杰小朋友4岁多时写的日记(作文),截止到2005年1月1日,他还只有5岁零3个月。读者可从这些日记(作文)中看看"神童"、"天才"到底是天生的还是后天家长培养的。

2004年4月1日　晴

有一天,老师夸我的日记写得好,奖励我一张大画片。我的好伙伴王怡淑又来了,她把那张大画片悄悄地拿走了。我很生气,想把大画片要回来,可是王怡淑就是不给我,爸爸还让我给王怡淑道歉。我生气地说:"对不起,放个屁臭臭你!"

点评:4岁的孩子童言无忌。此日记讲了大实话。读者朋友,你的孩子4岁能写出这样的日记吗?

作者与侯高俊杰一家在北京留影

2004年4月8日　晴

今天早上爸打我了。因为今天早上起来得很晚,穿鞋时磨磨蹭蹭,爸爸生气了,抓住我的小手,用他有力的大手,用力地打了一下,我觉得不太疼,就赶快去客厅吃饭。爸爸

又严肃地对我说："给你五分钟的时间，必须把饭吃完。"吃着吃着我的速度又慢了下来，五分钟一到，爸爸就不让我吃了，还让我跑步去上学，可把我累坏了，到了大门口，爸爸一看表，正好八点，这时付老师也来了。今天总算没迟到，明天可得早点起床。

点评：侯先生对儿子严要求，可以说有点儿残酷。家长们，要想孩子成才，必须要有严父的严管啊。这篇日记真实地记录下了严父的"爱"。难得！

2004 年 9 月 20 日　阴

今天我着(看)了动画片《哪吒传奇》。哪吒有三个好朋友，一个是小浣熊，一个是狮子，还有狮子的朋友。有一天他们四个在玩捉迷藏的游戏。小浣熊藏在树丛后面，哪吒眼睛被蒙上一块白布，他摸摸这边，摸摸那边，转了一圈又一圈，谁也抓不到。哪吒着急地说："你们喊一声我就知道你们藏在哪儿了。"小浣熊不想让哪吒着急，就大声喊："哪吒！我在这里！"哪吒听到小浣熊的声音，跑到树丛边抓住了小浣熊。狮子走过来把蒙在哪吒眼睛上的白布去掉，给小浣熊蒙上。他们玩得可真开心呀！

点评：这篇日记像一篇童话，写得生动、形象。了不起，小俊杰！你就是"神童"！你就是"天才"！

2004 年 9 月 23 日　晴

昨天我的数学作业本忘在家里了，贾俊广在家里拿着我的作业本，在上面画了许多小人。这些小人全都是大脑袋小身子，圆溜溜的眼睛像个皮球，眉毛又细又短，难看极了。这些小人既没有头发也没有腿和脚，好像丑八怪一样。我放学回到家里看到数学作业本被贾俊广画得乱七八糟，心里很烦。我生气地说："请你不要在我的作业本上乱画好不好！"

点评:小俊杰虽然是“神童”、“天才”,但从此日记中更能看出,他又是一个普通的孩子。看,他的所思所想,仍然是一个孩子嘛!

小俊杰2004年3月在阜阳二中留影

2004年10月5日　阴

元锋阿姨代表我们大家去北京看望我妈妈。这下可忙坏了爸爸(、)菲菲阿姨和小娅阿姨。小娅阿姨要教我和小朋友们学英语,送我上学,有时还得到厨房帮忙,菲菲阿姨要教我们识字,给我们讲故事,打扫卫生,最忙的要数我爸爸了。每天早上爸爸第一个起床,晚上最后一个睡觉,做饭、洗衣、购买食物，为小朋友洗澡，教小朋友识字，陪小朋友练体操，最近还为我和小朋友订做了新衣服，有时和我们一起做游戏，看电视……我看见爸爸这么辛苦，就帮爸爸洗脚、洗衣服，让他稍微休息一下。

点评：小俊杰日记中反映的是他爸带5个儿童与他一起学习、生活的情况。看，小小年纪，却学会了心疼爸爸、关心爸爸、孝顺爸爸。这都是真正的素质教育带来的硕果呀！这些日记是侯海琳先生于2004年11月下旬寄给我的。这些日记都出自一个四五岁的孩子之手，的确不易。各位读者，你不妨对照自己的过去反思一下，假如父母当时这样去管你，是否也可以达到像小俊杰这个水平呢？不过，一切都过去了，还是抓紧对你孩子的培养吧，不能再后悔了。

神童不神的秘密

我每到一处，都要宣传我的教育理念，即让所有孩子12～15岁考入名牌大学。本节将揭开神童不神的秘密。

下面再向读者介绍我帮助的一个家庭。

河南商城县的一位家长焦伟业，他买了我的书，请我去他家对其两个女儿进行帮教。我是2007年11月29日去他家的，在其家中呆了两天。他大女儿焦寒在合肥外国语学校读高二，小女儿焦舒悦也在该校读六年级。在我去她们家帮教之前，这姊妹俩不知道为什么要读书，只是随大流，知道读书有好处，但没有真正搞懂读书的意义，更没有把读书与自己未来的人生联系起来。没有压力。学习都不自觉。仅仅经过我两天时间的帮助，使两个女孩树立了信心，在一个月后有了以下变化：

大女儿学习不自觉变得自觉了，每晚延长学习时间到凌晨一点；小女儿一个月完成了三项学习任务：一是学完了六年级上学期未学完的课程；二是学完了六年级下学期全部课程；三是学完了初中一年级上学期全部课程。她学完这些课程并没有请老师进行家教，更没有去学校上课，完全按照我教给她的学习方法自学。2008 年元月 22 日，她参加了合肥市第五中学初中一年级上学期期末考试，平均成绩良好以上，现已转校、跳级读初中一年级下学期了。

下面是《焦舒悦同学的完全自学方案》。

焦舒悦同学的完全自学方案

学习计划

一、数学

1. 每天学习 3 节教材，做完教材和教材全解上的题目(学多少做多少)。

2. 做完《各个击破》书中的题目。

3. 学完一章考试一次(做卷子)，每天学习两个半小时。

一个月完成七年级(上学期)的全部学习内容。

二、英语

1. 首先要按照磁带读音读熟单词音标，早上背 50 个单词，12 天背完单词之后每天复习 150 个单词，滚动复习 7 遍后再学习新单词。

2. 每天学习语法书。

3. 完成教材同步练习每日一个单元，做完两册英语同步习题。

4. 教材要求背诵的内容都背下来，每天学习英语 3 小时。

一个月完成七年级(上学期)。

三、语文

1. 每天读懂一篇课文并完成“库锡桃主编的教辅书”上的作

业(电话:0713—6227776)。

2. 学完一篇课文,达到能仿写的水平。

3. 按照文言文全解一书学习,背诵应当背诵的篇章。

一个月完成七年级(上学期)。

四、其他科目

政治、历史、地理、生物每天每科学习 2 个小时,做完同步练习和教材上的作业。

说明:春节寒假期间学习《中考总复习》,巩固学习效果。

作息时间表

时间	内容
6:50～7:20	起床洗漱
7:20～7:30	跑步
7:30～8:00	背 50 个单词
8:00～8:10	早餐
8:10～12:10	学习 4 小时(中间半小时做呼啦圈 2000 个)
12:10～12:30	午餐
12:30～13:10	午睡
13:10～18:10	学习 5 小时(中间半小时做呼啦圈 2000 个)
18:10～18:30	晚餐
18:30～19:00	散步
19:00～23:00	学习 4 小时(中间休息半小时,吃点心)

说明:

1. 一天有效学习时间 12.5 个小时

2. 一天锻炼身体和休息 80 分钟

3. 一天吃饭时间 50 分钟

4. 一天睡觉 8 个小时

2006 年作者在河南省濮阳市留影

再说说 2006 年 6 月 20 日，我应邀到河南濮阳市创信幼儿园演讲的情况。

这个幼儿园是 1998 年创办的，当时是一所普通幼儿园。2003 年，我出版了《没有不成功的孩子》、《没有不成功的家长》。濮阳市一位家长张女士按照书中提供的电话号码打电话到我家，告诉我说，她买了《没有不成功的孩子》，是该市创信幼儿园王运昌园长推荐买的；王园长已经创办了三年制小学，即 3 年完成 6 年的小学课程。她说，《没有不成功的孩子》书上介绍了我两个普通智商的儿子六天学完一年数学课的“神话”，王运昌园长办三年制小学的理念也从我两个儿子身上受到启示。2003 年，创信幼儿园招了 18 个孩子上三年制小学。

我在创信幼儿园看到，这个幼儿园现在有 500 多个孩子，上三年制小学和初中的有 100 多个学生。当年给我打电话的张女士的儿子 2003 年还是在上幼儿园中班，仅三年多时间，如今在读 5 年级课程，年龄只有 7 岁。明年上初中。王运昌园长自己的一双儿女去年在创信幼儿园三年制小学毕业，如今又同在一个班读4年制中学，明年可以在本园读高中。

2006年作者在河南省太康县与请他做教育咨询的学生们合影

说起这种弹性学制的学校，我已经办了，并且面向全国招收3～18岁幼儿园和小学、初中、高中孩子。学校名称是“十堰库金会超常教育学校（研究所）”。（我的联系方式是：18986883103。0719－8763001。地址是：湖北省十堰市武当路36号。邮编：442012。）

我办学的理念在创信结了硕果，我非常高兴。我还见到了在2003年给我打电话的张女士母子。张女士只要有空就到幼儿园来陪读听老师讲课。

说起这种弹性学制的学校实验班，北京市和山东、上海、江苏、河南等省都有。我在2006年7月10日的《新民晚报》第一版头条《大学是否要向早慧孩子敞开大门》一文中也看到了这类学校，即上海实验学校，这个学校已办了二十年，改12年制为10年制。校长李西亭说，他们已向全国各重点大学输送了近千名少年“天才”。这些少年如今都是国家的栋梁。

创信幼儿园已在河南濮阳市成为“明星”。下面转录刊于《濮阳日报》的一篇文章，以飨读者。

《让所有15岁孩子上大学不是梦》

记者 张运来

记者：王园长，在濮阳市幼儿教育界，人们对创信幼儿园的“创信教育论”颇为欣赏，请您具体谈一谈“创信教育论”的实质是什么？

王运昌(以下简称园长)：“创信教育论”自成一体。创信教育以“早期开发、早期诱发、心智激发”为基本理念，以“成人、成才、成功”为宗旨，以“智育志育”为核心，以“赏识、尝试、玩学”为原则，以“分、合、序、环、动”为教学策略，以“玩学、导学、自学”为流程，形成了“四基五论八要素”整合优化、“批量培养优质儿童”的全脑教育和全息教学思路。

创信教育在实践中始终坚持“依法办学的示范园、素质教育的实验园、科学管理的先进园、教育科研的基地园”的创办目标，形成了“教无定法、教必依法、因势取法、实践创法”的教学原则，创立了“悦读识字、分合拼音、经典诵读、成语作文、全脑速算”特色课程体系和家园连体互动育人机制，并且在幼儿园办学的基础上，创办了“弹性学制”实验班。

一直以来，创信办学的一个核心理念就是建设一支稳定而优秀的教师队伍，并视之为办学的最大财富。在今后的发展过程中，我们将继续秉持这种理念，建设一支喜爱孩子并被孩子喜爱、乐于从教并教有风格、积极思维并自动工作的教师队伍，把创信教育推向更高的发展平台。自2004年9月11日开始，我园相继开设了以《论语》为教材的教师自我管理培训、识字速算教学技能培训、家园连体沟通培训，有效地提高了在岗教师的思想素质和业务水平。

记者：父母的教育理念将决定孩子的最高发展水平，这应该是幼教人士和幼儿家长共有的一种认识。请问，您是如何看待这种观点的？

园长：众所周知，人是环境的产物，同时人也是诸多环境因素中最活跃的因素。对于孩子来讲，父母的教育理念和态度在孩子拥有自主决断的能力之前，主导着孩子的发展状况。因此，父母教育孩子应该是需要用心学习、用心思考、用心探究的。大多数孩子的家长，把孩子送到了“幼儿园”里进行了早期的启蒙教育，这就使孩子在0～6岁这个智能发育的最高峰得到了最适宜的开发和培养。我们幼儿园的学前班共有四个。这四个班的情况是有差异的。学前一班的32个孩子学了四年的汉字，现在读起书来一点儿也不费劲。学前三班是春节之后入班的，阅读水平、阅读量就明显地跟不上学前一班的孩子。

我们创信幼儿园的识字教学经验就是理念决定命运的生动例证。我们相信，3～6岁的儿童具有识读汉字的智力潜能，并进行了教材教法的创新，结果上千名孩子因此走上了早期阅读的快车道，从而成了同龄人中的佼佼者。我们的全脑速算法的实验也证明了这个道理。所以，做父母的可以没有金钱，但不可没有理念。

记者：你在对“创信教育论”的阐述中这样讲过：“将革命进行到底是父母对孩子最大的爱。”这句话该如何去理解呢？

园长：这同样是个理念问题。几年来，有许多家长不惜舍弃环境、设备都优于创信的幼儿园，将孩子送到创信来学所谓的“知识”；家长们的这种做法无异是一种具有壮烈色彩的革命行动，结果是识字、速算都取得了喜人的进步和成绩。有近三分之一的学前班孩子阅读水平和计算能力都达到了小学二年级学生的水平，甚至在有些方面是初中生也不能做到的。现在，孩子们马上就要幼儿园毕业啦。有的家长却很困惑，不知道到底要怎样将“革命”进行下去；有的家长却满足了，感到孩子上小学已经不成问题啦，不想再进一步发展下去；还有的家长怕进行不下去、结果不好等等，各种想法，不一而足。

在转折关头，我们创信的态度是什么呢？很明确：将革命进行到底。凡是识字量达到2500字以上并且100以内的计算迅速准确者要用尽可能少的时间完成常规条件下的教学内容。这也是我们三年前就已经起步的学制改革；三年学完小学课程，四年学完初高中课程，然后15周岁左右上重点本科大学，并在25岁左右完成硕士、博士生的学习课程。我们的理由是：

1. 孩子既然有能力完成识字、阅读和计算等学习任务，说明孩子的智能具有可再发掘的潜力。

2. 孩子对新鲜事物具有好奇心，如果让孩子再重复一年学习拼音和20以内的计算，实际上是不顾孩子成长实际的不负责的行为，是削足适履。

3. 三年制小学是一种没有失败的冒险。

如果孩子学得好，可继续前进。如果孩子万一学得不好，三年学完以后再学两年小学课程仍然不晚。

4. 学完第四册课程时再转学，直接上三年级也可以节省一年。

5. 实践证明，幼儿园结业后在创信继续上小学的孩子，转走的、转走后又转回来的，学习成绩都很好。像大化的安雪莹、朱点点，二实小的贾宗霖、陈宇琦，一实小的韩冬子，这些活生生例子说明，冒一次没有失败的险，使孩子领先一步，“将革命进行到底”，才是父母对孩子最大的爱。

半途而废，是不足取的。

按照新学制，能够很好地解决四个问题，有利于孩子一生的幸福。

1. 早期成长问题：试比较一下，按照我园的新学制，孩子完成学业并学有所成至多需要15年时间，按照国家规定的现行学制，孩子学有所成至少需要20年时间。相差五年对孩子意味着什么，我们的家长是可以想象出来的。

2. 青春期困扰问题：现在初中教育难的根本问题是生理发育较快与心理发育较慢的矛盾。如何增强孩子的自我教育能力，是解决上述矛盾的出路。办法已经有了，就是阅读。有坚定人生目标和远大志向的人，有丰富精神生活的人，脱离了俗气和稚气的人，这样的人离开了读书，是不能很好地培养出来的。

3. 事业成功与人生幸福的兼顾问题：在心理最单纯、生活压力最小的时期解决学业和工作问题，在年龄、学业、事业基础最好的时候解决婚姻家庭问题，从而实现事业成功与人生幸福的优质持续发展，就能较好地解决目前为求学大龄未婚、为求学成家后别妻离子苦读等不正常的生活现象。这样的现象不应该发生在我们的孩子身上。

4. 杰出人才的培养问题：求学时间长达25年，30岁左右还事业未稳、家庭未立，便要承担起上养父母、下带妻儿、中顾事业的三重负担，没有非凡的意志和才华是很难担当起这三付重担的。试看我们的周围有多少人能做到呢？我一直认为这是困扰我们国家很少有人能成为世界级科学家和杰出人才的原因。创造力在漫长的求学中已经磨灭啦。只有在想象力最丰富的年龄完成学业的人才有望成为创新型人才。

所以，我呼吁，每一位希望孩子终生幸福的父母一定要解放思想，实事求是，与时俱进，在孩子智力发育的高峰期，乘胜前进，“将革命进行到底”，从而使15岁的少年批量升入重点本科大学在我们的幼儿园变成现实。这对于孩子、社会都是一种贡献。我们要成为创造奇迹的人，我们一定能够成为创造奇迹的人。

记者：在教育孩子积极思考的问题上，作为教师和家长，我们是否都应当去倡导永恒的积极思维？其意义何在？

园长：永恒的积极思维是幸福人生的导向灯。同样一件事情，心态不同的人会得出不同的结论。

比如这半杯水。积极心态的人会说还有半杯水，于是他得到了希望；消极心态的人会说只有半杯水，于是他感到了失望。一字之差效果大相径庭。

积极思维的人善于把不可能变成可能；消极思维的人总是把一切看成不可能。面对我们的新学制，也集中表现了两种意见：可能、不可能，而且认为不可能的还是多数。这就使我不得不再次惊叹成功学上的一个大法则：20∶80规律。成功者总是少数人，20%的人总能够先人一步，80%的人总是随大流。所以，希望人生成功和幸福的人要细心观察和思考少数成功者与众不同的特质。我仔细研究过这个问题，得出一个结论：发现趋势，领先一步，领先两步是冒险，落后一步是失败。我把得出的这个结论用于指导办学，使孩子与同龄人相比，节省五年时间完成学业，从而挺进无竞争区，开创人生的辉煌。我还发现竞争往往发生在同行业之间和同龄人之间。如果同龄人和同行之间形成明显差异，那就不存在竞争，而是先进者引领后进者。

所以，要成功就要跻身于发现趋势并敢于领先一步的少数人之列。让自己学有潜能的孩子用三年时间，学完普

通孩子六年才能学完的课程，就是要跻身于少数成功者之列。我认为，这是一个壮烈的举措，需要有勇气领先一步。五年以前我首先在我儿子身上做了试验，结果证明此路可行。去年，我又试验了一次，结果有18个人冒了一次没有失败的风险，结果证明：此路大有可为。办学七年的经验证明：坚持科学精神，遵循成功规律，统筹规划，用心实施，三年制小学对学有潜能的儿童来讲，是完全能够办得到的。只有成功，没有失败；只有放弃，没有失败。

多年来，我从不可能处发现可能。充分发挥优势，具体修正不足，基本形成了操作性很强的"新学制办学思路"，简称创信思路。

在"创信思路"的实施中，我几度遭受灭顶之灾，但是我永不言弃，硬是挺了两年，实验结果突破了瓶颈，获得了长足的发展。

记者：创信幼儿园的发展之路是漫长的、曲折的，但同时也是卓有成效的、成功的。面对激烈的市场竞争，创信人将如何应对？如何再创佳绩？

园长：创信作为一所民办性质的实验幼儿园，面对激烈的市场竞争，我们信心十足，不惧挑战。不可否认，创信在发展的过程中经历了太多的坎坷和磨难，但是，我坚信百炼一定成钢，创信人将抱着誓创百年名校的信念奋斗不止、创新不已。在今后的工作中，我们将进一步整合理念，优化教师队伍，完善课程体系，以更富亲情的人文管理，把创信幼儿园打造成濮阳市乃至河南省的一个高标准、高品位、高效能、高质量的"钻石"牌幼儿园。

后记：采访结束后，记者感慨颇多。民办学校的发展历史证明：总有一些风行一时的学校如昙花一现，很快就风光不再；而另有一些学校如清华、复旦、南开等却能在几十年甚至百年后依然保持旺盛的生命力，演绎着长盛不衰的传奇。仔细探究两者之间的最大差异，我们会发现，后者的成功是靠创业之初的正确定位、高远追求和在持续创新中积淀而成的优秀文化。创信正是如此。表面上看，创信仅是濮阳众多幼儿园中的普通一园；深入探究，你会发现，创信正在启动一场教育的革命。探教育新路，创百年名校，创信幼儿园大步前行的铿锵脚步让我们有足够的理由相信：创信的明天一定会更美好。

（转自《濮阳日报》2008 年 5 月 20 日 B4 版）

近一半的高中生文化程度名不副实

年龄在 40 多岁的人都还记得，七八十年代全国每年只有 100 多万人参加高考，每年录取大专以上的学生只有三四十万。那时的高中生才真正具备高中生应有的文化程度，因为当时（20 多年前）全国每年出生人口大约为 1800 万～2000 万，只有 100 多万人读高中参加高考。而如今平均每年出生人口 1600 万，却有 1000 多万人读高中参加高考。也就是说，每年出生人口减少 200 万，读高中的人却反而增加了近 10 倍，而真正不用父母管、能自觉读书的人始终不到 5%左右。从实际情况看，今天上高中的孩子，许多并不真正具备初中文化水平，他们小学成绩都没有过关就上了初中，中考成绩只有 100～300 分，这个成绩实际也就是小学文化程度。这些孩子到了高中后，只能是混日子，混完高中后，又去读大专或中专，或者读三类本科，因为这类大学招不到学生，他们对高考成绩没有实际要求。如今中国的大学太多太多，招生时，生源争夺相当激烈；当然，重点大学的门又难进，分数不够的话，“后门”是走不通的。从这一层来说，刚入学的大学生中，有不少只有小学文化程度。这不是我信笔胡写，而是我走访28个省（市、自治区）实地调研的结果。

一、高中生不会做初中的练习题

有的高中生不但不会做初中的数理化题目，甚至有的连小学的语文、英语、数学题都不会。他们基础这样差，照样上高中、上大学。上面已叙述了，因为中国办的高中太多了，差生也就可以随便上高中。这些孩子无论是上高中或是上大学，永远都只能是小学文化。也就是说，无论高中和大学办得再多，学习优秀者永远只属于那些学习自觉型的孩子，许多高中生都名不副实。

二、今天的孩子读书目的不明确

我对上千个学生进行调查分析发现，很大比例的孩子都说厌烦读书，并且不知道为什么要读书。有的说是为父母而读书；有的说是为了学一点知识；有的也说是为了自己的前途；还有的说是为国家而读书。

有的孩子虽然说抽象地知道是为了自己的前途而读书，但学习成绩非常差，为什么呢？因为每天没有压力，考100分回家喝牛奶吃肉，考零分回家依然能喝牛奶吃肉，每天吃得饱饱的，还知道家中有几十万、几百万、上千万、上亿财产。他没有压力，父母又不知道孩子有“十大特征”（后面再介绍“十大特征”），也就不了解、不懂得管孩子的正确方法，这样一来，孩子怎么会自觉去吃“读书苦”呢？所以说，今天的孩子不明白为什么要读书。

三、今天的孩子学习方法和学习心态不正确

我通过调查时发现，许多孩子的学习方法不正确，学习心态不佳。

比如说，在学习语文课方面，我问孩子们为什么要学习语文，学

语文的目的是什么？几乎百分之百的同学回答是：学习知识。至于怎样学语文，回答是：听老师讲。一些学习成绩非常优秀的学生竟然说，读课文无聊。如果不是老师逼迫其读课文，孩子们读一遍就嫌多。粗略地读一遍之后，满足一下新鲜感，就再也不愿读了。这样怎能学好语文呢？

再如学习英语，因为孩子们有“十大特征”，这就决定了大多数的孩子学不好英语。因为学习英语主要靠背诵单词。许多孩子都极懒惰，也就不会去背诵单词，自然就学不好英语。这就是孩子英语成绩差的原因。

还有数学、物理、化学等科目的学习，不少孩子不注意审题，都是大概看一下题目，便动笔去做题。结果总由于审题不仔细而做错题。

我到全国各地部分家庭做帮教工作，对其中所有家庭成员同时考两道小学3年级简易的生活常识数学题，结果呢？答案全部正确的只有沈阳市的一个11岁初中男孩。那些大学的教授、市长、省长等人都不会做这两道题。这两道题是我在讲课时经常应用的内容，我就顺便编成两道数学简易题（并非脑筋急转弯）。大学生和家长都不会做这两道题，也就充分说明了一个学习方法和学习态度问题。现将这两道题抄录如下（3分钟内必答。答案在后面）：

① 中国自清朝中期以来，每年大约出生人口1800万。请问目前全国8岁、18岁、36岁、297岁的人大约各有多少？

② 高中和初中大约各有多少天？（请各回答一个整数，不要零头。）

关于学习心态。学习心态是关乎能否坚持下去把书读好的关键，大多数孩子在初中以前学习成绩都非常好，就是因为其知道学习心态不佳会使得整个人生失败。比如某个学生仅仅因为受到老师的一次批评或误解，或所担任的班干部被免职，或受到家长的一次责骂，或受到同学的欺负，或被品行不端的同学引诱去看了一次黄色光盘和上网玩了一回游戏，或因家庭变故父母婚姻危机等等，他便对生活对学习失去信心，从此学习成绩一落千丈，便由优等生变成了差生。

（上述题目答案：第①题：8 岁、18 岁、36 岁的人各为 1800 万，297 岁的人为零。第②题：初中、高中各有 1000 天。）

快乐实用的读书方法

现在社会上流传着“读小学苦，读初中累，读高中受罪，读大学无聊，读研究生没有意思”、“十年寒窗无人问”等说法，说的便是读书人的辛苦。

我过去也一直认为读书苦，不会快乐，起码不会轻松。

可是，自从我走遍全国与众多的“问题孩子”和优等生接触之后，发现差生（也即“问题孩子”）的心态非常差，心情极端忧郁，一点也不快乐，大多数整天愁眉不展，总对父母嚷嚷活得没劲，不如死了好。别看有的孩子对父母高声喊叫、甚至拳脚相加，仅仅是外强中干罢了。因为他们知道马上要中考、高考了，如果考不好，下一步可能就要去打工之路，前途渺茫、暗淡。长春市一位初三的学生曾哭着对我说：“尽管我如今不上学了，天天在家上网，要什么父母都能满足我，但我很不幸福；我一想到过去班里一个穷学生经常考第一名，就总是回忆他、羡慕他；他生活充实，有前途，而我像在等死一样。”凡差生，几乎都与这位同学的心情差不多，有时因为麻木了，也就表现不出什么了。

而我见到的优等生们，大多数都快乐、阳光，心情较好。只可惜这类学生没有掌握好最佳的自学方法，不然，他学习会更轻松、更快乐。现在，我要将我的快乐学习的方法公之于众，使亿万孩子和家庭受益。

一、怎样明白读书目的

尽管大家都对“为什么要读书”能说个子、丑、寅、卯来，但真正让孩子明白为什么而读书的却不多。我实地问过许许多多的孩子，问他为什么要读书，回答都是零碎的一两句话而已。许多家长也对我说，说他教育孩子要用心读书，不上大学就要去打工，上了大学才有好前程，可孩子不听呀。

有的家长甚至什么也不对孩子讲，只是一味地逼孩子读书，逼孩子参加诸如弹琴、画画、学英语、作文等许多培训班。结果呢？孩子一点都不快乐，虽然在小学就拿到了八级钢琴证书，可后来在初中、高中英语和作文等文化课方面，成绩却越来越差。为什么？因为孩子不知道为什么而读书，没有人给他讲透“为什么要读书”这个道理，所以他在读书的过程中，一遇挫折便投降了。再说，他小学虽然能学好各种培训课程，钢琴弹得非常棒，文化课也不差，是因为小学阶段父母在管他、逼他。进入中学后，父母便认为孩子大了，孩子的文化课基础又那么扎实，再加上住校等原因，便放弃了管孩子；而此时的孩子进入了青春期，孩子的“十大特征”就慢慢地表露出来了。从此，孩子就踏上了由优生变差生的漫漫“熊途”。

那么，怎样讲透读书道理呢？怎样使孩子扭转为父母而读书的不正确思想呢？北宋真宗皇帝写的一首诗很能说明问题。我在两个孩子进入5年级时，我家的客厅里、卫生间里、所有房间里，都张贴着这首诗：

富家不用买良田，书中自有千钟粟。
安居不用架高堂，书中自有黄金屋。
娶妻莫恨无良媒，书中自有颜如玉。
出门莫恨无人随，书中车马多如簇。
男儿欲遂平生志，五经勤向窗前读。

这首诗不但在“文革”中常遭批判，即使在上个世纪80年代中期仍然受到批判。

但是,真理是不怕批判的。“文革”中曾大张旗鼓地“批孔”(即批孔子),今天却在大力弘扬孔子的思想;关于孔子的电视讲座,也倾倒了无数的中国人和日本人。而这首诗呢,便和孔子的“论语”一样,千百年来深入人心,越批越深入人心。我走访了那么多个家庭,即使是“问题孩子”,也都知道这首诗中的一两句,真正是家喻户晓。

这首诗把读书的好处说尽了。人生的衣食住行以及娱乐,全部在诗里啊!

的确,今天虽然说有些大学生也不好找工作,但如果有重点大学的理工科学士、硕士、博士文凭,怎么着也能找个“金饭碗”啊,何愁无人要呢?当然,也不排除重点大学的文科生找不到好工作。如北京大学、武汉大学的文学、哲学、经济、财会、法律等专业,一张学士文凭的确难以如愿找到好工作。道理很简单,文科专业的学子按道理应该放在企业或政府的管理岗位上,而这些岗位是“官位”;企事业单位招聘人才,是要干活的人才,而不是招一个人来享受“官位”。而工科大学生则不一样,那些文科生和社会上的人,都很难去自学工科专业,这就是当前文科生不吃香的重要原因,是人才市场法则所致。

所以说,你手中只要有工科大学的硕士、博士文凭,一定是个香饽饽,一定能实现“书中自有黄金屋,书中自有颜如玉”目标的。

那么,既然那首诗把读书的道理讲解得那么透彻、明白,在全国家喻户晓,孩子为什么还不去好好读书呢?问题又回到了孩子的“十大特征”上,只有在父母的管束、教育下才能真正读好书啊!

孩子们的确抽象地知道读书重要,但就是斗不过自身的“十大特征”。不过,他也想好了所谓的“退路”,即今后的生活问题。几乎100%的“差生”考虑的是经商赚大钱,都没有想去吃打工的苦,并认为经商可以发大财。有一位同学对我说,读书干嘛,不就是为了将来混个一官半职吗?生活好一点吗?地位高一点吗?即便不读书,依靠经商赚钱,同样可以达到有地位、生活好之目的的。

我到全国各地演讲、做家教，主要就是“封杀”了这类“差生”们妄想今后依靠经商发大财的幻想之后，再给他们信心，告诉其学习方法，以便他们从此改变学习心态、走上由差生变优生的自强之路。

抱着靠经商发大财幻想的孩子非常普遍。那么，我是怎样“封杀”孩子们这种幻想的呢？

我对他们说，经商的确能发财；全世界许多富豪都是靠经商发起来的。但是经商发财，靠的仅仅是智慧和运气吗？

我于是问孩子们，知不知道中国一个流传几千年的“大饼套在脖子上却被饿死”的故事？孩子们都说知道。我到过的28个省（市、自治区）的300多个家庭，所有家庭都知道这个故事。看来，中国自古至今“懒惰”不断，国人都拿这个故事来教育下一代。尽管孩子们都知道这个故事，但许多孩子仍然懒惰、怕吃读书的苦。

我曾经在一个有家产上亿元的家庭里问其孩子，我问他，你现在不上学专门在家上网，将来干什么呢？

答曰：“接父亲的班，当老板。”

我又问，你天天上网玩游戏，什么都不干，不读书没有知识，衣来伸手，饭来张口，这样懒惰，将来怎么能当老板呢？

答曰，父母老了、死了，他的企业和财产自然归我所有，因为我是唯一的法定继承人，我就自然是老板了。

我说，假如你当了老板，我是你的司机，有一天，汽车走到半道上，我告诉你汽车坏了。第二天我拿10万元修车发票找你签字报销。其实呢？汽车根本没坏，我是讹你钱财的。因为我知道你懒惰、怕吃苦，又无知识，只知道享乐和玩耍。还有，你厨房的采买师傅经常告诉你，说鸡蛋又涨了，达到5元钱一个了。其实呢，鸡蛋根本没有涨价，仍然是4角钱一个。清朝一个皇帝就曾经常受骗，厨子告诉他，鸡蛋涨到10两银子一个。由于大家都知你懒惰又无知识，就会用这种手段骗你钱财。现在就是不懒惰还经常遭人算计受骗呢，何况懒惰者啊。古人说的“穷不过三代，富不过三代”讲的就是这个道理。香港首富李嘉诚为什么不将全部遗产给儿子,为什么培养儿子吃读书苦考名牌大学,毕业后让其自己创业?美国等西方国家为什么都让孩子18岁后“断奶”(不给生活费)自立,并且也不让其继承遗产呢?他们考虑的就是不能让孩子懒惰。我问这个孩子,你想一想,似这样下去,你能保住父母的遗产吗?你还能继续当老板吗?也许你身边的工作人员还会引诱你去吸毒吃喝嫖赌呢,那样下去,你很快就会沦落为穷人、乞丐啊。

这位富家子弟听我一席话之后无语了。他终于明白了“富不过三代”,即便经商,无知、懒惰也是不行的。后来在父母的监管下,这个孩子又回到学校读书了,我们现在还经常通电话。他按照我制订的学习方法去学习,进步很快,信心也有了,也快乐起来了。

全国每年约有1800万人要找工作,相当于台湾省人口的一多半啊。每年都有不少大学生开公司经商,哪能都赚到钱啊!比方说,北京市前20年只有1000人开饭店,每人一年赚1000万元;今天如果有100万人开饭店,可能就会赚不到钱。再比如,你在前30年,虽然没文化,如果你突然知道一个信息,即:烟台的苹果一角钱一斤,北京的苹果2元一斤,你一夜之间便能发大财。而今天呢?信息和交通发达,不存在那样的机会。那时文盲的确一夜能暴富,因为那时贷款不用抵押、全国物价差别大。可如今呢?贷款难,全国物价差别有限,如今经商发财者靠勤快和实力,更靠知识啊!孩子们听我一讲,服气了。

我到全国各地去,第一件事就是让所有的孩子背诵上面谈到的那首《劝学文》,我统计了一下,全国大部分孩子能在7分钟左右背诵下来,少数孩子需要10分钟以上,背诵最快的只需1分钟。我就用这个“统一标准”去衡量孩子们的记忆力和智商,尔后分别为其制订自学计划(当然,还要看孩子们的其他表现)。按照我制订的学习计划和学习方法学习,这些孩子迅速提高了学习成绩。我给孩子们还制订了一个“治懒惰”的方案,这个方案简称为“13个想一想”。如果不根治懒惰、使孩子们达到"我要学"的状态，即使再好的学习方法也无用。

下面的"13 个想一想"，我在各家各户要讲一天，在这里只能条文式地列出来，请读者们告诉孩子们自己去"悟"吧，我相信他们能"悟"出道道来。

① 想一想从中考、高考考场走出来怎么办？

② 想一想今后同学见面聚会"面子"往哪里放？见了亲戚朋友怎么办？

③ 想一想打工者受剥削、受欺负和干活苦脏累时的情景，有时还拿不到工钱，挣的工资养不活自个儿怎么办？

④ 想一想目前家庭里为什么总为你的读书问题而吵吵闹闹，你把书读好了，不就全家幸福了吗？

⑤ 想一想今天经商可能会亏钱（因为今天生意很难做，不比前20 年，做什么生意都挣钱。今天是知识主宰一切，是知识财富的年代。比如前 15 年，你那个县城、你那个城市，只有你一家卖水果，你肯定暴富；如今有一千家卖水果，你就可能亏本啊）。

⑥ 想一想你这几年光懒惰贪玩把本应属于自己的重点大学、重点高中指标"让"出去值不值、冤不冤？

⑦ 想一想考上重点大学就相当于赚 50 万元（如今重点大学多少钱也买不进去。考上重点大学后，当了科学家，有发明创造，何止 50万呢）。那么，你三年高中每天自学多做 50 道语数外理化生题目（六科一共 50 道），就相当于每做一道题赚 10 元钱，一天就挣 500 元呢，相当于一个大专毕业生打工一个月的工资啊！

⑧ 想一想皇帝的孩子每天要背诵 10 页古文、写一篇文章；中央领导的孩子也在吃"读书苦"；我们是普通老百姓的孩子，为什么不拼命读书呢？

⑨ 想一想自己考第一名或考上了北大、清华等重点大学，今后当科学家，当 CEO，当国家领导人、为人民服务时的荣耀。

⑩ 想一想你作为一个男孩，你看到你校校花的气质、校花的美丽，你想找这样的姑娘作终身伴侣，唯一的办法是先读好书，到了重点大学，今后有了身份、地位，一定能有比当年校花更好的美女投入你的怀抱。同理，作为女孩子也一样啊！

⑪ 想一想“天生我才必有用”，我的才华只有通过读书体现出来。否则对不起父母，对不起自己，也对不起国家啊！

⑫ 想一想只有上了重点大学才能交朋友，今后走入社会能帮助自己成就大事业。那么，在中学、小学阶段就不能交朋友，因为中小学的同学考上重点大学的概率只有 2%～6%，他们将来帮不了你。现在交朋友，有百害而无一利，只会影响自己的学业。交朋友只能到重点大学，自己一定要考上重点大学。

⑬ 想一想你虽然贪玩并喜欢“上网冲浪”，但只有把自己“最不喜欢”的读书这件事做好了，将来才能有钱、有地位，也才能快乐地做自己喜欢的“上网冲浪”游戏等诸事情。我到全国各地，我问孩子们，你的母亲喜欢擦地、洗衣服吗？回答是：不喜欢。我又问，扫大街的阿姨很喜欢干这个工作吗？回答是：不喜欢。是啊！在全国，在全世界，许多人每天都在干自己不喜欢的事啊。那么，读书这份“苦差事”虽然孩子们也不喜欢，但你必须干啊，必须干好啊，因为许多人每天都在干自己不喜欢的事情呢。

许多孩子从一些专家口里学到了一个新名词：“代沟”。孩子们就以此为武器对付父母，不与父母对话，说有“代沟”。我问这些孩子，父母无非是要你把书读好，你说是“代沟”。那么，你今后有了孩子，你管不管孩子呢？你总不会说：“孩子，别认真读书，玩去吧？”

记得 2008 年 3 月 10 日，四川省宜宾市的孩子父母带着 16 岁的儿子来到我家。孩子的父母一见我就哭诉说某心理咨询专家害人、骗钱。

事情是这样的，他们见儿子上网入迷不肯上学，还打骂父母，他们就怀疑儿子有心理问题，便带儿子上北京一个著名的心理咨询中心“看病”。心理专家先是让交5000元费用，尔后让孩子做测试题并与孩子谈话。折腾一天后，专家告诉家长，孩子有三个问题：一是多动症，二是有轻微的精神分裂症，三是有抑郁症。家长问该怎么办呢？专家告诉说，第一，要让孩子做自己喜欢的事，尊重孩子的个性发展。第二，家长要与孩子多沟通。孩子一听乐了，专家多好呀，只有专家理解我。孩子当着专家的面对父母说，我就是喜欢做上网玩游戏这件事，今后你们别再管我了，不许再唠叨了。此时家长急了，问专家，孩子回去后再上网吧玩通宵怎么办？

专家说，那就买个电脑在家上网好了，你要正确引导孩子上网，并多与孩子沟通。

家长说，孩子不听家长的话，我就是与孩子沟通不了才到北京来找你们的呀。现在倒好，孩子上网更有理了，我哪来的钱买电脑让孩子在家全职上网啊。还有，你说“要让孩子做自己喜欢的事，尊重孩子的个性发展。”我的孩子喜欢打我怎么办？

专家无语……专家两手一摊说，你交的5000元咨询费早过了咨询时间，如需再咨询还得续交费用。

这不，这两位家长实在没办法，想挽救儿子，只好又带孩子找我来了。

其实，上述那些北京的大咨询专家讲孩子有三个“毛病”，即所谓的多动症，轻微的精神分裂症和抑郁症，几乎每一位中国的孩子都有啊。这些“问题”的表现无非就是有时心情不愉快，烦闷，上课听不懂课自然就要“动”嘛，哪来的“多动症”啊，这完全是孩子的“十大特征”的具体体现嘛。

所以，我在各家庭帮教时，讲到最后一个问题时，我就问这些快要中考和高考的孩子们，问他们会不会唱《中华人民共和国国歌》，回答都说会。于是我又问，“中华民族到了”后面该是什么词儿，回答说，是“最危险的时候”。

我说，那好，你已经快到中考(高考)了，请你天天记住下面一段

话警醒自己。在此,我请全国的孩子熟记下面一段话:

我已经到了最危险的时候。只有先做好自己最不喜欢的读书这件事,才能在将来做自己喜欢的事。世人天天都在做自己不喜欢的事,我也要做好自己最不喜欢的读书这件事!

二、8 年轻松学好 12 年课程之方法步骤

1. 3 年读完小学的秘密

目前世界各国的小学学制大多是 6 年。我在这里说 3 年能轻松读完 6 年的书,我的说法是否科学呢?请先看实事。

以北京市为例,小学生每天只有一节语文课、一节数学课,其余均为绘画、唱歌、英语等课程,简称“副课”。英语尽管在小学学了不少,但升到初中还得从头学起,即从 ABC 学起。

我问北京市的许多小学生:他们上语文课或数学课时,平均一节课做到聚精会神地听老师讲课,能坚持多少时间。

回答是:如果是上新课,一般能坚持听 15~20 分钟,如果是复习就会失去新鲜感,几乎就只顾玩、不听讲了。平均下来,每节课能听 5 分钟就不错了。

我算了一下,一天两节主课(语文、数学),也就听了 10 分钟的课。一年有效上学时间是 40 周计 200 天。那么,一个学生,一年认真听老师讲课也就 2000 分钟,约合 34 个小时。也就是说,一个北京市的小学生,学语文、数学,一年只听了 4 天半的课(一天按 8 小时计)。

我在黑龙江、新疆、山东、河南、福建、四川、云南等省(区)调查时,那儿的小学生每天必须上 4~6 节主课(语文、数学),学习时间是北京孩子的二至三倍。但是,那儿的孩子学习成绩并不比北京市的孩子强。这就进一步说明,小学的东西太简单,孩子们厌烦复习,只图个新鲜感。许许多多的孩子对我说,上小学时,他们根本不听讲,很少做作业,但每次考试都不少于 90 分。

在小学,考试不及格的非常少,几乎没有不及格的。全班平均分

都在 70 分以上，80、90 分很普遍，还有不少孩子经常考满分。而在普通中学，考试不及格却不是个别现象。这就说明一个问题，小学的内容太简单。

我在全国各地做了许多实验，一些普通智商的三、四、五年级的孩子，我让其自学，全部都能在 3 天之内学完一年的数学教材，5 天之内完成语文教材的学习内容，考试成绩都在 70 分以上。

上述这个实验我于 1996 年和 1998 年在我两个儿子身上都试验成功了。但那时我不懂，是“瞎蒙”的。记得当年我大儿子三天自学完 6 年级数学后，我大吃一惊，错误地认为我儿子是超天才，全国也许只有极少数人能达到这种水平。现在，通过我在全国各地做实验，发现 80％以上的孩子都有这种能力。

读者如果看过 2009 年的春节晚会，就知道晚会上的侯高俊杰还不到 10 岁，但是，在 5 岁时，他就读六年级。

本节的题目是“3 年读完小学的秘密”。亲爱的读者，看了前面叙述侯高俊杰小朋友的成长过程，你对 3 年轻松读完小学还有疑问吗？我在 2004 年和 2005 年带小俊杰到福州大学等地作过许多次演讲，如今，小俊杰经常在中央电视台及各省电视台和世界各个国家电视台做节目。在我与他一起生活的日子里，我做过仔细观察，这孩子智商普通，与其他儿童无异。他的成功，是他父亲硬“管”出来的，当然，方法是科学的。他当年练习单杠，一直坚持洗冷水澡，是为了锻炼体力和恒心、毅力；他的手劲特别大，我与之扳手腕我败的时候居多；他 6 岁时，拖地、洗衣服、买菜一点不费功；他从未生过病。

关于如何使小学课程在 3 年内轻松学完，将在下文里详细叙述。

2. 4～5 年轻松读完中学的秘密

中学 6 年的课程，4～5 年能轻松学完吗？要回答这个问题，应该先分析小俊杰为什么在一年时间里几乎学完了小学全部课程的内在原因。

小俊杰在 4 岁半时，听父亲说必须每天交 100 元钱才有饭吃，有衣服穿，有房子住时，他急哭了。因为父亲历来说话算数。父亲与小俊杰是朋友关系。从来没有打骂过儿子，都是与儿子讲道理，以理服人。小俊杰很爱他爸爸。也是父亲培养了小俊杰一岁多时跌倒了自己爬起来的顽强毅力。小俊杰知道不交钱从此就会没饭吃，这里的关键问题是父亲讲诚信，一言九鼎，所以小俊杰能成功，成功在父亲说话算数。其他的家长呢，尽管有时也会说"这首诗背诵不下来不给饭吃"，结果是诗没有背，饭照吃，还要吃好的。

小俊杰当时只想到能有活干、能劳动挣钱就行。因为一个 4 岁半的孩子害怕没饭吃啊，更怕没地方住，晚上怎么敢一个人待在外面呢？既怕陌生人，又怕"鬼"(孩子最怕"鬼")。

当小俊杰接受了"劳动"的任务后，他不但不哭，反而很高兴，因为他就像如今一个下岗者突然有了一份好工作一样，是非常乐意去干的，并且生怕干不好会"下岗"。

小俊杰这么小就开始学文化，练武术，有人可能担心这样会剥夺儿童快乐的童年。实际上，据我观察，小俊杰虽然那么小就"劳动"学习，但他是快乐的，因为他的"劳动"是自愿的。相反，纵观那些放任自流的孩子，到处疯玩，一身脏泥巴、灰头土脸的，难道这样就快乐幸福吗？这些孩子在玩耍中，不免要与小朋友们争吵斗殴，给身体和心灵造成伤害，无论是童年和未来都不会快乐。

总之，小俊杰学文化、练武术，是在"我要学"的前提下进行的，所以他才会在极短的时间(一年时间)内学完小学课程。

那么，要实现中学 6 年课程 4～5 年学完之目标，就必须象小俊杰那样："我要学"。

(1) "我要学"是前提

"学习不自觉，是帮父母读书。"许多孩子存在这样的认识。这样，自然读不好书。

所以，我到全国各地帮教，主要是让孩子们牢记前面写的"13 个想一想"，使之达到"我要学"状态，尔后再按照本书中介绍的学习方法去做，就能变成优等生。无论目前学习成绩多么差，都能变成优等生、甚至考第一名。

(2)“动脑学”是关键

不动脑子读书，这又是大多数孩子的通病。无论学习什么科目，都是粗略看看，更谈不上仔细推敲；一遇到不会做的题，或是老师讲课听不太懂，就立马丧失信心。

以学习语文为例。一般情况是，如果上新课，首先是老师读一遍，或者是老师让学生先读一遍。有一些负责任的老师布置一些问题，让学生带着问题去读课文。最后由老师讲课文。

可是，学生们几乎都把老师的话当成了耳旁风，根本没有按照老师说的去做。如果老师读课文时，他则抓住机会在下面玩，更谈不上仔细去听。老师让学生自己读，有的走马观花地浏览一遍，有的一个字也不看。2007 年 3 月，我被邀请到江苏海门市一位学习非常优秀的学生家里去，这位学生讲了一句特有代表性的话：“读课文无聊，一般读一遍就烦了，再读就没了新鲜感、没意思。”看！这是一位高三学生，每次月考成绩都接近北大、清华分数线，他都这样去学语文，那么，其他学生呢？可想而知啊！

尔后，我向这位学生传授了学语文的方法。他就是因为语文拖后腿才考不进全年级前 20 名的。他数学几乎总考满分，拿了全国奥赛三等奖。后来，他按照我的方法学语文，进步非常快，也学得有滋有味，感到学语文、读课文蛮有意思的。2010 年，该生被保送到上海交通大学读书。我的学语文方法是：

首先，明确学语文的目的。什么是学语文的目的呢？即：学会写作。学了一篇课文，应该会写这样体裁的文章，掌握写作技巧；还应学习一些语文知识，如背诵、理解生字词以及掌握精彩的词句(读课文时，准备笔记本和笔，随时记下生僻字词和精彩的句子进行背诵)。我告诉孩子们，这些字词句多好呀，你不用花一分钱，只要记住了这些生僻字词和精彩的句子以及写作技巧，就归你所有，今后写文章就能用。这种不花钱就能得到的东西何乐而不为呢?

其次是如何读课文。知道了学语文的目的,就必须读懂每一篇课文。为了强迫自己读懂,可以给自己设一个问题,即:我要把这篇文章再换一至三个题目。如果你不读懂这篇课文,是不能结合文章换题目的。还可以对照课文后面的练习题,带着问题去读课文,这样就能理解课文了。当今的高考语文题,主要考两大块,一是写作,一是阅读理解。读懂了课文,语文考试就能拿高分。

怎样提高学习语文课文的兴趣呢?甚至做到快乐地读课文呢?首先,要逐字逐句地读懂第一段。先读第一句,把后一个句子遮起来,自己试着续下一句,以此类推读下去。这样,就会感到自己的能力不如课文的作者,并由此会产生浓厚的学习兴趣。如果嫌这篇课文太长,就试着删去一段或几段,看删去之后,文章是增色了还是减色了。这样读课文,就会觉得有意思,甚至带来快乐。全国许多孩子在我的指导下,都感到了读课文的快乐,改变了学语文的态度。

在读第一段时,可以为自己设几个问题去读。比如,文章的第一句为什么这样写?假如我写会怎样开头?为什么许多文章的第一段都要点题?这一段有废话吗?我能否加进一两句话?假如我认为这篇文章没意思,或认为这一段没有写好,如果让我写能否写出来呢?用这种方法读课文,自然就会百读不厌,自然就能感到读课文的乐趣,自然就读懂了。读懂之后,就照葫芦画瓢试着写一篇这种体裁的文章。写作文技巧的提高,写作知识的掌握,主要靠读课文和自学。古代的"高考",只考写作文,学生全靠读书自己理解,或靠背诵去理解,并没有老师讲写作方法,如同我前面介绍的读课文方法一样。所以说,课文读好了,理解透了,自然就学会了写作文,自然就会做阅读理解的试题了。这样,就可以宣告语文学好了。

学会了写作,不等于作文一定能考好,不一定能拿高分。为什么呢?因为老师改一篇中考(高考)作文,时间很有限,改卷老师不一定能看完一篇作文就信笔打了分呢。我与许多改卷老师交谈过,我弟弟也经常参加高考改卷子，就是这么个实际情况。那么，写作文就应考虑到这种“实际情况”。首先，千万别想在作文上创什么新、拿什么高分。因为许多平时作文写得最棒的考生，高考反而没有拿到高分。我大儿子库搏飞平时写的作文总是作为范文印发或张贴的，结果高考没有及格，本应上清华大学的，结果上了北京航空航天大学。还有南京金陵中学的费莹同学，是全国新概念作文金奖得主，结果高考也不及格，她为此还状告了某省招办。我大儿子也说是老师没有看懂他的作文。高考改卷子的确有不确定性，特别是作文，很短时间怎能看完、看懂啊！那么，考生就不能标新立异，最好是在第一段千万点题，以免老师判个离题、偏题，马上下笔给个不及格。其次是字要写端正，给个好印象，使判卷者手下留情。第三别忘了写题目，不然要扣分，也许就因此会判个不及格呢。第四字数要够。第五尽量在作文结尾时照应一下题目，即主题。因为判卷者也许只看个开头和结尾就下笔打出了分数啊！第六最好是写平时最熟悉的东西，特别是事例或故事，六年中学读下来，每次写作文都套上三～五个例子去写，到高考就不会慌了！

小学生怎办呢？前面虽然讲了小学可以3年读完，这里需再补充一点。

对于刚入门的一二年级小学生，应由父母或专门请家庭老师辅导，“一口气”学到3年级，并以自学为主。课外书以看名人传记、科普书以及四大名著为主。前面讲的小俊杰，就是由父亲教会的汉语拼音，尔后以自学为主(也请过几个月家庭老师引上路)。到了中学，更应该以自学为主。

如今辅导书到处都是，孩子们都能看懂，根本用不着老师教。比如学习文言文，买回一套《初中文言文全解》和《高中文言文全解》，就可以搞定文言文。这一套讲解中学文言文的书，肯定比老师讲得好。因为此书作者是知名的文学家、语言学家和教育专家以及名校教师，是集众人之智慧编写的，书中对每一篇文章都进行详解，有翻译，有注释，有作者介绍和背景介绍，有写作技巧分析，还有课后练习及答案，很适合孩子们学习参考。

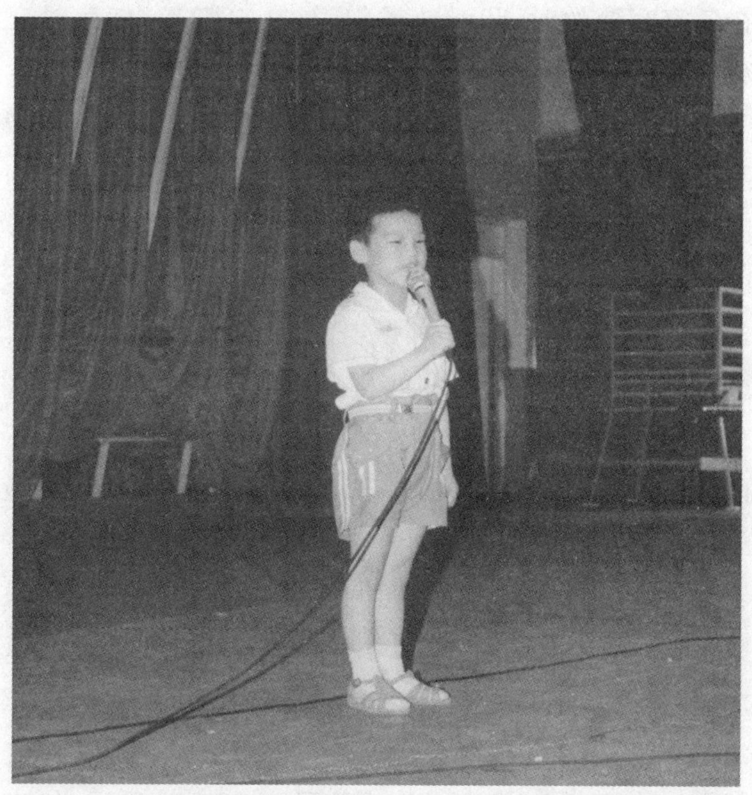

库搏飞三年级时在父亲单位庆“6·1”晚会上表演歌曲

此外，其他如语数外、物化生等辅导书，同样是集专家众人之智慧写出来的，学生以此辅导书进行自学，同样能有好的效果。

学习数理化、生物、政史地也都一样，都必须“动脑学”才能学好。如果不动脑子，光靠老师“灌”，光靠参加补习班、培训班或请家庭老师，其作用就很难说了。我所见到的孩子，或者说见到的全部差生，几乎千篇一律都是英语、数学、物理、化学这四科差。这些差生年年假期参加英语和数理化补习班，却是越补越差，家长大把地花银子，孩子就是不去“动脑学”，家长白花花的银子也就都打水漂了。

其实呢，英语和数理化这四科最好学。

先说数学。必须先弄懂教材，并以自学为主。

怎样自学呢？应该从教材的“前言”开始阅读，逐字逐句地去推敲、理解，看知识点的讲解和例题的解法，都应该逐字逐句地去理解。

我在各家庭帮教时，我对孩子们说，在自学教材时，对一个知识点，应该从题目到例题，包括任何一个标点符号都不能漏掉，更不要说对文字的推敲理解了。因为数理化在语言的叙述方面非常简练、严谨，真正做到了千锤百炼、没有废话。假如对一个知识点的第一句话看不懂，就接着往下看，也许阅读了下一句或下一段，能帮助理解前一句或前一段。如果把一页内容都阅读了，仍然看不明白，那就接着看第二遍、第三遍。三遍之内一定能读懂。古人云：“书读百遍其意自显。”再说，任何一个国家的教科书，都是集专家学者众人之智慧研究编写的，非常科学。编写的目的是让学生能够读得懂，不然怎么叫“教材”呢？应该说，大部分的孩子都能读懂教材，并且能做教科书每个章节后面的大部分练习题。

孩子们听我讲过之后，便按照我说的去做，果然看懂了教材。特别是一些初三、高三的孩子，对初一、二，高一、二已学过的东西都不太懂，过去从来都没有好好学过；如今利用一两天时间就能把过去一科中两年没有学会的东西全部弄懂了。孩子们非常高兴，自信心也有了。石家庄市一位初三已毕业的孩子兴奋地对我说，他当年放弃数学，缘于一个公式弄不明白，即(a＋b)的平方等于a的平方＋2ab＋b的平方，不知道这个等式是怎样变换的。他又不敢问同学和老师，怕没面子，又不去动脑子，就认为是自己笨，失去了读书信心和兴趣，从此以后便厌学了。与“坏孩子”打成一片，中考成绩只有217分；如今，按照我的方法去自学，他利用7天时间就把三年数学教科书全部弄懂了，这个公式他仅用10分钟就琢磨透了。2007年他参加中考，终于以优异成绩考入河北省最好的高中——石家庄市二中。

在此，我要重点提醒家长们，许多孩子进入中学后，几乎每天都有听不懂的科目，他又不主动问同学或老师，或者问老师时被拒绝，问同学时也被拒绝，他就会从此失去信心而厌学。家长应该每天询问孩子学习内容弄懂了没有，并且想办法把当天不懂的内容全部补起来。办法是：鼓励孩子通过自学教材或辅导书弄懂不懂的内容。这样做非常难。因为父母没有时间，有的父母没有耐心。

我到全国各地演讲、做家教，就是用这种方法恢复孩子们的信心、调动其积极性的。当然，光靠传授学习方法是不顶用的，还要按照本书前文所讲的，给孩子讲透学习目的，家长还要针对孩子的“十大特征”盯紧孩子、管好孩子，这三个环节缺一不可。

那么，弄懂教材之后怎么办呢？就应该买回与教材同步的辅导书和中考（高考）总复习以及中考（高考）模拟试卷，认真研究理解辅导书上的例题和对知识点的讲解，尔后做辅导书上的题目。

学习数学是如此，学习物理、化学、生物都应该按照上述方法去做。

许多孩子都对英语的学习感到头痛。那么，该如何学习英语呢？

其实，英语最好学。许多孩子之所以惧怕英语、英语成绩不佳，是因为缘于一个“懒”字。

试想，只要你在小学阶段坚持每天背诵10个英语单词，两年时间就能掌握一个高中毕业生应该学习的全部单词。也就是说，如果从初中才开始学习英语，读完初中二级，就学会了中学6年应该学习的7000个英语单词。实际上6年中学只有6000个英语单词量，学习英语，如果不去记单词，如果偷懒，再好的学习方法都无效。

总之，只要不懒惰，按照上述方法学习英语，岂不是太容易了？当然，光背单词还不够、还要自学语法知识以及英语小作文的写作知识，把《英语教材全解》这本教辅书弄懂。还要多做习题，并辅之以找机会与他人进行英语会话，看点英语报纸杂志，听听英语歌曲等等，英语自然就学好了。

（3）“仔细审题”是重要环节

无论是过去还是当前，不少孩子普遍存在审题不仔细的问题。每当作业本返回来或考试卷子发下来时，孩子们往往后悔不已：“嗨！

那么简单的题都做错了，都怪没把题审好。”

关于做题，报刊上称做是“题海战术”。许多专家、学者都对“题海战术”持批评态度。

可是，如果不多做题，到了考试时又怎么办呢？只有多做题，才可以熟能生巧啊！当然，不动脑子去做题，不仔细审题，那叫做无效做题，是无效劳动。目前，不少学生都抱着完成任务的无奈状态去做题，是被动地做题，是一种无效劳动；这种“题海战术”当然也是无效的。

我在20多年的实验和调查研究中，探索制定了一套做题方法，目前实施的效果非常好。无论是差生还是优生，应用这种做题方法后，差生变成了优生，优生的学习成绩则又上了一个台阶，直奔北大、清华。

做题！做题！许多孩子就因为这两个字而讨厌读书、放弃读书。因为一旦被一道难题卡住了，想几个小时也想不明白，有的几天也弄不明白，于是感到读书太难了、做题太可怕了，信心也就全无了。可是，老师每天布置的作业，总有不会做的题，老是抄别人的也不好意思，久而久之，作业便也不想做了，人也变懒了；有的一听说“做题考试”四个字，甚至都有恐惧感。

下面是我到各地对孩子们讲的内容，也就是我近20年的调研成果，简称学习方法或做题方法：

① 千万记住：高中（初中）只有1000天。

② 高考（中考）是考速度。

③ 高考一共考6科（有的省份考5科或9科）。每一科大约有300个知识点，把这300个知识点化解为1300道题目。那么，高中3年6科一共约8000道题。一个知识点内的各种题型只有反复做7遍才能记住。因为人的记忆力有限，大多数情况依靠不断复习。虽然一道题今天会做了，也许3天，也许一周，也许三个月后又忘了。所以必须得反复做7遍。孔子说：“学而时习之，不亦乐乎”讲的就是这个

意思。这样3年高中一共要做5万道题,平均每天50题。这50题里,老师平均每天大约布置30道作业题,剩余20道题就做辅导书上的。当然,这一天50题是6科的题;"做完"、"弄懂"这5万道题,成绩就能名列前茅。注意:关键是"弄懂"二字。

④ 做题方法:每做一道小题,思考不超过1～5分钟,如果不会做,马上看答案;答案一定要看懂,看懂之后,再动笔做出来。这种做题方法,关键仍然是"弄懂"每一道题,"弄懂"二字是关键。否则是无效劳动,题就白做了。

再强调一遍,上述做题方法主要是"答案一定要看懂"这7个字。而老师发给学生习题书时,为什么要把答案撕掉呢?其目的是怕学生抄答案。老师这也是无奈之举啊!

上述做题方法,是要孩子把学习状态建立在"我要学"的前提下才有效。

如果孩子们达到了"我要学"的状态,每天做50道题,并且是对照答案做题,应该说非常容易。并且,在孩子们的笔下,再也没有不会做的题,自然就不会失去自信。所以说,这是一个轻松的学习方法。

那么,老师布置的作业不会做怎么办呢?答案是:坚决不做!仍然采取每做一道小题思考不超过1～5分钟的办法,如果不会做,有三个方法供选择:一是等老师讲。老师一般对作业都要讲解、特别是难题,一定会讲。二是问同学。三是问老师。这里再强调一遍,问同学也好,问老师也好,都要做到"弄懂"二字。否则,这作业是白做了,劳而无功啊!

为什么做一道题难不能思考太长时间呢?道理很简单,前文已讲过,因为高中只有1000天,初中也只有1000天。如果一天才弄明白一道题,3年才会1000道题,岂不是什么大学也考不上?这就好有一比,如果你要吃牛肉,是选择马上拿钱到市场去买,还是买一头小牛养肥了再杀牛吃肉呢?或者说你想吃西瓜,总不能去买瓜子种在地里等个一年半载的才吃上西瓜吧?

所以说,不会做的题,一定要采取"拿来主义"的政策,力求弄懂为准。千万不可傻乎乎地单靠自己的力量而不去借助外力、应用别人的成果,要学会坐享其成啊! 也只有这样,才能提高做题速度。总之,按照这种方法去做题,既不会丧失信心,也不会厌学,也就有可能从差生行列进入到优生行列!

试想,高中(初中)3 年你做了 5 万道题,每一个科目做了 8000 道题目,那么,这个科目的所有知识点对应的题目你都做了七八遍,都烂熟于心了,都弄懂了(光做题不够,核心是弄懂)。那么,高考(中考)你一定能战无不胜、金榜题名。

三、"8 年轻松学好 12 年课程"之方案

前面叙述了如何明白读书目的和了解学习方法。只有解决了这两大问题之后,才能制订、实施好本计划,否则本计划等于零。可惜当年我不懂得这些学习方法和"8 年轻松学好 12 年课程"的秘密,不然,我两个儿子早早地考到美国去了,就不用等到 2011 年才到美国去读博士。今天,我无偿公开这个培养"天才"的秘密,使全国的亿万家庭受益。

1. 4 岁半～5 岁半计划方案

小学从 4 岁半开始学习,由父母教,也可请家庭教师教。首先用 30 天时间学会汉语拼音。儿童记忆力非常好,记忆最旺盛的年龄便是 4 岁半～15 岁。人的大脑目前开发不到 0.5%,孩子智商的开发应尽早开始。许多孩子在 7 岁前都放在幼儿园或让其自由地疯玩,失去了发展潜能的机遇。

学会汉语拼音后,每日学习汉字 5 个(书写汉字 500 个),达到会写、会默写、能理解的标准。一年背诵小学语文课文 30 篇,精读 1、2 年级全部课文。数学方面先利用两周时间学会识数入门,并学会正确书写阿拉伯数字。尔后每日练习加减法及简单乘法。英语方面先用 5 周时间学会 26 个英文字母和掌握国际音标的正确发音,达到非

常熟练、能默写、正确书写英文字母之目标。尔后每日背诵10个英语单词，并能默写。背诵方法是每天80个，但新单词始终每天只有10个(每日复习70个)。此外，每日练习做俯卧撑500次，练习武术和舞蹈的基本功。学会简单识谱，会唱儿歌。绘画方面入门即可。通过这些训练，使其文化素质、身体素质及其他综合素质得到全面发展。

孩子到5岁半时，这一年的学习成果达到如下目标：识汉字和汉语拼音达到小学毕业水平。数学达到小学二年级水平。英语单词量达到初中二年级水平。其他素质达到全面发展水平，音乐识谱达到高中水平。

2. 5岁半～6岁半方案

能写简单作文和日记，每日学习汉字5个。背诵小学课文30篇，精读3至5年级全部课文，每日练习书写汉字500个。背诵英文单词每日80个，达到会默写水平，背诵方法与前同。数学的学习达到会加减乘除四则混合运算水平，会简单的分数加法。其他素质的培养与前同。

通过这一年的学习，语文达到小学五年级水平，数学达到四年级水平，英语单词量达到高中二年级水平，其他素质继续巩固提高。

3. 6岁半～7岁半方案

每天写一篇日记，作文字数达到400～800字标准，语句基本通顺。能背诵小学课文10篇和初中现代文、文言文各10篇，精读小学六年级和初一语文。数学方面学习五、六年级内容，学会初一上册知识。英语方面重点学习语法和听力，每日背诵80个单词(方法与前一年同，实际上每日只背诵新单词10个)其他素质的培养与前一年同。

通过一年的学习，语文基本达到初一水平，数学也基本达到初一水平，英语的单词量则达到高中毕业水平。各种素质的培养比上一年有提高。

4. 7岁半～12岁半方案

(1) 用两年时间完成初一和初二语文全部知识的学习

其中初中三年文言文学习完毕。写作文 30 篇，背诵文言文 30 篇，书法练习每日 600 字(硬笔)。数学方面学完初中一、二年级全部内容。英语方面背诵单词每日 80 个(每日只背诵新单词 10 个)并且坚持每日读一篇 1000 字的英文文章，英文单词内容为托福考试内容，继续语法知识和小作文知识的学习。学完初中物理、化学全部内容。

(2) 用一年时间学完初三和高一数学

学完二分之一的高中物理和化学及生物。背诵高中文言文 10 篇，学完初三语文全部知识，背诵初三文言文 5 篇，精读高一语文课文，写作文 15 篇。英语的学习与前一年同。单词的拥有量达到重点大学本科水平，通过大学四级英语考试。各种素质的培养与前几年同。

(3) 用一年半时间学完全部高中数学和物理、化学、生物

语文课精读高二内容，背诵高中文言文 15 篇、古诗 20 首，学完全部高中文言文，写作文 15 篇。英语达六级水平，背诵单词 7000 个。其他各种素质的培养与上一年同。

(4) 最后半年学完高三语文全部知识

背诵高中语文中的文言文 10 篇、古诗 20 首，复习汉语拼音，写作文 15 篇。英语单词每日背诵 110 个(其中新词 15 个)。总之，这是收获的半年：一是全面复习各科知识；二是做高考模拟试卷和数学奥赛题；三是参加托福考试和参加美国的高考，即 SAT 考试。如果通过了考试，能申请到美国大学的全额奖学金，就到美国上大学好了；四是参加全国数学奥赛，参加北大、清华或中国科技大学少年班的自主招生考试；五是做好参加高考准备，考国内重点大学。

上述学习计划完全由父母掌握执行，以自学为主。目前，10～15 岁已上大学的孩子基本上是这种培养模式。由于家长不太懂，所以这些孩子学习英语的速度不快，学习的知识不太扎实，故这些孩子很少有考上北大、清华的，只能进入中国科大少年班或其他重点大学。

上述这个计划，经我到全国 28 个省(市、区)广泛传播，许多家庭

正在实施这项“天才培养”计划，目前进展顺利。我校目前是按照这种模式培养学生的，几乎人人都跳级了。

(5) 刚从学校初中毕业的学生培养计划

如果一个刚刚初中毕业的学生也想缩短学制，提前进入重点大学，那么，只有以自学为主，离开学校，由父母监督其学习。其自学计划如下：

8 天完成一册数学教科书的学习，即学完半年高中数学，尔后用 3 天时间做完一册数学辅导书同步练习。再用 40 天复习高中三年数学)。也就是说 148 天能学完全部高中数学。

英语方面，由于平时要坚持每日背诵英语单词 160 个(其中新词每日只有 20 个)，当年背诵完高中和大学全部单词。用 30 天时间学习语法和听力，再用 60 天完成 6 册英语同步辅导书练习。最后用 40 天时间复习高中三年英语、做习题。那么，高中英语的学习共使用时间 130 天。

语文方面。用 68 天时间完成 6 本书的精读并能背诵文言文 30 篇，写作文 30 篇计 15 天时间。用 60 天时间完成 6 本语文同步辅导书练习题。复习用 40 天时间，那么，三年语文的学习共计使用 183 天时间。

物理方面，内容只有数学的一半，用 96 天时间足够。

化学方面，与物理差不多，用 90 天时间足够。

生物方面，比物理化学内容少三分之一，用 70 天时间足够。

上述 6 科的学习，一共使用时间为 717 天。两年有效时间为 730 天，余 13 天作为节假日休息娱乐之用。那么，高中全部课程二年便轻松读完啦(一天平均学习 8 小时)。如果一天学习 12 小时就更理想了。

在学习的这二年中，应每日注意做俯卧撑锻炼身体，至少每日做三次，每次 30 个俯卧撑以上；如果坚持下去，身体一定非常棒，二年之后一次便能做俯卧撑 150 个以上；还应该注意适时服一点钙片和综合维生素，保证身体强壮。如果身体不好，学习也会受影响；或者说，如果身体不佳，上了重点大学也无用。

亲爱的读者，以上是我与两个儿子共同学习和在办超常教育学校实践三年，以及我到 28 个省（市、自治区）帮教做实验的情况总结。许多孩子都在按我的计划进行了学习，有少数孩子已顺利完成计划，考入大学了。

亲爱的读者，您今天有幸买到此书，知悉这种培养孩子的方法，相信一定能让您的孩子早日成为国家的栋梁。总之，您比我幸运。

“8 年轻松学好 12 年课程”的方法步骤全部介绍完毕。敬请读者注意，必须使孩子达到“我要学，动脑学，仔细审题”之状态，才能实施我的“天才培养计划”。

第二章　当今家庭教育现状

◎ 今天的孩子最难管

◎ 养子不教如养虎

我每天在接听读者家长打来的电话时，几乎所有的人都对自己的孩子不听话，讨厌学习，打骂父母等等不理解，都认为孩子没有良心，没有感恩的心。面对孩子都束手无策，不知道原因在那里。其实，我在 6 年前也不知道。通过俩儿子上大学之后，我最近 6 年走访全国许多家庭之后，才搞清楚这个问题。

今天的孩子最难管

一、今天的孩子几乎没人管

过去，中国妇女是不工作的，孩子时刻由母亲管。现在，日本国的母亲也是不工作，在家专职带孩子。欧美国家，上学前的孩子由父亲或母亲专门看管。

今天中国的孩子呢？父母都忙于工作，孩子无人看管，所以，以“小饭桌”看管孩子、形成的培训学校林立（孩子中午和下午放学后不回家，到培训学校吃饭）。中国的孩子出世后，不是交给爷字辈看管，就是送托儿所和幼儿园。许多农村的孩子因父母双双外出打工，让孩子一人在家彻底自由了。所以说，中国的孩子是彻底的“自由主义者”。

二、今天的孩子在家里无“竞争”

由于实行计划生育，如今中国独生子女家庭很多。这就使得许多孩子在家里成了小皇帝，凡事以自我为中心，极端自私。有的孩子甚至认为不用努力读书了，父母的“万贯家财”没有兄弟姐妹与之竞争，唯自己所有，于是变懒了。

中国没有遗产税，子女自然成为父母全部的财产继承人。孩子如果没了兄弟姐妹与之争夺财产，一旦失去父母的教育管理，自然就失去了努力读书挣钱吃饭的动力，父母这么多房屋钱财，一辈子都吃不完啊！而在西方发达国家呢？孩子18岁之后都要求自立。孩子继承遗产要交高额的遗产税，交税之后，孩子几乎得不到什么东西了。

三、今天的孩子被溺爱

现在很多四二一结构的家庭，六个大人一个孩子，大人全围着孩子转，孩子成了家庭的中心，对孩子的要求基本上是有求必应。这样就助长了孩子的自私和虚荣心。我到过的所有家庭，凡是有问题的孩子，溺爱是主要原因，家长们平时都倾其所有去满足孩子。特别是过生日，大操大办，满足孩子一切要求。而“5.12汶川大地震”中涌现出的舍己救人的少年英雄们，他们平时都学习自觉、成绩优秀，其家境贫寒，无人溺爱他们。

四、今天的孩子“吃得太饱”无压力

这一句话，是我每到一个家庭、每接一个电话必说的一句话。家长们向我哭诉，问我孩子为什么不理解家长的心；父母对孩子那么好，孩子为什么不好好念书。我反问这些家长，你的孩子考试得零分或得100分满分，回家天天吃的东西一样，没有一点压力，他为什么要吃读书苦呢？

今天的孩子，从出世到20多岁读大学，每日好吃好喝的，穿得暖暖的，住着漂亮的房子；家长没有别的苦让孩子受，只有一件事逼孩子做，那就是吃读书苦。于是，一些孩子就认为是为父母读书，因此，也就失去了学习的积极性、自觉性、甚至厌学、逃避读书。

五、今天的社会环境不利于孩子健康成长

读者们都知道，如今的社会环境比较复杂，一些不良出版物一度泛滥；满大街的网吧、“挂羊头卖狗肉”的“洗头店”……正处在青春期

的孩子，怎能抵制得了这种诱惑呢？有的家长把孩子小学阶段管得非常好，孩子书法拿到了全国金奖，钢琴弹到了八级，小学奥数考第一，思想品质也很好。可是，孩子到了中学，家长认为孩子长大了、不用管了，等到孩子变成了差生，他却百思不得其解，怎么也找不到孩子变坏的原因。有的孩子在初中很优秀，到高中变成了差生，家长同样百思不得其解。有的即使考上了重点大学，在大学里又变成了差生，或拿不到毕业证，或被退学，或留级，或被开除，家长仍然百思不得其解。我了解到，即使在北大、清华这样的名校，每年也都有一些学生拿不到毕业证，或被退学。有的大学近六分之一学生拿不到毕业证。

所以说，当今中国的孩子最难管，要一直管到28岁啊！

六、今天许多家长都不会管孩子

我通过20多年的深入调查研究和创办超常教育学校发现，中国的家长真正懂得管孩子的太少太少，而不愿管孩子、不愿为孩子牺牲工作和休息娱乐时间的家长却很多很多。家长们普遍只重视孩子的幼儿期和小学期的管理。到孩子上中学和上大学后便不知道怎样管孩子了。普遍现象是认为孩子上中学和上大学后不用管了。其实，家长们也不知道该怎样去管上了中学和上了大学的孩子。

养子不教如养虎

许多媒体报道我与两个孩子打交道20多年的经历，称之为创造了神话，是传奇。于是，全国各地不少家庭邀请我到他们家里“面对面”地去帮教。本文是我亲历这些家庭的见闻。面对那些孩子，我真有一种面对“恶虎”的感觉，即使现在写这些孩子的时候，我的手还在颤抖啊。

1995 年 6 月出版的一套《蒙学经典》丛书，其中有一部家喻户晓的《增广贤文》。关于这个《增广贤文》，我记得在 17 岁时，村里一位很有学问的老人曾让我看过，当时对书中“养子不教如养虎”这一句我根本不懂。如果不是到过 28 个省（市、自治区）与 300 多个家庭“面对面”，与 1000 多个孩子沟通交流，亲眼目睹那些触目惊心的事实，还有我办学校的过程和培养自己两个儿子的经历，那么对“养子不教如养虎”也不会理解得那么透彻、体会也不会那么深。当然，如今有许多家庭、许多家庭的父母都有这种体会。因为他们天天在与孩子作“斗争”啊。有的家长当着我的面痛哭流涕，说孩子一点人性都没有，比那吃人的恶虎还坏。养什么也别养孩子啊！

作者到河南开封帮教之后，在孩子家长带领下，参观龙亭时留影

下面从我到过的几百个家庭里选取几个案例进行分析。当然，为保护个人隐私，所涉家庭均以“张冠李戴”化名出现。不过，经征得有些家庭的同意，有的则实名实姓地写，并公开他们的家庭电话。

一、将军和教授之痛

我被邀请去山东和河南的次数最多。

河南商水县杨记灵女士，夫妻二人都是国家公务员。她有两个孩子，大孩子叫余文静；小孩子叫余文喜。杨女士是在书店里买了我写的《红楼忧患不读书》《最管用的家教——库金会的教子神话》等几本书后，按照书中提供的电话号码找到了我。

余文静读初一，是个乖孩子，成绩不差，但也不拔尖。余文喜读小学五年级，是个“不听话型”孩子，不仅调皮、爱说谎，还好打架、迷恋上网；学习成绩差，考试一般只能得三、四十分。

2007 年 4 月 28 日，当我在项城市一位领导家里做完“面对面”帮教结束后，这位领导及其家人送我到漯河火车站，并为我买好了火车票。就在临开车前的 10 分钟，我接到了杨女士的电话，问其是否能和自己的孩子进行“面对面”教育。我告诉她说，此时就在距杨女士家商水县 60 公里的漯河火车站，并已经买了车票，还有 10 分钟就要开车了。杨女士叫我别走，她让丈夫马上开车来接我。于是，我退掉了车票。一小时后，杨女士的丈夫余少军就开车来了。

到了杨女士家，我先是很详细地了解了余文喜为什么不愿意读书的现实状况，还详细询问杨女士从小是如何管孩子的；而后又与文喜进行了沟通，并面授了很多学习方法。通过与杨女士夫妇和两个孩子近 10 个小时的沟通，随后花了两天左右的时间，为杨女士制定了一套管教孩子的方案。

如今，杨女士的两个孩子已分别升入初中三年级和初中一年级。学习成绩非常优秀。

我目前在全国各地接触到现实的情况是，许多家长也知道只有牺牲一个人的工作才能管好孩子，但就是下不了决心，特别是那些工作在政府部门的家长。有不少人家中非常有钱，但也舍不得手中的职权而辞职陪读。在古代，每家每户都有许多孩子，母亲都不工作不一样生活的很好吗？

作者与河南郑州路通一家合影

北京电视台播出了一期“全职爸爸”的节目。节目里有4位嘉宾，两位中国男士，一位美国男士，一位澳大利亚男士。节目介绍说两位中国男士分别为29岁和30岁，都有不错的工作，一位开工厂，一位在外企上班。年收入都在20万元左右，都是研究生学历，却都在儿子出生那天辞职在家当了“全职爸爸”。令人奇怪的是，他们的妻子工作都很一般，一个在国企，年收入只有两万多元；一个在银行年收入只有一万多元。当主持人问二人，即使培养孩子再重要，也不能拣了芝麻丢了西瓜啊，应该让收入低的妻子辞职管孩子才合适啊。二人的回答如出一辙：“我们生的都是儿子，男子汉必须由男人来管才行！”这个节目在中国来说算是重大新闻了。但当主持人问两位外国男士时，都回答说这太正常不过了，在他们国家，有许多这样的全职爸爸，大家都习以为常了。专职当全职爸爸或妈妈应该是必然的选择，不然孩子由谁来管呢？之所以在中国当全职爸爸和全职妈妈会成为新闻，是因为很少有这样的。

当今中国，一对夫妻大多只有一个孩子，难免溺爱。而过去每家有许多孩子，不但不会溺爱，还能使孩子之间产生竞争，都想表现好，以便继承父亲的掌家权利。而当今孩子呢，不用说，父母的一切财产将来都归独生子女所有。有些孩子就想，既然父母那么有钱，还须努力去读书、工作吗？这样就养成了懒惰、怕吃苦的坏毛病。随着因特网的普及，打开电脑，网页上不堪入目的黄色、暴力画面比比皆是；还有一些电影、电视"智力游戏"也有不健康的内容；街上的一些发廊、休闲屋也是藏污纳垢之所；书摊上的暴力、色情书籍更是无处不有。对于正处在青春期的孩子来说，这些乱七八糟的东西，无异于"精神鸦片"呢。其实，有许多家庭的孩子不是迷恋上网，就是迷恋电视和武打、情爱一类的小说，迷恋交男女朋友，就是不爱读书。

亲爱的读者，你结婚了吗？有孩子了吗？孩子听话吗？读了上述文字，一定知道该如何抉择了吧。

作者接受内蒙通辽家长邀请帮教孩子并与该家庭母女合影

（母亲为通辽市人民广播电台节目主持人。女儿已考入内蒙古大学）

我应家长之邀去过的家庭中，既有省部级领导，也有军中高级干部，还有高校教授以及亿万富豪。当然，普通家庭不是没有，只是占少数而已。

2007年5月26日，我应一所名牌军校的将军邀请，去了这个家庭。

他们的孩子当时正读高一，父亲是少将，母亲是教授。下面是我与这个家庭的对话。

库金会：请您们先介绍一下您的孩子阿琦好吗？

教　授：阿琦很聪明，这从他四岁半时就能看得出来。他爸在学校是领导，出入时卫兵都认识他，也认识阿琦。如果新换了卫兵，不让阿琦进家属院大门，阿琦就会说，你不认识我爸吗？你一定是刚来的新兵。

将　军：这孩子从小时候起，说话就硬。虽然说话礼貌不够，但由于长得好看，还是人见人爱啊。

教　授：阿琦的确聪明，读小学一至五年级时，学习成绩好极了，经常得满分；背课文时，一页书半小时不到就能背诵，也非常听话。

将　军：我搞行政工作很忙，主要是他妈在管阿琦，我只不过是敲敲边鼓而已。

教　授：也谈不上什么教育。我们虽然是大学的老师，但如何管孩子还真不太懂。我是学文的，讲文学课，我喜欢买书，我给儿子买了许多书，都是《十万个为什么》、《科学五千年》、童话等一类儿童读物。平时也对孩子讲一讲长大要考大学、有出息之类的话，鼓励孩子好好读书。

库金会：据我在全国各地许多家庭了解到的情况看，每个家长都希望孩子长大成龙成凤有出息，多数家长教育孩子大体都一样。如果你的孩子是一个“听话型”孩子，这样去管理孩子当然不会出问题，孩子一定能考上名牌大学；可是全国每年出生的近二千多万孩子中，只有极少部分孩子是“听话型”的，其余孩子如果用上述管的方式和教育方法是不能起作用的，这类孩子必须辅以必要的强制措施才能管好。请问阿琦节假日是如何度过的？你们给的零花钱多吗？

教　授：问题也就出在这里。节假日有时我和他爸还要到学校加班，我要备课，孩子在节假日里基本上是自由外出与同学玩耍。见别人玩什么就回家要什么，比如十年前风行呼啦圈，我们立马给买。现在流行家用电脑、两万元一辆的自行车、手机、溜冰鞋、时兴的名牌少年服装和鞋子，都给买。还有过年给的压岁钱有上万，都由他自己用银行卡存下。

库金会：这种管孩子方式怎么能不出问题呢？因为青少年自控力差，现在读书您不给他压力，他就不用动什么脑子，又不担心饿肚子，这样下去，孩子怎么能够用心读书呢？我记得中央电视台少儿频道“成长在线”栏目最近播出了一个节目，说的是一个12岁少年8年前被湖南大学录取，轰动全国。可是好景不长，进大学三个月后，这个少年大学生竟然不去上课，成天泡在网吧里；学校没有办法，只好打电话请孩子的母亲去陪读。陪读四年之后，这个学生终于在16岁那年又顺利地考上了研究生。在电视里做这期节目时，这个孩子刚上研究生才三个月，母亲已不陪读了。当主持人问这位学生，你当年那么喜欢数理化、那么爱学习，怎么一进大学就玩开了呢？就不喜欢数理化了呢？少年研究生回答说，话不能这么说，不能说我对数理化不感兴趣，只能说我在家自学初中、高中课程时，时刻有父母看管我，没有接触到电脑游戏；当我到大学接触到电脑游戏之后，感觉游戏比数理化更好玩、觉得更有意思的时候，自然就不会去上课了。主持人又问他，妈妈不再陪读了，你会不会又荒废学业再去泡网吧呢？少年研究生回答说，我已16岁了，能控制自己一些了，但也不好说，也许还会去上网的。

将　军：我们阿琦迷上电脑游戏、与不爱学习成绩差的孩子在一起玩，我过去想不明白，现在看来，这个少年大学生都控制不住自己，要母亲陪读，我们阿琦变坏也就不奇怪了。

教　授：阿琦进入初三就变得极不听话，特别是不听我的话，嫌我唠叨，我还没开口，就让我闭嘴，我一提学习他就烦，学习成绩一落千丈，自然也就考不上重点高中；我们花5万元为他买了个进本市最好高中的"门票"。可是，进高一这大半年来，他几乎是不听课、不做作业，整天拿着两部手机、一部小灵通与朋友聊天，我说他，他还动手打我。一米八三的个子，体重80公斤，我哪里经得住他的推搡，我都快气疯了。

将　军：现在我的话也不听了。上课玩手机，老师制止他，他却要打老师，并且追着打，将老师追得满操场跑，学校只好开除他。我请市政府一位副市长对学校领导求情都不行，校长说，要么我不当校长，要么就让阿琦换学校。

教　授：阿琦现在没有学校要他了，只有等暑假过后再为他联系学校读高二。高二也许读不下来，因为高一的课程他几乎没上，考试只有30～50分，可能要重读高一。

将　军：浪费5万元进校费还不说，可惜了那样好的重点高中，再怎么联系也上不了那样的学校了。

教　授：别看阿琦现在呆在家里一副老实相，这是昨天才从派出所保释出来的。

将　军：事情是这样的，我见他上课玩手机，还打老师，我很生气，就到电信局停了他的三部手机，家里的电脑和电视也都停了。停了之后，我怕阿琦闹事，就下部队出差了，我也让妻子住到单位宿舍了，不给他留一分钱，让他一个人在家。当时，我安排人监视他的一举一动。

教　授：阿琦找了一个同学，是一个亿万富翁的儿子，他们是很要好的朋友，住进我们家。住了两天，第三天，阿琦给我的同事打电话，最后通牒说，限5个小时内开通全部手机和小灵通，否则就把家给砸了。当时我在电话中与他爸商量，该怎么办。他爸说，这败家子要砸家，能有什么办法？就让他砸吧！他迟早会毁了这个家，迟毁不如早毁。如果真给砸了，咱们就报警，送派出所！

将　军：我的确是伤透了心，我这一次是下定决心和儿子斗争到底。

教　授：当时我也是横下一条心，与儿子拼到底。当时是早上8点左右，阿琦说限5个小时开通他手机。到了下午15点20分的样子，阿琦又给我同事打电话，说家已经砸了。不小心把电闸给砸坏了，家中没电，天热开不了空调，要求派人修电闸，并且又下通牒，限5小时内开通手机，否则会有惊动全世界的爆炸性新闻发生。

将　军：我一直把心提到嗓子眼儿上，听儿子说家已经砸完了，我真气啊！我堂堂军人，能够号令千军万马，却制服不了一个毛孩子，真丢人啊！为了了解家被砸的如何了，我就派一个参谋到我家一边探情况，一边修电闸。后来这位参谋告诉我，没有砸什么东西，也就把我和他妈的结婚合影的大相框给砸成了几块，盆景砸了一个，其余没有砸什么。听到这消息，我终于将悬着的一颗心放了下来。接着我就想，这孩子还会有什么“惊世”之举让“天下知”呢？可能是吓唬我们的吧，也像他说的砸家一

样，虚惊一场而已。于是，我找了三个人日夜守候在我家楼下。

教　授：我们这种做法，不怕库老师您笑话，就像对付恐怖分子一样。难怪古人说："养子不教如养虎"啊！由于我们管孩子的方法不当，以至酿下这杯苦酒，使儿子成了只恶虎啊！

将　军：第二天上午十点钟的样子，在我家监视阿琦的人打电话告诉我，阿琦坐电梯下来，把我的车开走了。由于不敢靠近他，看不清楚车上有几个人。因为我告诉过他，阿琦不会开车，车上一定有人替他开车。阿琦所说的惊天动地的大事，大概指的就是这件事吧。要说这件事，真是一件大事。因为我们军车外人是不能随便动的，如果按抢劫的性质来处理，至少要判三年以上有期徒刑的。我不敢多想，立即派人开车去追。

教　授：说起来真令人难以置信，阿琦的车跑得飞快，并且有时是逆向行驶，红灯也敢闯，他爸派人追的车都赶不上他。这时，地方交警也派了两辆车追阿琦，因为他违反了交通规则。虽然地方交警不能干预军车，但他们还是派车跟踪，他们当时怀疑是歹徒抢劫了军车在逃跑，还怀疑是辆假军车。

将　军：由于阿琦闯红灯，又逆向行驶，无人能追上他。大概一个小时后，汽车追了几十公里，阿琦终于把车停了下来。他停车不为别的，只是到电话亭里去打电话，要我们给他开通手机。

教　授：就在阿琦打电话时，他爸派的人追上来了，就将阿琦按倒在地上，制服了阿琦。跟踪阿琦的都是比阿琦还高的个子，都是特警出身的，武功厉害，不然制服不了阿琦啊！

将　军：阿琦当时还大喊大叫，说凭什么抓他。此时地方交警也追过来了，一下子有上百人围观。在这种情况下，鉴于阿琦触犯了法律，我只好让交警带走，交给地方派出所处理。

教　授：本来我们不想交给地方派出所的，但阿琦这个样子我们也管不了了啊！再说，他的确触犯了法律，如果这次不抓他，今后就有可能犯下更大的罪行，到那时就不可救药了。说心里话，那天的一幕，我们今天想起来还心惊肉跳，库老师您知道吗？我们原以为是阿琦请人开的车，后来才发现车里只有他一个人。阿琦没有学开车啊！一个没有开过车的16岁孩子，居然开着军车敢在繁华的省会大城市行驶几十公里、一个多小时。至于阿琦是怎样偷配的汽车钥匙和发动机钥匙，至今都还是个谜。

将　军：阿琦平时经常坐我的车，他开车的技术估计是观察我的司机开车时的一举一动而学会的。你说这孩子该有多聪明啊！

教　授：说心里话，孩子养这么大，我们几乎没有打过他。那天看警察将阿琦铐着带走时的情景，我们永远都忘不了。我和他爸当时都哭了。

将　军：派出所将阿琦反铐了十二个小时，经过批评教育，阿琦已能认识到自己的错误。由于阿琦还是未成年人，派出所就让我们带回家管教。库老师您今天来了，就请您多费心，给我们夫妇支支招，帮助这个孩子改掉坏毛病，最终回到学校去读书，争取考上大学。

库老师：感谢对我的信任。我一定尽最大努力使您的孩子改变对父母的态度，树立信心，考上理想的大学，成为对社会有用的人，从而使全家快乐幸福。

现在,时间过去快半年了。后来我先后应邀又去了他们家三次。从反馈的信息得知,经过我帮助后,阿琦在暑假期间,不但不再外出上网,连电视也不看了,一个人在家自学补习高一课程,每日学习十二个小时。与父母的"敌对"状态完全改变,也知道疼父母了。进入新的学校以来,老师、学生反映非常好,学习一天比一天进步。去年被一所陆军院校录取了。

二、青春期的中学生

2007 年 3 月底,我在山东济宁市一个家庭里接触了这样一个女孩,名叫王倩,当时 17 岁,高一学生。

女孩的父亲也当过兵。他是看到山东电视台《天下父母》节目播出的《"天下父母"之父子攻略》后,打山东电视台热线电话找到我的,因为这个节目讲的是我如何帮助成绩差、贪玩的孩子改变态度、树立信心、提高学习成绩的。

作者的小儿子库稳飞(中)在山东卫视《天下父母》栏目接受采访

作者在山东卫视与编导韩莹(女)合影

这个父亲特别有意思,在打电话时,先讲自己也是当兵的,他害怕请不动我。许多家长的确也有这种顾虑,认为我是全国著名的教育专家,能请到家中来吗?这些家长们还不了解我,这种顾虑完全没有必要。只要我有时间,能安排得过来,就有请必到。也有的家长担心收费问题,我在这里公开收费标准,即基本工资、出差补助、车船机票费(三者一共 5000 元)。除此之外,不收辛苦费和咨询费。我不图钱,钱只是身外之物,钱再多,闹到最后都得捐给慈善机构。比尔·盖茨那么多钱,已经将大部分财产捐出去了。中国从古到今,很少有能富五到八代的人家。古谚有云:"穷不过三代,富不过三代"讲得有道理。不收太多的钱,也不怕辛苦劳累,只要我的劳动能使一个孩子变好,就能挽救一个人、一个家庭,说不定这一家几代人都忘不了我呢,我就是再苦再累也乐意。我的梦想是在有生之年帮助一千个家庭,现在已经帮助了 300 多个家庭了。当然,送到我们学校几个月进行教育培养更好,每月收费 3500 元。我的电话号码是:18986883103。

下面言归正传。我与王倩同学谈了整整五个小时。下面是二人的对话实录:

库老师：王倩同学，知道你父亲带你到宾馆来为了什么吗？

王　倩：知道。不是说您是我爸的老战友吗？他带我来说是上街买衣服，顺便看望您。

库老师：对，我也当过兵。（注：读者朋友请注意，这些不听话的孩子，如果父母说带他们去见某位专家，他们绝对不会配合。因为这些孩子心里都明白，自己的毛病在于一个懒字，打定主意让父母养一辈子，他们怎么会去接受专家的教育呢？所以我只好接受家长们的邀请，主动去面对孩子们。即使我到了他们家里，也只能哄孩子说我是他们父亲的老战友或者老同事，不然这些孩子是不会见我的。）

王　倩：叔叔与我父亲有20多年未见面了，您是怎样与我父亲联系上的呢？从前怎么没有听他讲过您呢？

库老师：是这样的。你父亲是在团长职位上转业的，而我那时还是个普通士兵。（注：我虽然与这个孩子的父亲不是同一个部队，但事先在与女孩父亲沟通交流时，知道她爸是团长转业的，在市纪委担任领导职务，当时61岁，已经退休。）

王　倩：叔叔您当普通士兵，怎么会与我父亲熟呢？（看来她在怀疑我是她爸爸战友一说的真实性。）

库老师：因为我在连队经常有通讯报道稿登报，当时算是小有名气，我还采访过你爸爸呢，所以我们熟悉了。（我也有"说谎"的功夫，不然第一仗会输的，接下来的戏就不好演了。不过，我说的也是本人在部队时的实际情况，我的确就在连队当兵时采访过团长和政委，只是在此张冠李戴而已。）

王　倩：原来是这样的，那么，最近怎样又联系上了呢？

库老师：我转业后，在管理孩子方面有一些实践经验，还写了几本书（我从旅行箱子里取出我写的七八本书摆在桌子上让王倩看），还经常在中央电视台及各省电视台做节目（我又拿出 VCD 摆在桌上让王倩看），这些 VCD 是我在央视 7 套、10 套、12 套和少儿频道做的近 200 分钟的节目，等一会咱们一起看看。你父亲呢，偶然于 3 月 11 日在你们山东卫视播出的《天下父母》节目中看到了我，他当时挺激动的，就通过山东卫视的热线电话联系上了我。接到你爸的电话，我也挺激动的，毕竟 20 多年没见过面，又是我的老首长，我当时就答应有空一定去看望他老人家。这不，利用出差到济宁的机会，我就与你爸联系上了。这样吧，咱们先看一张我在央视 12 套与著名主持人张绍刚和央视 2 套的主持人马斌三人合作的一档节目（VCD）怎么样？你认识他们吗？

央视主持人马斌与作者留影

央视科学与教育频道摄制组成员延宏等与作者合影

王　倩：我当然认识他们，可惜他们不认识我。他们二人还经常在一些娱乐节目中串演呢，挺逗的（王倩高兴地笑了。接下来我们二人看了35分钟VCD碟片）。

库老师：怎么样？节目看完了有什么感想？

王　倩：原来叔叔您是专门教育孩子的。您这次来该不是专门来教育我的吧？告诉您，我可是“刀枪不入”的，谁也别想说服我。不过，我还是挺佩服您的，您敢让考试成绩倒数的儿子跳级，自己文化那样少，却成为了全国知名的教育家和作家，还与央视的名人平起平坐做节目，真了不起，您既然姓库，但我认为您挺酷的。

库老师：是吗？我一个快50岁的老头子，酷什么啊！不过，我真想问你一个问题，你爸说你在发廊里和一个东北来的青年谈恋爱，这是真的吗？

王　倩：我没猜错吧？从一进宾馆见到您，我就估计今天准没好事，一定是父亲请“高人”来教育我。上个月也有那么一回，是让我看心理医生，爸怀疑我有心理疾病呢。

库老师：就算是吧。但我与你爸的确是上下级战友关系。怎么样，能聊一聊吗？

王　倩：今天与叔叔您聊我并不反感，能与名人坐在一块聊天是一种享受，今天我就对您实话实说一回吧。但您别想说服我回学校读书。

库老师：行。不读书。你已经初中毕业了，高中还读了一年，干一般工作的话，文化程度够用的；再说，古今中外许多伟人并没读多少书嘛。毛泽东也仅仅读了一个大专嘛。我完全赞成你不再读书。呵呵，你还没有回答我的问题呢。

王　倩：是的，我的确是爱上了那个小伙子，并且同居了。希望您给我保密，千万别告诉老爸老妈，否则他们会气死。

库老师：你爸说那个小伙子有乙肝，你也不在乎吗？乙肝是世界难题，治不好的，极易传染啊！

王　倩：我知道的，他是小三阳，不是大三阳，我咨询过医生，小三阳不传染的。

作者与著名演员《一声叹息》主演刘蓓合影（在央视一号演播厅）

库老师：就算不传染，但你年纪那么小，就与男友同居，你们做爱采取避孕措施了吗？如果做人流对身体可是大大不利啊！

王　倩：我现在不用采取避孕措施了。因为我已经做过8次人流，现在几乎不来月经了。

库老师：怎么会做过那么多次？你第一次做爱是哪一年，也是这位男友吗？

王　倩：我12岁上6年级时就与班里一位同学发生了第一次。

库老师：怎么那么小就做了？是被迫的吗？

王　倩：不是。我很喜欢他，我们都不懂，平时在电视里见过一些半遮半掩的镜头，还看过描写性爱的书，还有漫画。我感到挺神秘的就想去一试。

库老师：能说说你的第一次吗？如果为难就不说了。

王　倩：我都这样了，还有什么不好意思的。不过，我有一个要求，您得帮我说服我爸我妈，不要逼我上学了，我想学习做头发，今后开发廊赚钱。

库老师：我答应你。不过，等咱们谈话结束，也许会有意想不到的结果呢？

王　倩：那好，我说了。记得是那天下午放学后，王健叫我去他家玩，说他爸妈不在家，他让我看一样特别好玩的东西。由于我平时就喜欢他，也就乐得跟他去了。王健比我大两岁，我12岁，他14岁。他学习成绩不好，但人长得帅，像个大人。他家很有钱，父母都是做生意的，从来都不过问他的学习。进入他家后，他就领我到了他的卧室，他从枕头底下拿来巧克力给我吃，我就放下书包坐在床沿上吃。他一下子扑过来，一把抱住我，说爱我。我当时有点慌，但当他的手在我的腰上抚摩时，我感到很舒服。就没有反抗他的搂抱，因为我平时挺喜欢他的，他平时也挺照顾我，经常给我吃巧克力。接着，他就吻我，我没有接过吻，不会，也不好意思。但与他的嘴唇接触之后，感到挺有意思的……后来我想，王健干这个很老练，肯定不会是第一次，他后来承认的确不是第一次做爱，与别的女孩玩过好几回。

库老师：现在后悔那个第一次吗？假如不是那个第一次，你的身体也不会那么虚弱，也不会失去生育能力啊！虽然你很漂亮，但我肯定你身体不会好。

王　倩：（挺伤感地）怎么说呢？我也清楚，失去生育能力就意味着做女人不合格。但我不后悔，我决定终身不育。现在媒体上说，在大城市有许多夫妇不要孩子呢。在国外更普遍。至于身体嘛，的确很虚弱，每次做人流后，又不敢告诉大人（指父母），更不敢对老师说，做完人流手术后，马上参加体育课是常事，所以我的小肚子经常发生涨痛，小腿也痛，浑身没劲。

库老师：你做那么多次人流，共与多少个性伙伴发生关系呢？如果不便说可以不说。

王　倩：无所谓。我的性伙伴都是同学，从小学那一回之后，在初中先后与十三个同学发生了性关系，在高中也有七八个。

库老师：你就不怕得性病和艾滋病吗？

王　倩：怎么不怕。正因为我怕，我现在很少找大同学玩，我喜欢找小学毕业班和初一初二的小男孩玩，他们见识不多，做爱不多，多数与我都是第一次呢。他们肯定不会有病的，与他们玩特别有趣。

库老师（惊讶）：你认为这样做道德吗？

王　倩：无所谓道德不道德。我的第一次也是和小学同学做的啊，反正快乐就行……

作者在山东文登一中操场留影

我一共与王倩同学谈了五个多小时，从上午九点多谈到下午三点才吃饭。终于说服了这个女孩，王倩哭得好伤心。后来我又专程去了王倩家一次。现在王倩回到了学校，重读高一。老师说王倩像换了个人似的，学习很用功。可是，当我把这一切告诉王倩的父母时，他们都惊呆了，半天说不出话来，母亲号啕大哭。因为女儿已经丧失了生育能力，母亲怎么不伤心呢？女儿所做的这一切，父母一点都不知道啊！

我去过的女生家庭，像这样的情况并不少见。如今，许多初中生、高中生，男女同学之间发生性关系，虽说不上普遍，却是见怪不怪了，至少占了30%左右。但是，这一切的一切，父母和老师都不会知道，也不可能知道，全部蒙在鼓里。难怪媒体上曾发表过一份妇女生育调查报告，报告说，近5年，新婚夫妇有12%的妇女不能生育，其原因应该与王倩同学差不多。

三、失败的“父教”

一个家庭妻妾成群，这是中国古代家庭的常见现象。今天的社会制度是不允许一夫多妻的。可是，我被邀请去的家庭里，就有变相

“妻妾成群”的。这样的家庭，孩子又怎么能不出问题呢？这是一个典型的失败的“父教”案例。

2009 年 9 月 10 日，我来到河南一个城市的陆祥云家里。这是一个什么样的家庭呢？

陆祥云是一个老板，他向我介绍说，他有四栋房子，共有一万平米左右。现在这套房子是老三的，即他“三老婆”的房子。“二老婆”、“大老婆”都居住在附近。

我大惑不解，问陆老板，政府不干涉吗？回答是：我又不领结婚证，民不告官不究，没有事的。

陆老板侃侃而谈，说他有四个儿子、三个姑娘，三个儿子和三个姑娘已上班，这个小儿子读高一，不好好读书，谈上了恋爱，还迷恋上网玩游戏。虽然他那三男三女六个孩子，从前读书成绩不好，没有上过大学，但通过找关系，都找到了好工作。可是，现在形势变了，找个好工作或者当官要有本科文凭，还要考试。所以这个小儿子成了他的心病。自己是快 70 岁的人了，文化低，只有小学文化，很想家里出个大学生，不说光宗耀祖，也是形势所迫啊；现在不读书，孩子是没有前途的，光靠关系和钱已不灵了。

这个陆老板虽说是个大老粗，但思想敏锐，不然，仅凭他那点文化，怎么能够弄那么多钱，还经营酒店、浴池，资产达两千多万呢。但是，他那个“妻妾成群”的家庭，的确影响了孩子的读书，不然，7 个孩子怎么会都考不上大学呢？

说起老陆的“妻妾成群”，他是这样解释的。他说，人生的意义不就是先吃苦、奋斗，而后享受吗？不然，赚了钱干什么用呢？他“批评”我说，凭你这么大名气，至少应该有 5 个“老婆”啊，应该比他强，他才三个“老婆”嘛。他说，我虽然有三个“老婆”，但我一不是党员，二没有当官，我的三个“老婆”都相处得很好，不吵，不闹，政府也就不会找我麻烦。我如果当了官就麻烦了。如今报纸上公布的一些高官和国企老总出事后，哪个没有几个情妇。问题是，在官场里只能暗地里

“妻妾成群”，而我则可以半公开。陆老板介绍说，在他这个城市，像他这种情况的还不少，说他们都是农民出身，发起来主要靠买卖土地。由于城市近30年发展很快，他们家这儿当年是粮田，如今却成了市中心；他当时就看好土地将来会值钱，就买了一些地，所以就成了现在这个样子。说起来他怎么会生这么多孩子这个敏感话题时，老陆说，我一个农民，谁管啊，不就是找找关系、罚点钱呗，好对付呐。

我在老陆家住了两天，晚上老陆亲自带我到自己经营的歌舞厅、浴池和酒店参观，还要安排舞厅里最漂亮的小姐陪我过夜；并且说他们这儿安全，不会出事。我说目前还不习惯那种生活，至于自己中共党员身份老陆是不会看中的。被我婉拒后，老陆很是感慨，说他在社会上混了六七十年，与黑道白道的人都打过交道，还没有接触到像我这样传统的人，难怪能把两个儿子管得那么好。不过，老陆在送我走时，还是一再“教育”我，要改变生活观念，既然已成为名家，名利双收，就应该追求人生快乐。老陆还把李白的两句诗送给了我：“人生得意须尽欢，莫使金樽空对月。”“烹羊宰牛且为乐，会须一饮三百杯。”老陆说他很喜欢这两句诗，是一位作家朋友讲给他听的，他经常用这两句诗去“教育”朋友们。

在老陆家两天，虽然招待得很周到，但很压抑。我与老陆的三个夫人都进行了交谈，他们都对丈夫很满意，对目前生活也满意。老陆这三个夫人，老大70岁，比老陆大两岁，是结发夫妻；老二55岁，农民，穷苦出身；老三31岁，农民，高中毕业。

关于一夫多妻的相处问题，老陆向我介绍了他的一位朋友，这位朋友的资产虽然还不如老陆多，但更会享受，有5个老婆。老陆说，有一次，老四为一件小事把丈夫气得血压升高住院，其余几位夫人日夜不离地守护在医院不说，还一起把老四弄到医院揍了一顿，并让老四跪在老公的面前认错，并保证今后不再气老公。

我从事这项工作，接触到的人和事千奇百怪。但在孩子变“坏”这个问题上，其根源几乎都一样：一个问题孩子的背后，必然有一个问题家庭，有一个失败的“父教”。

江西有个家庭，打电话请我去，火车到站了，却不见人来接，打电话又不通，打手机又不接。我只好等，等了一个小时，孩子的妈妈才接听手机，答应来车站接。把我送到三星级宾馆后，就没了下文，打电话、打手机仍不接。第二天上午 9 点，还是那位孩子的妈妈来宾馆见我。问其缘故，那位孩子的妈妈才不得不讲实话。

原来，这是一个非常富裕的家庭。他们家办工厂多年，是生产提花毛巾的。不过，近几年只生产向中东国家出口的提花包头裹身毛巾。即伊拉克、伊朗等阿拉伯国家妇女们裹身的大毛巾。这毛巾都是雪白雪白的，有毛巾被那么大，批发价 30 元人民币。老板姓张，穷苦出身，今年 57 岁；6 岁时父亲去世，母亲带着他和两个弟弟讨饭长大。张老板 14 岁就由政府照顾到工厂上班，学的技术就是制造提花毛巾。1990 年，他辞职下海，开了这家毛巾厂，如今的资产已达两千多万元。

张老板富了，每日与外国商人打交道，在当地也是红得发紫，企业是政府的重点保护对象。他也有三个老婆、三个孩子。结发夫妻单独过，儿子已上班；二老婆生了个女儿，读高二，学习很不错，将来上重点大学没有问题。因为，这个女孩是“听话型”的孩子，像这类孩子是不受环境影响的，不用老师管，不用家长管，就能把书读好。我在全国各地看到的情况，都差不多：凡是有问题的家庭，假如有男孩和女孩两个，一般女孩就是一个“听话型”的孩子，学习很优秀，不用父母操心；但儿子就糟糕透了。

张老板就是因为三老婆生的儿子的问题请了我。这个孩子读高一，17 岁，问题与别的问题孩子都一样。凡是问题孩子，其问题都大同小异，都是懒惰不喜欢读书，学习成绩差。喜欢与成绩差的孩子玩，并且关系特别铁；爱玩电脑游戏，看电视成瘾；爱看言情武打小说，初中就开始谈恋爱；对父母高声喊叫，有时打骂父母，对大人不礼貌；行为习惯极不好，花钱时大手大脚，站没站相，坐没坐相；很懒惰，不洗脸、不刷牙，也不喜欢洗澡，等等。

张老板自己“妻妾成群”，年纪又大了，对几个老婆可能照顾不过来，这个三老婆姓李，今年才35岁，比丈夫整整小22岁。他们既然电话邀请我去，为什么迟迟不照面呢？

小李（张老板的三夫人）只好如实对我说，她与自家工厂里的一个员工相好，昨天上午她约那个员工在家里约会，被丈夫撞上了；昨天下午与丈夫吵，所以没有心情接听我的电话。既然我来了，还是希望能与孩子谈一谈。

我告诉小李，并不是光与孩子谈就能解决问题，一定要与孩子的父母谈，把今后如何管理孩子的方法告诉你们。

小李说，孩子爸爸与她不说话，无法在一起谈。我只好说由我去找张老板，先统一夫妻意见才好做工作。

我每到一个家庭，经常碰到夫妻意见不统一的情况，有的夫妻当着我的面竟然厮打起来。我总是先做好夫妻工作，特别是在管理孩子方面，一个严格要求，另一个溺爱，造成矛盾，这是培养孩子的大忌啊！只有夫妻意见一致，才能管好不听话的孩子。我最大的功劳是，每到一个家庭，都能统一夫妻意见，将建设家庭的工作重点转移到管孩子上来，而不是全力以赴抓经济。

这个家庭不但在管理孩子方面意见不统一，而且婚姻上还出现问题。我都快成婚姻问题专家了，因为我碰到许多家庭，特别是来信、来电话的家庭，在孩子问题上都涉及到婚姻问题。于是，我在研究婚姻家庭方面，也积累了一定的经验，往往能说服一些濒临破裂的家庭重归于好。我还接过一所名牌大学女教授的电话，她说看过我写的书，她今年46岁，有一个32岁的男同事（已婚）在追求她，咨询我该怎么办呢。

虽然小李对我说她有私房钱200多万元，不怕老公不要她，但我最终还是说服了双方，不然因这个问题孩子就彻底完了。直到现在，张老板和小李还一直与我保持着密切联系。当然，他们的儿子有很大变化，已回到了学校，学习也比以前认真多了。不过，要彻底变为优生，还有一个漫长的过程。

对于“妻妾成群”的家庭来说，其孩子难免不出问题。但有一些穷人家庭，或者生活条件一般的家庭，也有问题家长，这里选一封来信附在此处。此信是一位学生写的，用真实姓名、地址刊出。我给这个学生所在的学校和她本人各写了一封信。我到过许多家庭，都要将此信给家长和学生看。这封信到底有什么内容呢？亲爱的读者，你读后一定会百感交集。是啊！中国这么大，似这样的家长有许许多多啊！

期待父母的支持

库叔叔：

您好！

提笔问候，落笔祝福。首先祝您身体健康，合家欢乐，而且每天都拥有一个好心情。

首先，在这里先向您说声“对不起”，不知这封贸然的来信是否浪费了您宝贵的时间。

然后呢，我想自我介绍一下，我是您的书的一名忠诚读者，但我想阐明一点，我不是一名家长，而只是一个17岁的女孩子。我叫马计娇，是江苏新沂市瓦窑镇瓦窑中学高一(一)班的学生。看您写的书，是我出于一种对成功的渴望。读了您书以后，让我受益匪浅。首先是您的精神让我感动，我真的不敢相信会有这样肯吃苦耐劳的家长。但是库叔叔，我却认为像您这样的家长应该是少有的，特别是当孩子们处于青春期的时候，家长的配合，就比如说我的家长吧，我感觉他们真的是特别的不理解我。当我抑制不住自己要发脾气时，他们会以为我是有意想冒犯他们，于是一场又一场的“风波”总是不断地发生，而且我发现我和妈妈之间简直就像一对陌生人一样，隔膜很深很深，我们甚至可以一个星期不说上一句话，只要一说话，我们之间就会发生“战争”。库叔叔，您说我应该怎么办呢？

库叔叔，我想您应该是位成功的家长。因为很少有家长会和孩子陪读到那种程度的。但是，库叔叔，我告诉您，如果按照您的标准来判断，那我的父母可能是极其失败的家长了。比方说，他们从来都不进学校，并不是他们工作忙，而是我每次让他们去学校时，他们总说“我不想去”就推卸了。但“望女成凤”的心情是每个家长都有的，他们都要对我说，要我争取考清华、北大。但付出的行动只有那么0.1％。每次放学回家，看到他们看电视，而且声音很吵，我就让他们开小点或者不看，这时他们就大发雷霆，说我当了什么“一官半职，竟需要这般‘伺候’？”我很苦恼，就凭这个我拿什么去考清华、北大？中考成绩出来了，732分，虽然不算低，但是我既没有免学费也没有奖学金，于是母亲很生气，她老责怪我。我想这与我后来的“人缘”有很大关系吧！父母总是老爱向我发脾气，他们给予我的没有安慰和更多的爱，只有责备，责备，再责备！我想在这样的环境下成长的孩子非常优秀的概率不会很大（说明一点，我在写作业时他们还在看电视）。

库叔叔，我是一个很渴望成功的孩子。我现在是高一新生，我想2009年您可能会知道我的高考成绩。但是我该怎样才能成为一名成功的孩子呢？我很迷惘，因为我的父母都是文盲，而我的老师并不都是骨干教师；对于我自己，我想由于中考分数的打击和父母教育方式的不正确，我的信心正在逐步瓦解；我想考第一，但是却好象心中总没底，不想努力；而且库叔叔告诉您，我感觉不知道怎么的，我的思想特别紧张，比如做题目时，我一心总想两件事，而且特别是做试卷心里发慌（看到别人都做出来了，自己却没有，所以脑袋发涨）。现在我十分恐惧这种现象，我想，如果我改不掉的话，那么未来竞争中，我是否又该是落榜者呢？

库金会与儿子库搏飞在中央电视台演播厅与学生和家长合影

库叔叔，在您出版的书中我有不懂的地方，我想请教您一下：

① 您说了，实现您的实验，您让孩子走读，这是为什么呢？难道住宿不好吗？

② 您说您儿子每天晚上还得锻炼30分钟，那么即使身体强壮了，但休息时间少了，第二天又该怎样才能有旺盛的精力去学习呢？这会不会是“得不偿失”呢？

③ 在书中您说儿子在高三阶段总共做了您买的600多套资料，怎么可能有这么多时间呢？那么您认为在我们高一高二阶段有没必要做那么多资料呢？库叔叔我告诉您，我父母平时都不给我钱买资料，他们居然会以为我是乱买，我想正如您所说的“女孩成熟早，男孩成熟晚”。我深知父母赚钱是很不容易的，所以我的学习很努力。像我如此热爱学习的人，我想甚至您儿子都不曾有过(小学—初中)，而且在我们这个地方像我这样的孩子是“可望而不可及”，也并没有说哪个家长连孩子买资料的钱

都不给的。对此我感到很痛心，我想难道是他们年龄大了的缘故？我妈今年54岁，我爸60岁，我有一个哥哥21岁(已不上学，也没有结婚)。有时我向他们要钱买资料，他们唠叨半天后还是不会给的；即使给了，肯定是给了这次没下次。那课外书籍就更别提了，如果我买了的话，他们肯定会一两天不和我说一句话。我很苦恼，就凭这些，难道我就可以上清华、北大了?！也不知什么原因，只要我要钱买衣服，他们回答我的唯一一句话是"没钱"。我被逼无奈，只好在暑假期间打工，但是只干了5天，赚了100元钱，然后他们就对我说"这些钱省着用，留你买资料、买衣服，还有生活费。"(我打算住宿，尽管家离学校不远，但我确实不想和他们住在一起了。)天哪，我吓得直冒冷汗，才100元呢！我也真不敢相信这种父母居然会被我遇上。

库叔叔，看了这么多内容，我想您一定累了吧！最后我想问您一下学习方法问题。因为在本书中您涉及得不是太多。

库叔叔，再告诉您一件事，明天是8月18日，我要参加军训了，至于累不累以及情况怎么样以后再向您汇报吧！

最后祝您工作顺利，笑口常开，生活幸福美满。

江苏省新沂市瓦窑镇瓦窑中学 高一(一)班

马计娇(一位渴望成功的女孩)

2006.8.17夜

瓦窑中学的校长是2006年9月11日收到我的信并转给马计娇同学的。17日，星期天放假，马计娇回家给我打了电话，同意做我的干女儿，并且在电话里叫我爸爸、同意此信刊登在干爸的书里。她还告诉我，学校里有个实验班，她分在此班。我还与干女儿的父亲马敬飞先生通了电话，马敬飞表态要全力支持女儿读书，贷款也行。支持女儿一定考上北京大学。从那时开始到今天，马计娇同学与我经常保持通信和电话联系，学习成绩非常优秀。

四、溺爱是祸水

从我在全国各地调查的情况看，孩子变坏的因素固然不少，但总根子是溺爱！100％的溺爱！溺爱是祸水！

如江西省黎川县会计核算中心的高女士，她在家天天拜佛(没有想到拜佛的人是这样溺爱孩子)；她丈夫是中学英语老师，夫妻文化都不低，但是太溺爱孩子。儿子17岁了，居然听从儿子的话，让儿子在家自学；结果呢，一年多了，儿子啥也没有学到，变得更懒惰。他们家开酒店，儿子却不吃酒店的饭，非要妈妈给其做饭。这一对夫妻也认识到这样下去儿子会没有前途，后果不堪设想，在没有办法的情况下，打电话请我去帮教。2007年9月8日，我专程2000多里去他们家，可是，这一对夫妻却不听我的劝告，仍然坚持溺爱孩子，我很失望。这样的家庭怎么能培养出好的人才呢。可以这么说，一个失败的孩子，其背后就有一个失败的家庭啊。

2008年1月7日，辽宁沈阳市，做生意的王定富先生电话邀请我。我到王先生家是下午3时左右，正赶上王先生妻子蹲在儿子床边喂饭给儿子吃。

看到这一幕，我心里又在说，又是一个溺爱儿子的“典范”。

如今有些孩子不读书，专职在家玩电脑；一般是下午3点钟吃饭(或由父母喂饭)，吃饭后立即进入到电脑游戏之中，一直玩到第二天早上7点；也不洗脸、刷牙，倒头便睡，一直睡到下午3点。这位王老板的儿子就是众多上网族的一员。

在吉林省梅河口市，一位李姓老板是做坟墓生意的，就是卖阴宅地基的。他原来在市领导身边做秘书，1997年他看好殡葬这个行当，就买下千亩荒山，专门造墓地出售。生意非常好，赚得盆满钵满的，就对儿子百依百顺，要什么，买什么；后来孩子就发展到不再上学，因为在初中这三年，换了五六个学校，再没有学校愿意收他了。王老板请我到他家来，主要目的是：一能教育好儿子回到学校并不再被学校

开除；二能吃妈妈做的饭。因为他儿子每天只吃一餐，其余时间玩电脑。饭菜必须是三星级酒店里买回来的，每餐两菜一汤。每餐都在100 元左右，相当于一个贫困生一个月的全部费用。

黑龙江省哈尔滨市的孙云亮先生，在保险公司工作，其儿子 21 岁了，已在家玩电脑 7 年了。这 7 年间，儿子几乎没有跨出过大门一步，却还要父母对外界宣称"儿子在北京某大学读书"。我见到这个孩子时，几乎不敢正面看他。因为这个孩子面色白得吓人，极不正常；虽然一米七五的个子，体重恐怕只有一百斤，真是骨瘦如柴；五指伸出来就像死人的手，指甲还长长的。也是每天由母亲喂食一顿。下面是我与孙云亮先生的一段对话。

库金会：为什么不把电脑给停了呢？像这样下去你儿子最多还能撑 5 年，你看身体完全垮了，风都能把他吹到啊！

孙云亮：不敢停啊。动不动就对我和他妈大喊大叫，还出手伤过他妈好几回。在七八年前也揍过他，不顶用。我也担心他撑不了几年啊！

库金会：这样养着又有什么意义呢？

孙云亮：我最近也天天和他妈商量，这样养下去，也等于是要了儿子的命，儿子这是在等死啊！就是想不出办法来。这不，大老远请您来。

库金会：假如不喂给儿子吃，会出现什么情况呢？你试过吗？

孙云亮：试过的，记得是 2002 年 8 月，不喂饭他吃，他第一天是烦、砸东西，把家里玻璃器皿砸了许多，茶几也砸坏了，还打他妈；第二天就玩电脑；第三天躺在床上，但我们仍然坚持不喂给他吃，他就是不吃。整整饿了三天，我们怕他饿出毛病来，怕饿死了，没办法，就又恢复喂食到现在。

……

四川省宜宾市的金益平先生，开工厂，儿子只有九岁，读四年级。

2007年8月6日打电话请我去，说儿子不但不听话，还打骂父母，学习成绩差。

我来到这个家庭后，金先生夫妇把手臂伸给我看，伤痕累累，说是儿子咬的。儿子个子太小，打身材高大的父母使不上劲，他就用咬的办法。

金先生夫妇都年近60岁了，是46岁生下这个宝贝儿子的，故百般娇宠，真是含在嘴里怕化了。

我清楚，这是溺爱娇纵的结果。我有意考验这一对夫妇疼爱孩子、溺爱孩子的程度。我说，咱们今天做个实验，看你敢不敢打儿子。

金先生说，我们也打过儿子，但打不过他啊，儿子咬人。

我就说，今天做试验，打一打试试看。我就不信，你一米七几的个子，体重一百六七十斤的汉子打不赢一个10岁的毛孩子。你找一节一米左右长、小拇指粗的尼龙绳子，就用绳子抽他的下肢；你们夫妇一个按住孩子，最好按在床上，一个狠狠地打。

没想到，这对夫妇有为难情绪，他们主要是怕伤害了儿子。我说，你们大老远地请我由两千多里外的湖北到你们家来，我说的话你们又不听，我就没有办法了。

金先生说，总得找个理由打吧。

我说当然。等一会儿你们安排他看语文书，要求他背诵一篇古文，或布置20道数学题让他做。估计他不会同意。

金先生说，肯定不会同意。这孩子平时上学都懒得去，在这个假期里连一本书都没看过，只知道安逸、玩得快活。

我说，你儿子快回来了吧？吃完饭就这么办。

转眼间的工夫中午12点到了。金先生儿子回来了，金先生夫妇向儿子介绍了我，并把我写的书拿给儿子看，说库老师20年前与爸爸在部队一起当兵，是朋友。如今成了大作家、教育家，是大名人。今天到宜宾出差顺便到咱家来看看。

小家伙对我很感兴趣，听得挺认真的。因为他毕竟没有见过写书的作家啊，今天与我面对面，看来很高兴的。

果然，吃完饭，让小家伙背书给我听，他就是不干。跑到自己房里，把门“嘭”地一声使劲碰上锁。

金先生夫妇就拿着绳子打开儿子房门，走进去劝说。小家伙躺在床上，并捂着耳朵不听父亲的话。金先生就动手拉儿子，儿子猛的坐起来，向父亲的手臂咬下去。

父亲只好一把把儿子按倒在床上，让妻子打。妻子迟疑了一会，没办法，只好打。我见这位母亲真正是高高扬起尼龙绳，却是轻轻地落在孩子的小腿上和屁股上。儿子却杀猪般地号啕大哭起来，并且手脚使劲不停地抓和踹。就这样，夫妇俩轮番按和打，折腾了十几分钟，夫妇俩累得全身是汗，儿子却哭声更猛，无一点惧色。见到这种情况，我使眼色叫他们别打了。

我让关上孩子的房门，把这对夫妇叫到客厅来。我说，你们看过电影、电视的，往往有反映共产党员叛变的情节，都是使用酷刑使其叛变的。既然成人都怕严刑，那么，这么小的孩子能抗得过去吗？你儿子今天之所以那么顽强，都是你们平时只打雷不下雨的结果，只说打，却从不打，或像今天这样假打。不相信么？你们可以试一试，你们再去打，不用按住他，只下狠劲打他的下肢，最多一分钟，打十几下你儿子就会投降。

这对夫妇只好按照我的“指示”去做，果然才打了七八下，儿子就喊不敢了，同意背书。这打七八下的代价是使儿子的屁股上、小腿上、大腿上都留下了血印，甚至还出了血。我在这里并不是提倡大家打孩子，只是在做试验，看家长溺爱孩子的程度。

在辽宁大连，有一位名叫段永成的，是一个房地产开发商，拥有资产一亿多元，有两个儿子。长子2003年本科毕业后，在一所初中教书。我见到这个孩子时，有点吃惊，东北汉子本来个头就大，这个26岁的小伙子，接近一米九的个子，体重至少有120公斤；特别是脸部臃肿，相貌不雅，体态也不好，大腹便便的。据其父母说，由于长相原因，学生们都不喜欢听他的课；儿子很苦恼，要求辞职到南方去打工。2006 年参加了公安招聘考试，文化成绩考试合格，但体检肯定过不了关。于是，父母就找在公安局当纪委书记的堂兄帮忙，结果体检时还是被淘汰了。此后，孩子就不再上班了，也不外出打工。父母没有办法，就打电话请我去。

这个小伙子有个弟弟，中考成绩非常好，是区状元。父母就为他选了一个贵族学校上高中，并且是免一切费用。然而好景不长，弟弟只在学校上了三个月就跑回来了。理由是他们宿舍有 6 个同学，家家都是千万、亿万富翁；但这些同学都不学习，上课睡觉，并且还笑话他用功学习；问他考全校第一有什么用，父母有花不完的钱，还用读书吗？就这样，这个老二在家专门玩电脑游戏，一玩就是近三年，人瘦得不成样子。

我观察了这个豪华家庭。这是一幢 500 平米的别墅，家中的观赏鱼池就有两个，养了观赏鱼 200 多尾；花园里的名贵盆景至少几百万元；有男雇员 3 个、女雇员 2 个，专门做家务和整理花园，还负责开车、喂养乌龟以及饲养两条大狼狗等。我在与两个孩子的交流中了解到，大儿子并非真的不想上班，是另有原因：

一是考公安怪父母舍不得花钱，如果父母舍得送上一百万元，体检一定能过关。我反问小伙子？送一百万元是要犯罪的呀！万一将来哪个收你一百万的领导犯了事儿，供出你们家这个行贿的事儿，你们是要蹲监狱的啊。再说，花一百万元当个警察，工作 30 年就退休，其 30 年工资只有 50 万元左右，这划算吗？明显的赔钱买卖啊！

二是弟弟可以在家享受，天天玩电脑，他凭什么要去工作呢？

我将这谈话结果告诉他父母，父母才明白，儿子原来要辞职去打工是借口啊！果然，辞职后，这两个月就跟弟弟一样，通宵达旦玩电脑；生活上享受保姆的细心侍候；并且稍不称心还发脾气。

在湖南长沙。肖乐东先生是湖南省政府某厅的一位领导，其爱人是另外一个厅的处长，儿子是北京一所著名大学的学士，2004 年毕业。父母为儿子在北京谋了一个在国家部委机关工作的好差事;可惜,儿子只工作不到100天就空着手回来了。

我了解到,这孩子回家的理由很简单:因为9月初北京天气炎热,他骑单车去上班,一身臭汗进办公室却不能洗澡,工作得很不开心。再说,那工作也无聊透了,天天只管接电话、发文件、打开水和拖地,月工资也只有3000多块,干得没劲。

我很是纳闷,这样的孩子,又是怎样读完四年大学的呢。带着疑问我请孩子的父母说实话。果然,这孩子在大学一直迷恋电脑游戏,本该劝退或留级,是父母一再"做工作"才使儿子"正常"毕业。听这孩子的父母讲,儿子高中的确读得不错,高考632分,谁知道一到大学就变了呢?

我还在贵州和广东两个家庭遇到这样的奇事:这两个家庭并不富裕,普通人家,儿子读高中时也没有怎么管,却成绩一直冒尖,都考上了清华,只可惜都只读了不到两年就主动放弃不学了,迷恋电脑游戏。还有上海的一个女生,考入天津大学,也是迷恋电脑游戏,考试多门不及格,只好一再留级。

我在这里要告诫全国的家长们,你们的孩子进了名牌大学并非万事大吉啊!还要继续管啊!君不见,各大学学生宿舍里,每个学生的床铺上都摆着一张木质茶几,茶几上放着电脑,躺在床上,只要抬起头就可以玩电脑。如果自己没有电脑,大学内部就有网吧,大学周围网吧林立,大学生们上课可以不去,就专职玩电脑。宿舍里垃圾如"山",都忙于上网,使得许多优秀学生进入名牌大学后,一脸的茫然,慢慢地都适应了这样的混沌生活。现在的大学生,不少人都是夸夸其谈、狂妄傲慢、懒散颓废。我一年至少去在北京读大学的儿子的两个大学十几次,每次进出大学校门都是忧心忡忡。家长如果想找老师反映情况,对不起,老师们不坐班;找不到老师也没班主任可找。我借此再一次呼吁:请国家有关部门改一改大学管理体制,因为今天的社会环境不一样,这些大学生不管不行了,都应该象军校那样管起来才行啊！老师不坐班不行啊！班级不设班主任不行啊！不然，一些大学生走向社会后可能会成为废物一个。

我还在江苏宜兴的汤国保先生家遇到一个独特的案例。汤先生家也非常富有，他父亲在15年前为他捡回个儿子，当时他们夫妇不能生育；后来却生了一个女孩。

这个捡来的儿子叫汤睿智，2006年4月15岁，读初二。其爷爷告诉我，这孩子非常聪明，就是不好好念书，留了三次级。吃要吃好的，喝要喝好的，浑身名牌。不给买就破口大骂，还动手打养父母。他已知道自己是捡来的，不知道亲生父母在哪里；由于养父母从小溺爱，如今的汤睿智飞扬跋扈、谁也不惧。有一次养父母不让他上网，把网线拔了，睿智就拿出水果刀要自杀，并且当着养父母的面在手臂上一刀刀地划，鲜血直流；养父母没有办法，只好又把网线给连接上。

睿智的养父母在向我介绍儿子时，不断地在流泪。如果儿子看上了一款新衣服或鞋子，都是上千元的名牌，一旦不给买，儿子就骂："你不给我买，留着钱带到棺材里去吗？"

汤国保先生说，好几次都不想管了，不给他饭吃，让他在社会上流浪，但那样也不行啊！因为养父母是他的监护人啊，他在外面危害社会，我们也不道德啊；如果闹大了，赔偿经济损失也得让我们倾家荡产啊！我们也曾试图到民政部门去与他办理终止养子关系。没想到，他早就向我们打了招呼："你们想解除我们的关系，没门儿！如果那样，我就烧了你们的工厂、杀光你们全家！"

我干这工作是一个特殊的工种，中国只有我一个人干，是最难干的工作。难在哪儿呢？难在每到一个家庭，从进门开始，或住进宾馆开始，心都提到嗓子眼儿上了；我所面对的，虽说不上是穷凶极恶的魔鬼，但的确是够折腾人的。我一天到晚在琢磨如何对付这些"魔鬼"，还非要说服家长配合。无论到哪儿，再好的名胜风光，我都无心去玩，也没有时间、没有心情去欣赏；再好吃的美味佳肴，也吃不出味道来。

我只要一有空闲坐下来,或在飞机、火车上,满脑子都是我面对过的孩子。这些孩子之所以成为“问题孩子”或是说“坏孩子”,虽然原因有许多,但溺爱是祸根啊!因此我要呼吁全国的父母们:请再也莫要溺爱孩子了啊!决不可惯孩子啊!惯子如杀子啊!

要使孩子不变“坏”、不迷恋上网玩游戏,主要靠3～10岁这个年龄段养成喜欢看书的习惯、讲礼貌的习惯、孝敬父母的习惯、讲道理的习惯、遇事有顽强毅力的习惯、不怕吃苦的习惯以及有个人理想等等习惯。这就要求父母平时要对孩子严格要求,习惯于对孩子说“不”。对于孩子不合理的请求坚决拒绝,一次都不能迁就。

比如过春节,就不能给孩子压岁钱。大人过生日这一天,要与孩子一起“忆苦”,“忆”什么“苦”呢?忆母亲分娩时受的苦,母亲在分娩时是冒着生命危险的。所以,做父母的自己在过生日这天,要告诉孩子,妈妈今天不吃饭,咱们买一些礼物送给外婆。那么,孩子过生日这天,就要求孩子至少半天不吃饭。

可是,孩子已经变“坏”了怎么办呢?本书后面要告诉你怎样管理“坏孩子”的具体操作方法,也就是管理细节。

如今,许多家长都是病急乱投医。如果实在管不了孩子,眼看孩子一天一天变坏、走向毁灭,没有办法,就盲目相信报纸、电视等媒体上关于戒除网瘾的“行走学校”和一些医院里的“戒网瘾治疗中心”的宣传报道,家长们花上七八千块钱,把孩子送去。可是,15天或者100天或者180天之后,有的孩子“毕业”回家变得更坏了,有些家长看了我的书后,就把“变得更坏”的孩子送到我家来,或者把我请去面对面帮教。

那些所谓的“行走学校”和“戒网瘾治疗中心”里,集中的都是“坏孩子”,靠暴力手段管孩子,只能管住有限的十几天或几个月而已。孩子在那种环境中与众多“坏孩子”交流了许多对付父母的“经验”,回去后与父母作“斗争”的经验就更丰富了。有些送孩子到那种“行走学校”和“戒网瘾治疗中心”的家长都后悔不已,都说浪费了几千块钱是小事，却把孩子真给毁了。

这些家长告诉我，他们的孩子之所以在"行走学校"那么老实，是因为怕打。身上没有钱，想回家也回不去。"行走学校"还要求孩子们按照统一格式每月给父母写一封信，大家写的内容都有一样，如果有记者来采访，都反映说这里好，因为怕打啊。

而医院里的"戒网瘾治疗中心"呢，他们倒不打孩子，但用电击，这个"暴力"比打还厉害。试想，谁能顶得住电击啊。所以说孩子到了这里立即变得非常听话，父母来接他回家，孩子很乖，说回去后一定孝敬父母，再也不上网玩游戏了。可是，这些孩子一旦"毕业"回家，就变得面目狰狞了，把昔日挨打被电击的痛苦生活之怨恨全部都发泄在父母身上。于是，变本加厉地与父母对着干；于是，父母就真的走投无路了。

我这里讲了真话、实话，有一些学校和医院会不高兴的。当然，也有极个别的孩子回去后，也能表现好一段时间。但最终还是不会去用心读书，也是考不上重点大学的。

五、愚顽怕读文章

我喜欢《红楼梦》。2005年还出版了一部关于《红楼梦》与家庭教育的书呢，这部书的书名是《红楼忧患不读书》。

当今的孩子，大部分都像《红楼梦》中的贾宝玉一样，"愚顽怕读文章"。"愚顽怕读文章"是《红楼梦》的作者安排贾宝玉在书中出场时对贾宝玉的综合评价。

原文是：

无故寻愁觅恨，有时似傻如狂。
纵然生得好皮囊，腹内原来草莽。
潦倒不通世务，愚顽怕读文章。
行为偏僻性乖张，那管世人诽谤！

富贵不知乐业，贫穷难耐凄凉。

可怜辜负好韶光，于国于家无望。

天下无能第一，古今不肖无双。

寄言纨绔与膏粱，莫效此儿形状。

我走访全国各地所见到的问题孩子，可以说完全与上述形容贾宝玉的这首诗一模一样。

就我走访、了解的情况来看，“愚顽怕读文章”的青少年至少占80％强。我还经常对一些学习成绩很不错的孩子进行调查，当问到喜不喜欢读书时，都回答不喜欢。现在之所以能“刻苦”读书，主要是迫于今后就业压力，有的孩子则回答说是父母逼迫的。

作者应湖北省竹溪县委、县政府邀请作庆“6·1”家教报告

试问：一个学生，天天读书，父母含辛茹苦地挣钱供其上学，什么也不让干，却连考及格都不能，说明了什么？这就印证了《红楼梦》的作者一语中的：一部分孩子真是“愚顽怕读文章”啊！

我曾对无数个少年进行面对面调查，都说对读书不感兴趣，几乎百分之百地学生都说只喜欢所学科目中的一科至两科，其中有80%的学生一科都不喜欢。我曾反复问我两个儿子，到底喜欢哪一科，两个儿子都回答说，哪一科都不喜欢！试想，一个能考全年级第一的人，居然对语文、数学、英语等所有科目都不喜欢！那么，其他的学生呢？

许多少年甚至讽刺我，反问我：“读书那么累，只有神经病和傻子才喜欢读书啊！”

掌握这些情况后，我总是对千里之外电话咨询的家长说，不要急，不爱读书的孩子几乎家家都有啊！要耐心想办法让孩子们把自己不喜欢的“读书”这件事情做好。

我经常接受全国各地家长的邀请去做不爱读书的孩子的工作。我问孩子们，农民心甘情愿地喜欢种田种地吗？扫大街的工人心甘情愿喜欢扫大街吗？打工者在外资企业打工受剥削也是心甘情愿吗？你的父母喜欢在炎热的天气里下厨炒菜做饭、拖地洗衣服吗？孩子们都一一回答说不喜欢。但是，上述这些叔叔阿姨、哥哥姐姐和父母尽管每天干着自己不喜欢的事，但他们为什么干得那么认真呢？孩子们回答说，不干就没有工资，就没有饭吃。于是，我就告诉孩子们，你们目前正在进行的读书“工作”，的确是又苦又累，还要牺牲许多玩的时间，可以说读书是你们最不喜欢干的“工作”。但是，只有把这个最不喜欢干的“工作”干好，今后才能做自己喜欢的事。

我问孩子们，全世界的教授、作家、歌唱家、科学家们，还有总统、省长、市长、县长、校长、董事长们，他们喜不喜欢干自己的工作呢？孩子们都异口同声地回答喜欢。因为这些人干的工作很体面，有地位，收入高。我于是又耐心地对孩子们说，这些有成就的人士，之所

以能干自己喜欢的“工作”，是因为他们在青少年时代把最难干的“工作”、最不喜欢的事情——即读书这件事做好了，有重点大学的文凭，才有今天的社会地位，才有生活保障。于是，我为孩子们总结了下面这么一段富有哲理的话：对于青少年来说，只有做好自己不喜欢的读书这件事，才能在未来去做自己喜欢的事。那么，他就是一个伟大的人。上述这一段话，许多心理学专家们是不会同意的。有好多家长带孩子到中国科学院、北京大学、北京师范大学等非常有名望的单位请心理专家为孩子“把脉”，没有想到这些专家开出的“药方”几乎都一样：“要让孩子干自己喜欢的事”，“要让孩子自由地发展个性”……等等。家长拿着这样的“诊断书”一脸的茫然：我的孩子最喜欢干的事就是通宵上网玩游戏啊！我的孩子的个性就是打骂父母啊！这该怎么办呢？

许多家长气愤地对我说，我们千里迢迢去北京找权威机构为孩子作咨询，花几千元咨询费，没想到是这样一个结果，大呼上当受骗。而孩子们呢？听了这样的“诊断”，结果反而理直气壮地有了玩电脑游戏的理由，有了打骂父母的理由。

作为人类，许多人天天都做着自己不喜欢的事情。而能从事自己喜欢的“工作”的人太少啦。那么，家长就应该想办法说服孩子们把那该死的读书这件事做好，做好了读书这件事，有了重点大学博士文凭，留校教书或从事体面的科研工作应该没有问题。工作之余就可以做自己喜欢的上网聊天、玩游戏、打麻将等自己喜欢的事了。他也就实现了人生价值，也称得上是一个伟大的人了。

六、“无故寻愁觅恨”

我在8年间，接听了8000多个咨询电话，收到9000多封咨询信件，接待全国各地家长来访100多次，接受邀请走访28个省(直辖市、自治区)300多个家庭。说实在话，作为一个50多岁的人，家里又不缺钱。能够接受邀请到全国各地众多家庭与孩子面对面实施教育，恐怕全国只有我一个。我每到一个家庭，仅仅只收取5000元不等的车船费和出差费，几乎没有盈余，并且每天要工作十七八个小时。其中，许多家庭赠送给我貂皮大衣、香烟、名酒或额外多给几千元报酬，我都退了。我到各个家庭去，并非为了钱；如果是图钱，就不会这么辛苦到全国各地去跑。我想通过自己的努力，能够使孩子由不爱读书、迷恋上网玩游戏、打骂父母变为一个优等学生，考上名牌大学，那么，这个家庭就是一个幸福家庭。我的辛劳能换得这么一个结果，即换来一个幸福家庭，就是再苦再累也乐意。

我到过的家庭，孩子身上都有这样或那样的问题。全国那些我还没有去的家庭，说不准许多孩子身上也存在严重问题。由于中国人都有一个面子问题，所以不愿家丑外扬，不愿说孩子的“不是”。许多家庭，其孩子明明20岁了不再上学，也不上班，整天在家上网玩游戏，如果有人问起孩子情况，其父母绝对不会告诉你实话，只会含糊其辞地说孩子在外地工作了，或上大学去了。

那么，这些问题孩子的特征之一就是“无故寻愁觅恨，有时似傻如狂”，跟贾宝玉差不多。

库搏飞、库稳飞和母亲与韩冰一家人合影

我两个儿子也有这种特征。这种孩子经常无故烦恼、疯疯癫癫的。许多家长在千里之外的电话里对我哭诉求救，不明白孩子是什么原因变得如此狂躁甚至没有人性，对父母拳打脚踢；家里的家具都是孩子撒气的对象，砸得个稀巴烂；还动不动以离家出走威胁父母。

我被邀请到山东泰安市。一位下岗的单亲母亲带着一个25岁的儿子，孩子不读书不干活，在家通宵上网，白天睡觉。上网时还不许母亲说话和走动；吃菜要吃好菜，没有钱就揪住母亲的头发，让其挨家挨户去借。我在这个家庭住了三天才做通工作。

现在的单亲家庭非常多，在大城市离婚率比较高，2010年全国有196万对夫妻离婚。许多单亲家庭的孩子后来都发展成这样，令人触目惊心！

山西长治市一个家庭里有个男孩，今年23岁了，已有7年没有走出过家门一步，每天早上7点从网上下来睡觉，下午3点起床，吃罢父母端到床前的饭，又投入上网直到第二天早上。并且，稍不顺心就对父母大打出手。目前，每天这样过日子的孩子为数也不少。这个孩子自15岁辍学之后，就再也没有迈出过家门一步。由于缺乏锻炼、长期不见阳光，每日又只吃一餐饭，营养不良不说，生物钟全部搞乱了，白天睡觉、晚上上网，处在高度紧张、刺激的状态之中；他本人心里也明白，过着这样见不得人的生活，压力特别大。于是，心理和身体素质越来越差，骨瘦如柴，可以说是到了弱不禁风的地步了。脸色苍白，就像是从棺材里走出来的人一样；双手指甲老长，也是虚白得极不正常。到这些家庭见到这些孩子都有些恐怖，就像看到死人一样，毛骨悚然、满身起鸡皮疙瘩啊！这些孩子的特征都与《红楼梦》作者描写的贾宝玉“无故寻愁觅恨，有时似傻如狂”一样。

七、腹内原来草莽

“纵然生得好皮囊，腹内原来草莽”也是《红楼梦》作者描写贾宝玉的。凡见到的问题孩子，几乎全部五官端正、面目清秀、一表人才。

只可惜“可怜辜负好韶光，于国于家无望”，大脑里一片空白，肚子里没有货，形如白痴一样。

这些孩子的问题大都出在中学阶段。从这些孩子表面谈话看，倒是看不出什么问题。因为他们都比较狂妄、大话、谎话连篇。可是，谈到人情世故、礼节礼貌和社会知识或书本知识，这些孩子几乎就是白痴。和贾宝玉一样草包一个。

当今中国，在孩子问题上父母自杀的绝非个例，有些做父母的已被弄得精神失常。

像上述我调查了解到的“坏孩子”情况，并非个别现象，真是触目惊心。

这些孩子为什么会变成这样、甚至几乎没有人性？这是目前困惑许多家长的大难题。

我通过近四年对全国众多问题孩子的调查发现，几乎所有孩子变坏都是按下列轨迹运行的：

首先是孩子“吃得太饱”。“吃得太饱”是非常形象的一种比喻。

如今，各家各户都只有一个或两个孩子；再穷不能穷孩子，孩子都吃得很饱、没有吃过苦，特别是许多父母还溺爱孩子，想尽一切办法满足孩子不合理的奢侈的生活需求；并且早早地就为孩子买好了房子等，使孩子养成了懒惰的习惯、依靠父母的习惯；没有了学习激情和动力，没有了奋斗目标，自然就不愿读书。

美国的孩子为什么能够自觉读书呢？因为美国的家教传统跟中国不一样，美国的家长从孩子幼时起，就教育孩子长到18岁要自食其力，自己找工作；回家睡觉要交钱，回家吃饭也要交钱；娶媳妇、买房子完全靠自己，根本不提遗产的事。所以美国的孩子学习自觉、读书认真；如果考不上大学就找不到好工作。美国与中国的传统家教方式截然相反。所以美国也就有了300多位诺贝尔奖获得者。

咱们中国刚好与美国相反，中国的家教是为孩子准备好一切，不用努力就能获得一切。中国的妇女都是“半边天”，拼命工作，夫妻二人都拼命挣钱，孩子则交给学校和爷爷、奶奶、姥爷、姥姥。

第二，由于当今的孩子都“吃得太饱”，造成的后果就是懒惰、不爱读书。这个懒惰、不爱读书，直接导致了学习成绩的下降。

第三，学习成绩下降之后，等到上了中学，青春期综合症又进一步加剧了孩子学习成绩的下降。

第四，学习成绩非常差之后，就产生厌学情绪，上课听不懂，一上课就盼着下课；课堂上像傻子一样，只能睡觉，或相互传纸条儿玩。如果此时家长不管，或没有方法管，孩子的注意力就要转到接触黄色小说、黄色画报、影碟或上网玩游戏上去。

第五，迷恋上网后，孩子就会完全厌学；造成的后果就是，家长和老师问起学习或谈起学习、谈起考试成绩时，孩子就会非常烦、暴躁，叫家长闭嘴，不能与父母、老师沟通，并且恨父母和老师。

第六，为了完全达到不上学、使父母投降、让父母养一辈子之目的，孩子便使用“三大法宝”：一是离家出走；二是假自杀；三是打骂父母或砸东西。

从我调查的结果看，全国各地情况都一样，孩子们往往只是一个“离家出走”就能完全征服家长。其实，孩子哪有什么网瘾啊，都是“吃得太饱”惹的祸，都是懒惰、溺爱造成的恶果。总之，归根结底都是父母的错！

许多孩子都痛苦地对我说，其实我并不想上网，也没有瘾，但上课听不懂，我总得找事干啊，上网玩游戏也是无奈的选择啊！

亲爱的读者，也许你的孩子属于极少数“听话型”的孩子，你的孩子也许还小、还没有进入上述“怪圈”，但千万要当心啊！一旦孩子变成了“坏孩子”怎么办呢？本书将为你解忧愁。

第三章　可怜天下父母心

◎ “天下父母”之《父子攻略》

◎ 面对青春期叛逆孩子的父母们

"天下父母"之《父子攻略》

[内容提要:本节目叙述了我帮助一位高三学生戒"网瘾"的故事。节目播出后,山东卫视热线电话5年多不断,各地的家长纷纷打电话到电视台找我的联系方式,咨询如何戒所谓的"网瘾"和解决厌学、成绩差的问题("天下父母"热线电话:0531－82954399。此栏目受到中共中央宣传部的表彰。我的电话:18986883103、0719－8763001)。]

小川(主持人):朋友们好。欢迎来到山东卫视"天下父母"栏目。父子本来是一对最亲的人。然而,现在的很多家庭中,父子之间却成了"交战"的双方,父亲在攻势的时候,孩子处于守势;而孩子大举反攻的时候,父亲又变得手足无措了。今天在我们的节目现场,就来了这样一对父子,他们之间的关系就像一场战役(的交战对手)。现在有请成明父子。有请(成明父子在掌声中登场)。

刚才我说了,有很多父子都是攻防关系,成先生是因为自己没有读大学,所以把很多希望都寄托在孩子身上是吗?

成　明:是的。1978年,我应征入伍当了铁道兵。当时我们部队已不存在从战士中直接提干的方式,而是改革为从优秀战士中选拔干部苗子,通过文化考试送进军校深造后才可当干部。我那时也是干部苗子,但是,参加了几次文化选拔考试,都没有考取军校。1980年复员回家,我那时22岁,却很想进我儿子现在的学校十堰市第一中学读书,圆我的大学梦。虽然父母为我托人找了许多关系,都没有上成高中。于是，在极度绝望的情况下，我就有一个想法，今后一旦有了孩子，就一定拼命培养儿子到十堰一中读书。

小 川：这个好像像您们那一代很多朋友都有这么一个想法，自己读书的愿望实现不了，就对孩子的期望特别大，也就是望子成龙吧。

成 明：是的。自孩子一出世，我就下决心培养好儿子。到了儿子快要上小学的时候，我就为儿子设计好了读书计划。

小 川：呵呵，读书计划都设计好了？

成 明：是的。我当时设计的是，选择一个五年制小学，目的是让儿子在中考时能够稳稳地考上十堰一中，计划让他初二留一级，基础搞扎实一些。我们十堰一中很厉害的，只要上了十堰一中，就有机会考上重点大学。考十堰一中是全市每一个家庭培养孩子的目标。当时虽然我为儿子设计好了读书计划，但在培养的过程中出了问题。

小 川：也就是说，您儿子从上幼儿园起，一直是按照您的计划在走？

成 明：是的。到了孩子读初二的时候，基本上是按照我为他设计的读书计划走，并且学习成绩优秀。

小 川：初中二年级特别的关键。成勇，我听说你那时学习成绩很优秀，是第八名，但您爸却按照事先设计的读书计划让你留了一级是吗？

成 勇：是的。是第八名，并且是全年级第八名。全年级有800多个学生。爸爸却让我留级。

小 川：你当时是十几岁？

成 勇：十四岁。

小 川：留级是很没有面子的事情，你没有跟父亲争论一下吗？

成 勇：当时吧，因为从小学到初中，我都是在我爸极其严厉的管束之下去上学读书，当时由于年龄也比较小，没有那个胆子去反抗。

小　川：就是说，父亲说什么你就去做什么，即使父亲错了，也没有胆量去反抗。

成　勇：对。

小　川：好。留级之后呢？初三又是怎么读的呢？

成　明：我来说吧。儿子留级后，正好赶上我单位有一个基建工程让我负责，工作比以前忙多了，就顾不上管孩子了，精力有限嘛。并且错误地认为儿子留了级，学习成绩会更好，不用管了。实际上呢，孩子这个时候也没有了压力，也就放松了学习，就到网吧玩上了游戏，只是我当时不知道而已。不过，孩子的学习成绩却是一天比一天差，我却找不出是什么原因。

小　川：您是什么时候才知道儿子上网的呢？

成　明：那是到了中考的时候，我们十堰当时的中考体育项目30分计入中考总成绩，为了使儿子中考分数高一点，我托一位朋友找关系，就是找负责体育考试的老师"走后门"，请他帮忙多为儿子打点体育分。记得那天下午，朋友与我约好，让我带儿子去见考体育的老师。我上午给儿子写了一个请假条，让他向老师请假，下午4点钟的时候到我朋友家去。结果呢？我和朋友左等右等不见儿子来，我让妻子去学校找儿子，老师说，整个一下午都没有来。这时我就纳闷了，儿子到哪儿去了呢？

小　川：成勇此时已开始上网玩游戏了吧？

成　勇：是。

成　明：我一直都不知道儿子到网吧玩游戏。是我在这一次从网吧里找到他，才知道儿子学习成绩下降是上网玩游戏造成的。

小　川：成勇，你是具体什么时候上网的，也就是说第一次是什么时间？

成　勇：初二留级后。学习上没有压力，不用学都会，上课也就不再听讲了。有一次我表弟带我去网吧玩了一下午，尔后就一发不可收拾，觉得上网玩游戏特有趣，就管不住自己了。于是就经常逃课去网吧。

小　川：上网哪来的钱呢？

成　勇：大部分是早餐和午餐费，不吃饭去上网，也不觉得饿；还有就是变着法儿跟父母要。

[画外音：成勇接触网络并被父母发现之后，一发不可收拾，他多次离家出走，通宵达旦地上网，沉迷于虚拟世界之中无法自拔，逐渐失去了读书兴趣。有时上网钱不够，就把课本拿去卖钱上网。无奈的父亲只好跟在儿子后面，将其卖掉的课本再买回来。您正在收看的是《"天下父母"之〈父子攻略〉》。]

小　川：成先生，面对孩子逃课、上网、厌学，您采取了什么措施？

成　明：刚才节目一开始我就讲了，在孩子出世之前我就为儿子制订好了读书计划，我对自己的要求就是不顾一切地要培养孩子上重点大学。看到儿子一天一天变坏，我基本上把我能够使的办法都使了。开始的时候，就是儿子初二刚留级时，他才 14 岁，我还能打得过他，我就狠狠地打，打罢了还让他下跪。

小　川：成勇，你对爸爸管你的方式满意吗？爸爸是怎样教育你的？

成　勇：先说服教育我，说服不了就扇我耳光，打我，让我下跪。特别是他喝酒之后，喜欢教育我，叫我跪在他床头。记得有一回晚上教育了我两个小时，我也就跪了两小时。

小　川：那个时候心里有没有想过要与爸爸对抗？

成　勇：行为上没有，因为打不过他，年龄小，胆也小，怕他。但心里极不服气，恨他。

小　川：也就是说，父亲打你、教育你，仍改不了上网的毛病，认识不到上网、不读书的危害？

成　勇：那时小，不懂事，只觉得上网好玩。不过，也认识到父亲教育我是对的，但方式、方法让我接受不了，反而加重了我的逆反心理，偏要上网。

小　川：你们父子之间最激烈的一次冲突是什么时候？听说互相砸门锁是怎么回事？

成　明：我来说吧。这个事情也就是前不久的事情了，我实话实说吧。我这个儿子呢，由于我教育方法不当，他曾经把我和他妈锁在外面不让进屋。没有办法，我只好求邻居，从别人的阳台上用绳子吊着爬到我家为我开门。我当时还担心儿子在屋子里用刀伤害为我开门的人呢，就这样搞了两次以后，我没有办法，只好把我家防盗门的反锁机关给卸掉了。这都是一年前的事。后来呢，我对他在家光上网不去读书这件事很恼火，并下决心制止他玩电脑这件事。不读书怎么行呢？玩电脑这件事确实害死人哪。为了使儿子玩不成电脑，我偷偷地把电脑内存条给拽掉了，他就反对，就把我们家几个卧室的门都锁了，这样我和他妈就无法去卧室睡觉啊！没有办法，我就拿起哑铃，我在这里说个实话，我就是铁定了心，要制服儿子玩电脑这个事情，并且把他的威风给砸下来。于是，我就把房门锁给砸了，我下定了决心，这一次一定要与儿子搞到底，我没有退路了。儿子呢，看到门被我砸开了，他锁门这一招不灵了，于是，他也拿起哑铃将另外两个门锁砸了，结果我家三个房门的锁全部都砸了。

小　川：成勇，你为什么把父母锁在门外不让睡觉呢？

成　勇:是因为当时我与父亲关系一直不好。我要在家里玩电脑,他不让玩,我向他要钱到网吧去玩,又不给钱,我就只好不让他们睡觉,看谁厉害。

小　川:这样玩下去,学习成绩肯定好不了。

成　明:就是嘛,所以中考成绩不好,我找关系托熟人花二万四千元送儿子上了十堰市一中。没有想到,上高中后,这个玩电脑的事越发严重。我当时想,是不是家里没有电脑,你玩得不方便了,控制不住你了,我就按照儿子的要求买个电脑每天在家玩一会儿。电脑买回家后,开始我把电脑给锁起来,每个星期只允许玩两个小时。儿子觉得这样玩不过瘾,仍然天天到网吧里去玩。

小　川:喜欢玩电脑的孩子特别聪明。成勇,我听说你先后4次离家出走,每次离家出走之后,父母找你回家都有条件,否则不回家是不是?

成　勇:是的。我每次到网吧玩电脑,一玩就是三四天。要我回家必须谈条件。

小　川:那第一次是什么条件呢?

成　勇:第一次的条件很简单,要求他们同意我每天晚上在家里玩一会儿电脑。

小　川:成先生,您同意了吗?

成　明:没有办法啊!如果不同意,他就泡在网吧不去上学,就同意他可以晚上在家里玩电脑半个小时。

小　川:第二次是什么条件?

成　勇:第二次嘛,就是说仅仅晚上玩半个小时不够,我中午有时间,也应该玩一会儿电脑。

小　川:又同意了吗?

成　明:没有办法呀。

小　川:父亲又投降了退守了。那第三次呢?

成　勇：我想想看，没有具体要求。啊！我想起来了，有，就是说在我玩电脑游戏的时候，他们不许说话。

小　川：又同意了吗？

成　明：没有办法呀。并且我还写了一个保证，如果我们说一句话，就另外再给他增加三个小时玩电脑游戏的时间。

小　川：说一句话就给增加三个小时。那第四次呢？

成　勇：第四次嘛，我就说，既然这样了，那还不如彻底在家玩电脑算了。

小　川：同意了吗？

成　明：这一次我没有同意。我与他写了一个协议，儿子在家玩电脑，我们不说话，也不看你，并且每天发 5 元钱吃早餐和晚餐，另外还写了一些比如不许骂父母的条款。我这个孩子如果搞急了，有时斗争相当激烈，骂父母，甚至说要揍我。

小　川：成勇啊，你真的要揍父母吗？

成　勇：（微笑，点头。）

成　明：这些事呀，要是有时间，我讲三天三夜都说不完。那时候啊，我是一夜一夜地不敢睡觉啊。

小　川：怕什么啊？

成　明：我怕有两种可能，一种是怕他想不通后搞我，采取一些过激的行为。原来我们睡觉是不关门的，后来我们就将门反锁死；就这样还不放心，我跟他妈还不敢完完全全睡着，只好轮流睡，再加上也睡不着。好好的书不读，硬是去上网，的确是没有办法啊。

小　川：成勇啊，你那时候有没有想到要动父母亲那种念头？

成　勇：那个念头倒真的还没有，但就是感到特别的恨。

小　川：你恨什么呢？你不是节节胜利吗？你父亲不是节节败退吗？你还恨什么？

成　勇：从小时候算起，其实也是一种积怨，因为从小就管得特别严，我特别反感父母那种做法，慢慢积累，就达到今天这种程度。

小　川：这就是说，你随着年龄的长大，胆量的壮大，你就全线反击了是吗？

成　勇：对、对、对！

［画外音：父亲在无奈中找到“军师”库金会。明人指点，儿子迷途知返。请继续收看《“天下父母”之〈父子攻略〉》。］

小　川：成勇，那个时候看父亲那种举动，你心里怎么想？

成　勇：我感觉他做得特绝，现在虽然说我不对，但我仍认为他当时做得特绝。

小　川：父亲做了哪些绝情的事儿呢？

成　勇：比如说他把电脑内存给卸了。他最开始是把网线给拨了，我就玩不成电脑了。我当时说的一句话特别定杆，我就说，我们的亲情是建立在电脑之上的，如果不让玩电脑，就没有亲情。

小　川：成先生，儿子说这句话，你听到后哭了吗？

成　明：孩子变成这样以后，我气呀。唉！没法说，你们今后做了父母之后就明白了。好难呀，真的，想死的心都有了啊。儿子没有了前途，儿子完了，我们做父母的还活个什么劲啊！确确实实，我和他妈说，我们心不甘啊。要是按照一般人的个性，早就对这样的孩子放弃了，他早就成了社会上游荡的渣子了。我说个实实在在的话，就是不服输啊，心不甘啊！我下决心拼命也要把儿子救起来。

小　川：成勇，听了你爸爸刚才的话，我倒觉得还是你比较绝情啊。

成　勇：如果站在我的角度看，我觉得他在对待我玩电脑这个事情上限制得比较绝。

小　川：不过，我听了你们父子之间刚才的对话内容，我还是觉得你更绝情。

成　勇：绝！（不好意思地微笑）

小　川：那个时候脱口而出，那个时候你想到的就是网络游戏。

成　明：尽管如此，我跟他妈还是一直在想办法和鼓励他。我想了许多办法。我想到了到书店买家庭教育的书，学习如何管孩子。

[画外音：父亲对儿子上网深恶痛绝，为了帮助儿子戒除网瘾，他几乎跑遍了市内各大医院，还到一些大城市咨询了心理学专家，然而，都解决不了儿子的上网问题。心灰意冷的父亲，最后的目光只好投向成功家教书籍，无意间，他看到了由教育家、作家库金会写的《红楼忧患不读书》、《普通孩子也能进名校》、《女儿七岁上中学》等书。在书店里，他一口气读了几十页，深深地被书中的故事所吸引，并且从书中知道了作者是1978年与他一起入伍在铁道兵第一师服役。他抱着一线希望，按照书中提供的作者电话号码（0719－8763001），拨通了库金会的宅电。你正在收看的是《"天下父母"之〈父子攻略〉》。]

小　川：成先生，您找到作者库老师了吗？

成　明：找到了。不管怎么说，我们曾经同年入伍，同在铁道兵第一师服役，如今又同在一个城市工作和生活，我相信他会帮助我的。记得当时拨通电话后，库老师怪热情的，果然书如其人，并且说马上就可以到我家来。我非常高兴，就邀请他来我家。

小　川：请了库老师是吗？请到哪里？

成　明：对，就请到我家里面。

小　川：库老师到你们家后，当时的气氛如何？成勇，你欢迎库老师吗？

成　勇：当时吧，因为当时我跟家里斗争非常激烈，我爸请人来教育我，我当然特反感。我爸对我说是老战友来了，我当时没有在意，在看电视，我对库老师扫了一眼，发现有些面熟，原来我家里有库老师写的五六本书，书中有好多他的照片。我一想，他们根本就不是什么战友，原来是爸爸请来的说客。我当时特别反感，然后我就说，我家不欢迎说客，你走吧，我家不欢迎你。

成　明：那时候我和儿子的矛盾相当激烈，库老师来后，我当时对儿子说，我来介绍一下，这是我的战友。儿子却说了一句，谁是你儿子呀！当时弄得场面很僵。

小　川：听说库老师当时感触特别的深。库老师今天也来到了现场，我们有请库老师。

作者接受山东省文登市家长邀请帮教后在文登一中留影

[画外音：库金会，49 岁，湖北黄冈人，一位普通的父亲；他只有小学二年级文化，作过苦工，当过兵，后来通过自学成为作家；18 年来，他以两个儿子作为实验对象，呕心沥血培养自己的两个孩子，使他的两个非常调皮的儿子成

功跳级并考上北京的名牌大学。这位半文盲出身的父亲，以他的执着和努力在家教领域取得了丰硕的成果，三年时间，先后推出《红楼忧患不读书》等九部著作，其中有两部还被国家文化部、财政部大批采购送到全国各贫困地区。全国总工会、全国妇联、共青团中央、国家新闻出版总署还联合下文推荐他写的书。他的家庭也因此被中共中央宣传部、教育部等18个部门评为"首届全国学习型家庭"。7位作家还为他立传出书7部，在全国产生强烈反响。你正在收看的是《"天下父母"之〈父子攻略〉》。(库金会在掌声中上场)]

作者1998年在四川西南交通大学考察

小　川：库老师，您当时到了老战友家，推门进去之后，然后听战友介绍说这是我儿子时，尔后的情景据说使你难堪，您能谈谈感受吗？

库金会：我真的没想到会是这样，更没有想到这孩子敢讽刺挖苦我并赶我走。有一些话他刚才没有讲，可能不好意思。他质问我说，你那两个儿子考那样的大学，你还有脸写书到处吹牛演说。我们家不欢迎你。我当时的确感到很尴尬。说实话，我跑遍全国作了一百多场演讲，都没有碰到过这样使我尴尬的场面。不过，我从这几句话里看出这孩子智商很高，他一眼能识破父亲讲了假话。因为他父亲的确从未跟我见面，虽然都同在一个部队当兵，但并非相识的战友。他当场揭穿父亲的“谎言”，这样的孩子智商高、胆子大，只要肯去学习，并告诉他自学的方法，给他信心，他考清华、北大都没有问题。因此，见到这样的孩子我又非常高兴。可是，他又一个劲地赶我走，害怕我教育他。记得我当时给他父亲使了个眼色，让父亲离开。尔后我搬个小矮凳子，就是跟这几本书摞起来那么高的凳子。他呢，坐在高高的沙发上；我呢，就坐在他对面。我对成勇说，我走，是肯定的。但是，我想请你回答一个问题，回答完问题之后我就滚蛋好吗？他回答说，你这是欲擒故纵，没门，你还是马上就离开的好。他就是不让我开口。我呢，仍坚持说请他回答一个问题。他可能是见我态度坚决，又想我快点走，于是很不耐烦，用遥控器快速地调换电视频道；不过，可能是出于想让我快点离开他们家的缘故，他同意我提一个问题。我当时想，只要让我开口就好办了。我说，成勇啊，有这么一个孩子，在读小学5年级时，学习成绩倒数第一，现在我给你出三个选项题，由你选择：一是打一顿；二是留级；三是教育他继续好好学习，并告诉他学习方法。我让他想一下，看他选哪一项。他想了半天，答不上来。于是我就告诉他，我说成勇啊，我告诉你，这个孩子就是我的小儿子库稳飞啊，他在小学时成绩很差，倒数第一的成绩，你们家桌子上摆的几本书里都写了这些内容，我为儿子选择了跳级。怎么样？那三个选项我都没有选，独辟蹊径，选择跳级，这在世界教育史上可能也是史无前例的啊。就是这一句话使成勇震动了，他想了一会儿说，我爸要是像你这样就好了呀。

邢台市张光民父子到武穴市作者家中咨询孩子教育问题

成　勇:当时情况的确是这样的。

库金会:实际上,凭良心说,这个孩子走到今天这个地步,都是父亲的错。讲实话,我经常批评他,我说你这个父亲当得太失败了。他管孩子,除了打就是骂,却不去研究琢磨孩子想什么、需要什么、怎样去做儿子的思想工作。总之,父亲管儿子的方式、方法全部都错了。

小　川:后来呢? 你和成勇两人谈了吗?

库金会:后来他就叹气。我看他叹气,我就提出来,我说成勇啊,咱们能否把电视机给关了? 这样声音太杂,也对客人不礼貌啊! 他当即点头同意。我就起身把电视给关了。我想,只要让我开口,这个戏就能唱下去,并且能演成功。

小　川:戏怎么演的?

库金会:我就问他读小学和初中的经历。他讲了父亲如何让他初二留级,说是父亲毁了他的一辈子。

成　勇：当时我挺激动的，库老师儿子学习成绩倒数第一，他却为儿子选择了跳级。而我学习成绩优秀，父亲却逼我留级，这反差简直是一个天上一个地下，太大了呀。于是，我从心里当时很佩服库老师的。

库金会：我说，成勇，从现在起，我愿意收你做个徒弟，你只要听我的话，按照我的要求去做，按照我介绍的自学方法去学习，我保证你在半年或一年半之内考上一类重点大学。现在离明年高考还有六个月，你只要按照我设计的自学规程去操作，半年内考不上第一批本科你打我一顿。

小　川：半年自学上大学？

库金会：对！不是一般的大学，是重点大学。今天大家都听到了，到了明年六月，大家打电话咨询，看考上了没有。

小　川：我想问一下成勇，你当时就答应了吗？

成　勇：当时嘛，当时……

小　川：第一次见面就答应了？

成　勇：没有。

小　川：那后来呢？

成　勇：是第二回吧，是库老师第二次到我家。

库金会：对，是我们第二次见面。记得他当时说，不太可能吧，我现在学习成绩很差啊！怎么能够半年就考上重点大学呢。我就问他，我说，你实话告诉我，你现在沉迷于上网，你为什么要上网？他说，我不上网干什么呢？我上课听不懂，只能是睡觉，或找同学传纸条儿，或打闹说笑，一上课就盼着下课。关于这个情况，我要告诉全国的家长，从我走访全国28个省（市、自治区）、到过300多个家庭的情况看，凡是厌学不爱读书的、学习成绩差爱玩电脑游戏的孩子，都被安排坐在最后一排，最多坐在教室倒数第二排。通过我20年调查研究分析，发现当代的孩子有4个特点：一是懒惰，怕吃苦，贪玩。二是手低眼高，狂妄自大，谎话连篇，看不起父母。三是5%的孩子不用家长管，也不用老师管，自觉读书。每年考上重点大学的都是这一类孩子。而90%的孩子只有依靠父母去管才能考上重点大学。可惜中国有多少天才由于管不住自己，由于父母教育方式方法不当造成厌学、上网、不读书、成为“坏孩子”啊。四是青春期综合症造成孩子学习成绩下降、厌学、变坏。这个综合症的毛病犹如咱们成年人的更年期，比咱们这个更年期更难对付。一般说，处在青春期的孩子，每周总有2至3天几个小时心情不好，很烦，想学习就是学不进去，上课时走神，怎么也听不进去。由于上课听不进去，老师布置的作业自然就不会做。如果第二天老师接着讲，他即使想听也听不懂了，因为昨天没有弄懂。听不懂课，自然就不会做作业；不会做作业，就会烦恼。长此以往下去，就形成恶性循环，造成学习成绩下降，会挨老师的批评，他就会烦，并且恨老师。家长如果问起学习情况，他更烦，提起学习就烦；因为他并非不想学习，而是青春期综合症造成他听不进去、学不进去，他又控制不了，家长又不能为他解除烦恼，反而向他要分数和问考试成绩，他怎么不恨家长呢？于是，他只好与家长对着干，叫家长闭嘴。发展到最后就是厌学，不想读书，进教室就睡觉，把兴趣转向上网玩游戏和与同学聊天、谈情说爱、抽烟喝酒。对付家长的办法主要是给家长下马威，假自杀，离家出走，打骂父母，砸自家的东西。发展到最严重就是杀掉父母。之所以当代孩子有上述4个特点，是因为今天的社会环境和独生子女形成的。我们的祖先虽然很富裕，也溺爱孩子，但每家都有许多孩子，形成竞争，社会环境也洁净，没有黄色网站和暴力游戏，信息传播很慢。而当代的独生子女，耳听眼见的都是黄色、暴力、玩心跳等。总之，今天的孩子是最难管的一个历史阶段。

小　川：这个青春期综合症，真够厉害的。

库金会：是的。孩子厌学，学习成绩不好，主要祸根是青春期综合症造成的，当然，还有父母溺爱等原因。我调查发现，所有上网迷恋游戏的孩子，他在上网的时候，心里并不一定快乐，可能还很伤心呢。因为他上课听不懂，家长又逼他，老师又批评他，他又没有信心，他不上网又能做什么呢？

成　勇：是的。我上网的时候，因为感觉特别空虚吧。

库金会：这些上网的孩子，是处在绝望的情况下，才走上上网，与父母对着干这条路的，他的心很累呀。他心里也非常清楚，高中毕业之后，要面对残酷的去打工吃苦、丢面子的现实，处处矮人一头，干最低级的苦工活儿。说实话，这些孩子没有一个不想学习成绩不好的，但没有信心，没有学习方法，又控制不了自己的情绪，克制不了青春期综合症这个毛病。家长不了解孩子这些情况，只认为是自己的孩子不争气，家长自己也没有信心，也不知道自己的孩子能够考上重点大学。我之所以能够教育好这些孩子，是因为我了解这些孩子，给了他们信心，告诉他们学习方法和自学的方法。

小　川：成勇啊，库老师使用了什么方法，施了什么魔法让你恢复了信心呢？

成　勇：因为他首先比较同情我，能够为我着想，站在我这一边，所以我对他敌意就消除了，可以说基本上没有敌意。然后他又说，他举了这么一个例子，说他在辽宁省一个家庭里见到一个25岁的孩子，整天在家上网玩游戏，8年未出家门一步，躺在床上吃饭，脸色白得象从棺材里走出来的人一样。人瘦得皮包骨，已经活不了多少日子。他说，似这样上网玩下去，不就是在等死吗？然后他又说我，即使你父亲给你买两台电脑放在家里让你玩，有什么意思呢？还不是和等死一样。我听了库老师这样说，就回答说是的。我开始认识到玩电脑的确没有意义，无聊的表现，也就是在等死。然后我觉得，我现在应该干点事儿了，玩电脑也就那么回事儿。

库金会：记得第一次与成勇谈完话我走之后，我到楼下找到他爸爸。我对他父亲说，我和你儿子谈得很好，我说你儿子没有问题了，今后考重点大学没有问题了，当然，有许多工作还需咱们共同做下去。我们谈了不到两分钟，他的手机响了，一看，原来是家里儿子打来的，是儿子的电话。他当时很激动，儿子18年了，从来没有主动给父亲打过电话，今天是第一次。他告诉父亲说，库伯伯走了，你快回来。成勇仅仅听我一席话，就感到有希望了。所以我说，这些孩子呀，爱上网的孩子呀，成绩差的孩子呀，厌学的孩子呀，他心里很累，他们是处在绝望的情况下才走上玩电脑游戏这条路的。因此，只有给他们信心，给他们希望，才能使这些浪子回头。

小　川：成勇，库老师刚一走，你就给爸爸打电话，找爸爸干啥？

成　勇：回来嘛，也没啥具体事，叫他回来嘛，回来我们说一说话儿。

小　川：说什么？成先生，儿子给你说了一些什么？

成　明：儿子给我打电话，这是破天荒的第一次呀，我心里非常高兴。加上库老师也告诉我说工作做得差不多了，我心里有说不出的高兴。我想，儿子打电话喊我回去，可能是真的想变好了,想读书了。

库金会:我就帮他们请了一个老师,一个搞家教的大学生,这又创造了一个奇迹啊,我在他家陪成勇学习了一天半时间,他就把高中三年的数学复习了一遍,过去没有弄懂的东西全部会了,创造了一个奇迹。这孩子当时非常有成就感。

小　川:成勇啊,你这个一天半把三年高中数学学完之后有什么感受吗?

成　勇:觉得蛮有成就感的。因为高中数学都要学三年,我虽然读了三年高中,但平时没有听课,课本都不懂,现在一天半都学会了,觉得自己潜力很大,还是很有发展前途的。

小　川:呵呵,这时候就决定跟网络断绝联系了。

成　勇:对。基本上,不,不是基本上,就是彻底地不想上网那个事了。

库金会:像他这样的孩子,原来读书一进教室就想睡觉,就等着下课。现在呢,他觉得一天很快就过去了。我规定他晚上必须在 23 点 20 分之后才能睡觉,他现在自己主动坚持到晚上零点以后。他觉得时间过得太快了。时间不够用。

小　川:成勇,你现在体会到学习是一个什么状态?现状如何?

成　明:我来说吧。儿子的状态好极了,他们班主任说成勇像完完全全变了一个人似的,尤其是语文老师,说成勇变得令人难以置信,上课不但不睡觉,还特认真去听。

库金会:这个孩子本质是好的,因为他没有跟坏孩子来往过,他唯一的就是上网,他有理想,他是处在绝望的情况下才走上玩电脑游戏这条路的。他想学习又学不进去,又没有信心,又不懂,又没有人告诉他如何去学,没有人为他解除青春期综合症烦恼。

小　川：成勇，你来说说，就这一段时间你跟电脑游戏脱离之后的感受如何？

成　勇：好。以前玩电脑呢，我不知道别人怎么想。我当时想，上学有啥意思呢，不就是混日子，有父母养着，不愁吃不缺喝，还不如自己玩得舒服一些，我就是抱着这个心态去玩电脑的。玩电脑嘛，其实在玩的时候，也是特别难受，特别内疚，特别愧疚。

小　川：愧疚于谁呢？

成　勇：愧疚于父母，也对不起自己。在与电脑隔绝这一段时间里，我觉得没有玩电脑也没有啥，我过去玩电脑并不是因玩电脑而玩电脑，我是去解闷，去网上排斥我心中的惆怅，才去玩电脑的。所以，我现在觉得玩电脑没啥意思，反而觉得，以前上学时觉得时间过得很慢，可以说是度课如年，老想下课，现在的状态是一节课过得太快了，基本上没有学到什么东西，没学啥就下课了，现在就是抱着一种非常愿意学习的心态，觉得时间不够用。

小　川：成先生，经历过这么多波折，你今天有什么感受？

成　明：唉！我感觉就是，作为父亲，无论孩子变成什么样儿，无论什么情况，都不能对孩子放弃，永不言弃，要树立信心。孩子身上的一些问题，只是暂时的，实践证明就是这样的。今后，我想孩子还会出现很多问题，还会有波折，我相信，有了这一次经验，我们会成功的。

小　川：好，今天咱们谈了很多过去的事情，成勇的转变非常的快，非常的好。应该说仅就高考来说，成勇还有很长一段路要走，我想大家有一个心愿，希望成勇能够沿着一条正确的路走下去。我想，他们父子也是这么去想的。今天咱们回顾过去父亲认为不堪忍受的生活，对成勇来说也是非常痛苦的生活。你们父子之间可能有一些想法，根据“天下父母”栏目的惯例，你们父子互相写一写“寄情卡”吧，把心里话说出来。好吧，来，你们父子互写一张寄情卡吧。（镜头里出现父子俩在写“寄情卡”。）[父亲写的是：“成勇：我相信你，支持你，祝你成功。父亲过去在教育方法上有错误，请你原谅。——父亲”。儿子写的是：“爸爸：过去我做了很多对不起您的事情，将来的我会管好自己，不让您操心，争取考上重点大学，请您放心。——儿子成勇”。]

小　川：咱们的开场白已经说了，父子之间是交战的双方，现在算是签署了和平协议了吧。我们大家都有一个心愿，希望成勇好好地沿着一条正确的路走下去，现在这一对父子正在合影照相。我想，由于节目的时间关系，今天这一对父子内心的一些矛盾冲突和深层次的思想还没有完全表露出来，但是，通过成勇和他父亲的这一段故事，最起码给我们一种启示：不管孩子怎样，父母只要坚持不放弃，父母与孩子之间的所谓“战争”就会消除，因为他们的血管里流着的是共同的血液。好，让我们再一次谢谢在场的嘉宾朋友和电视机前的朋友，谢谢收看本期“天下父母”，下期同一时间再见。

面对青春期叛逆孩子的父母们

[下面是中央电视台西部和法制频道12套在《大家看法》栏目播出的关于我们一家的一部专题片。]

张绍刚：欢迎收看《大家看法》“5·1”特别节目——“我是生活高手”。我是张绍刚。我们经常都会请一些生活高手到我们现场。同时我们也会请一些特殊的观众联络员，把大家在生活中的困惑，通过这些联络员去请教生活高手。今天我们请来了“马斌读报”栏目主持人马斌。今天我们请来的生活高手是一位先生，他的名字叫库金会。

央视著名主持人张绍刚与作者合影

［屏幕上出现字幕。同时用经过“艺术处理”的画外音讲述：

库金会，52岁，湖北黄冈人。湖北十堰市超常教育学校校长。库金会只有小学文化，却创造了家教神话，培养了两个极调皮的儿子上重点大学。他还走访了300多个家庭，成功调教上百个爱上网玩游戏的问题孩子，截止到目前，库金会还没有遇到帮不了的孩子。真的有这么神吗？今天就让我们出个大难题考考他。］

［屏幕切换——出现一个光头女孩照片。］

［画外音：照片中的这个女孩名叫陈佳妮。4年前，也就是在她16岁的时候，她给自己打了七八个耳洞，还突然给自己剃了个光头。一夜间，陈佳妮的光头行为在周围引起了

轩然大波，大家真是百思不得其解呀。陈佳妮是春城文艺之星、少年作家。在众人眼中，她可是一直乖巧得不得了。走在校园中，她俨然就是一颗耀眼的明星。]

[屏幕里的图像不断变换着陈佳妮各个年龄段的照片。]

[画外音：一个如此优秀的女孩子，为什么一下子变成了这样呢？这使曾经为她感到自豪的父母十分地想不通。]

[陈佳妮的父母之图像出现在屏幕上。]

陈佳妮的母亲（以下简称陈母）：我当时非常生气，不知道怎样来表达那种心情。

张绍刚：简单的一个问题，马斌，你现在还没有孩子，如果你有个女儿，她突然一夜之间给自己剃了个光头，像陈佳妮这样，你会怎么办？你作为父亲你会怎么办？

马　斌：首先，我会觉得很吃惊，但其次我觉得，因为现在的这些孩子，他毕竟相当有个性，一种个性的张扬，个性的独立，我觉得我还是能够接受的。但我应该试图想一个什么方法，让她不再剃光头。这是我下一步要考虑的问题。

张绍刚：下面该库先生来解决问题了。库先生是什么呢？他是一位生活高手，一位教育孩子的高手。库先生培养孩子有一绝啊。咱们今天就来请教他。库先生，如果您自己的孩子，女孩子啊，您的孩子是男孩还是女孩啊？

库金会：男孩。两个儿子。

张绍刚：两个儿子。好。没有养女儿的经验啊。如果您有一个女孩子，嚓嚓，剃秃了，剃了个光头，您会怎么办？

库金会：我要夸奖她。

张绍刚：夸奖？

库金会：对。夸她。我就说，好姑娘，好孩子，你过来，让爸爸好好看看，我的姑娘剃的这个光头，不要说还真挺漂亮的。

马　斌：星光灿烂。[3人大笑。]

库金会：真的，挺漂亮的。但是，我最终的目的是要制止她不再剃光头，把心思全部用在读书上。

张绍刚：那下一步呢？

库金会：我之所以夸奖她，是根据人性的弱点，因为人们都喜欢听好听的。特别是处在青春期的孩子，你要想对她进行教育，使她能够接受我们的说教，不讲究点方式方法不行，说话必须艺术一点儿。如果你第一句话说不好，不中听，孩子不满意，她就会捂起耳朵，或者叫你闭嘴，叫你滚。你再想与她沟通就不可能了，你的家教就只能是失败。

张绍刚：再下一步呢？

库金会：我就会说，孩子，一般来说，像你这样剃个光头，你可能心里有些合理的想法。也许是想试探着张扬一下个性，发发少年狂，也许是想出类拔萃一回吧？这都是可以理解的，爸爸的少年时代也有过类似的经历。

张绍刚：好，好。行了。库先生，我明白您的意思了。

马　斌：库先生老谋深算，老奸巨猾……[大笑。]

张绍刚：马斌，你觉得库先生的方法管用吗？

马　斌：我觉得悬。因为我觉得这男孩子和女孩子并不一样。像库先生说的那些，有纵容孩子的嫌疑。孩子会觉得我爸爸即便不支持我，但也不反对我剃光头，下次我还剃得更光。所以我认为，还应该萝卜加大棒。什么叫大棒啊，就对孩子说，只此一次啊，下不为例，再剃光头，决不轻饶。那萝卜又是什么呢？应该把女儿过去长头发的照片和现在的光头照片放一块儿。

张绍刚：就是用一种方法再抚慰一下，就是告诉她，其实你很美丽，女孩子有长头发才美丽。要击中她的软肋。

马　斌：对。就是告诉她，女孩子剃光头不美。

张绍刚：库先生的方法是软的，马斌你的方法还是有些硬。

马　斌：对，有些硬。

张绍刚：生活当中的陈佳妮呢，剃光头那年是16岁，今天的陈佳妮已20岁了。那么，陈佳妮现在恢复到非反叛的状态了吗？陈佳妮现在怎么样了？我们可以电话来联系一下陈佳妮。好，请导播把陈佳妮的电话接过来。喂，陈佳妮吗？

陈佳妮：喂，主持人好。我是陈佳妮。

张绍刚：你好陈佳妮。我是《大家看法》节目主持人张绍刚。你现在还是光头吗？

陈佳妮：早不是了，已经长长了。

张绍刚：光头状态持续了多长时间？

陈佳妮：啊，持续了，大概是持续到长出头发的时候，大概也就三四个月吧。

张绍刚：后来就没有再剃过光头？

陈佳妮：没有了，没有。嗬……［电话里传出大笑声。］

张绍刚：当时父母是怎样看待你剃光头的，用了什么方法来教育你？

陈佳妮：啊，妈妈让我换位思考。假如你是做父母的，站在父母的角度会怎么做。然后，然后嘛我就戴上了帽子。嗬……［电话里传出大笑声。］

张绍刚：佳妮啊，反正是这样，我们的祝愿就是一个，希望咱们的头发越长越长，越长越漂亮。好吧？

陈佳妮：谢谢，谢谢主持人。

张绍刚：好，谢谢佳妮，再见。

陈佳妮：再见。

张绍刚：再见。好，我们刚才在节目开始说了，库先生是名人，主要是在培养孩子方面，出名到什么程度呢？下面我们通过我们中央电视台10套播出的一个片子来了解一下。

[画外音：库先生可不是一般人，凡是经过他调教的孩子，都能够考上重点大学。他在几年内就出版了著作9部，成为“大作家”呢，大家还叫他教育“明星”，超常教育专家，没有证书的“教授”。并且经常到全国各地演讲。你可别七个不服八个不满的，人家库先生就有这个本事。你问他怎么成大“明星”的呀，那还得从他培养教育他俩儿子说起。]

作者受邀到丹东市帮教并与家长合影

主持人/胜春：你正在收看的是中央电视台科学教育频道。我是胜春。

[画外音：儿子成绩平平，父亲却让读小学的儿子跳级上了初中。儿子调皮任性，父亲却用独特的方式让俩儿子“听话”，最终考上了全国的重点大学。

每一个父母都希望自己的孩子能够成才。对于那

些受教育程度不高的父母来讲，这种愿望就显得更为强烈。于是，他们想尽一切办法去帮助自己的孩子进入大学去深造。今天在我们的节目当中，我们要给大家介绍认识这样一位家长，他叫库金会。是中铁11局集团3公司的干部。他虽然只有小学二年级文化，但是，却把两个孩子送进了全国的重点大学。那么，在今天的节目当中，就让我们一起来听一听父亲老库和儿子小库的故事。]

[画外音：高考临近，儿子小库为什么会离家出走？面对倔犟的儿子，父亲老库又该怎么办呢？（画面上是老库家夜景。）]

[画外音：老库说，在儿子库搏飞成长的过程中，最让他棘手的一件事儿，就是儿子离家出走。

2002年3月，库搏飞到了备战高考的最后阶段。那时候的库搏飞，每天都挑灯夜战，几乎没有上过床，困了，就趴在桌上打个盹儿。老库说，当时库搏飞的学习成绩已经是非常优秀，基本上是全年级前两名。但是，儿子的情绪始终起伏不定，经常冲着父母发火。老库说，处在青春期的孩子都有这种特性。此时库搏飞才16岁。在一个星期六的晚上10点多钟，这天下午是库搏飞学校统一放假的日子。库搏飞、库稳飞兄弟俩都各自在自己的房间看书。这时，老库和妻子因为生活上的一件小事吵了起来(画面推出库搏飞图像)。]

库搏飞：当时我就劝我爸我妈，我说你们别吵，然而他们俩就没有把我的话当一回事儿。然后我特生气。[画面切换成老库图像。]

库金会：他就是借题发挥呀。说，你吵！你吵！我走，哎！他真的走了。[画面出现老库穿衣服追儿子出门的镜头，而后是夜市、街景、下雨等。]

[画外音:看到儿子果真走了,老库来不及多想,就抓起一件衣服穿上,紧随其后走出了家门。老库一直紧跟在儿子身后,但很快儿子就发现了他(画面切换成老库图像)。]

库金会:他说不准你来,他说你如果再跟着我,我就撞车啊!哎呀!这可把我吓坏了,我就不敢跟了。[画面切换成老库与小库一前一后的镜头。老库一人独自“流落街头”的狼狈模样。]

[画外音:听到儿子这样说,老库只好停下脚步,等到库搏飞走得稍微远一些的时候,老库又偷偷地跟上来。但是,跟着,跟着,库搏飞就不见了踪影。老库说,那天夜里,他几乎走遍了儿子有可能去的每一个地方,都没有找到库搏飞的影子。到了午夜时分,天又下起了雨。老库说,高考前夕,出现这种事,那时他几乎要崩溃了,感觉到一夜白了头!(音乐起。画面切换成老库图像。)]

库金会:我在马路上,那就是快要哭的样子。对什么都不感兴趣。看着那些出租车司机趴在方向盘上打盹儿,还有那些店铺都打烊了,全过程我都看到了。所有的景色都不感兴趣。看到那个小摊上,那个店铺里边,瞄一瞄,看看,看有没有我的孩子。反正心情是悲哀到极点,有一种直觉告诉我,我的头发在变白。人在这个时候,才能体会到一夜白头的真实感受啊![画面上仍然回到街市夜景,老库在找孩子。]

[画外音:其实,蹲在一幢楼房角落里的库搏飞,正远远地看着父亲呢。看父亲正在焦急地找他。库搏飞说,此时他心里也矛盾极了,既委屈,又怜悯父亲(画面切换成库搏飞图像)。]

库搏飞:我觉得挺对不起父亲的。因为我爸平时也挺不容易的。

然而平时在家里头，既要顾及我妈，就是家庭里的那些琐事，还要顾及我的感受，还要考虑到我和弟弟的学习，还要经受住工作上的压力，还要顾及我年迈的奶奶在乡下生活，还有他的弟弟。父亲平时的确是非常不容易的，所以我就觉得，或者我是不是太过分。然后我半夜就直接一个人回家了，然后就睡了。[画面切换到老库家中。]

[画外音：第二天是星期天，早上，库搏飞像没事儿一样又上学去了。老库说他没有批评儿子。但是，他从这件事情上，看到儿子心里还存在着没有解决的问题（画面切换成老库的图像）。]

库金会：这件事情表面上是过去了。害得我一晚上没有睡觉，腿都走肿了。但儿子的思想问题绝对没有解决。青春期的孩子，问题天天有啊！[画面出现老库在给儿子写信，然后是信的全文。]

[画外音：老库说，要是直接批评儿子，儿子肯定不会接受，考虑再三，老库决定还是给儿子写信。]

飞儿：

昨天的确是爸妈不对，不该在你进入紧张的高三下学期时，爸妈不冷静发生争吵。今后尽量克制不影响你们兄弟学习。但是，你昨夜离家出走，害得爸爸一夜未眠，为了尾随你，我腿都走肿了啊！衣服也淋湿了。

假如你今后也做父亲，你会怎样对待昨天发生的事情呢？

[画面切换成十堰一中学生上课、校园景。]

[画外音：趁中午给儿子送午饭，儿子吃饭的时候，老库悄悄地把信放在儿子的抽屉里（画面库搏飞图像）。]

库搏飞与堂妹在农村老家合影

库搏飞：看完父亲写的信，然后我就冲出教室，我从教学楼高层往大门口看，我爸提着给我和弟弟送饭的纸袋子，有点步履蹒跚地走在校园里，快到校门口时，看着父亲的背景，突然使我想起初中课文里朱自清写的《背影》中的父亲。我的父亲比起朱自清的父亲，更显得瘦小、可怜。当时真感觉挺苍凉的。觉得我爸确实挺辛苦。我就想起那些任性的事情，就觉得挺对不起父母的。我就想，今后，考虑事情要更全面一些，不仅考虑到自己的感受，有时候还要顾及到别人。

[画外音：老库说，这起离家出走事件解决之后，他跟儿子关系上的融洽是前所未有的。]

库金会：我就跟儿子讲，从现在开始，不要想你在班里、在全年级考试的名次。也不要想你考什么分数，更不要想今后上什么大学。你只要做到，每过一天，这一天"不后悔"就行了。就是退一步说吧，你做到每天把所有的精力用在读书上，你就是到了高考，考一个零蛋，什么大学也考不上，爸爸也不怪你！你同样是一位胜利者，是一位英雄。你问心无愧，做到每一天都"不后悔"。因为，一个人在

世界上，一辈子能做到“不后悔”，做什么事都“不后悔”，世界上不会有这样的人。神仙也做不到啊。当然，做到了每一天都“不后悔”，每一天都把全部精力用在学习上，考试成绩就不会差，也差不了，想差都差不了啊！不想进重点大学都难！［画面推出“北京航空航天大学”和“中国地质大学（北京）”校名，音乐起］。

［画外音：经过努力，2002 年高考，库搏飞以 635 分的成绩顺利地考上了北京航空航天大学。当年跳级时，责怪老库未实现诺言为其买天文望远镜的库搏飞，如今却有机会实现航天梦哪。儿子考上了重点大学，这也圆了老库多年来想让儿子考上重点大学的梦想。大儿子上大学后，老库每天都要与儿子通一次电话，或发个短信，关心儿子，嘱咐儿子。老库说，儿子才 17 岁，还是未成年人。人，到 26 岁才能完全有自控能力。让老库感到高兴的是，儿子不但学习成绩优秀，被学校评为优秀学生干部，还担任了学校信息中心主任。老库说，他很为儿子感到自豪。因为在这几年里的付出，有了良好的回报，甚感欣慰（画面切换成小库在北京校园静园里看书的镜头）。］

主持人：现在，老库的两个儿子，一个在北京航空航天大学读大三——“研究天”；另一个已于 2004 年以高分考上了（北京）中国地质大学——“研究地”。兄弟俩同在北京上大学，老库感到自豪和骄傲。他便将培养两个“不听话”、极调皮的儿子的故事写成了《没有不成功的孩子》、《红楼忧患不读书》、《女儿七岁上中学》等九部书。库搏飞和弟弟也写了一部书，书名叫《都有可能》已由哈尔滨出版社出版了。老库的家庭还被中共中央宣传部、教育部等 18 个部门组成的全国五好文明家庭创建活动协调小组授予"首届全国学习型家庭"荣誉称号。

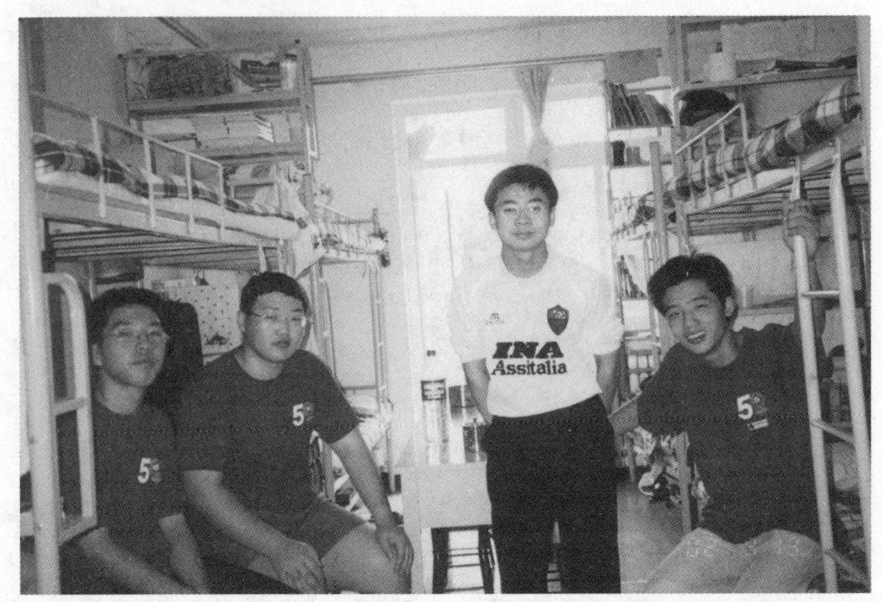

库搏飞(站立者)2005年3月在北航宿舍

张绍刚:上面的片子中,我们看到库先生找儿子淋了雨,算不算苦肉计?你看,我昨天淋了雨,今天我身体不舒服,但是我不后悔。

马　斌:对,是有苦肉计的味道。

张绍刚:你看,写信、检讨、苦肉计,这3条,确实让老库和小库建立了非常好的父子关系。然后老库也成了教育明星和我们的生活高手。

马　斌:刚看完片子中对老库的介绍,我觉得老库不"酷",婆婆妈妈的;而且我觉得整个介绍老库教育孩子的方式,我觉得有好多可疑之处,有值得质疑的地方。当你觉得自己没有承诺自己诺言的时候,特别是孩子,你要当面对儿子说一声"对不起",作为爸爸我错了,没有必要躲躲闪闪的,写什么检讨啊。

张绍刚:勇于当面承认错误也许更好一些。

马　斌:我还有一个问题库先生,您当时找儿子回家后,你跟您

妻子道歉了吗？这个问题我特别想问。就是您与您妻子发生口角之后，您这么在意儿子，却忽视了妻子，我觉得就这点来说，就有悖论的地方了。

张绍刚：老库，马斌对您的质疑，第一，他认为您太过于纵容自己的孩子；第二，父亲有错误，应该对儿子当面赔礼道歉，这样的教育方式可能比给儿子写信更好，更直接一些。就这两点。

库金会：我不完全赞成你俩的观点。像我这两个儿子，平时你说话他根本就不听，叫你闭嘴。我这两个儿子，如果不是我一天到晚在研究他、琢磨他，摸准了他的思想脉搏，“对症下药”，教育他，用父亲的父爱来感动他、感化他，再也没有其他办法了。比如，我天天和他一起共同学习呀，在生活上对他进行无微不至地关心呀，为他排解青春期的烦躁呀，等等等等。如果任其发展，或者使用“大棒”教育法，我的两个儿子恐怕早就弃学南下或北上打工，为别人看大门，或者为过路人擦皮鞋的干活了。

张绍刚：其实，老库和马斌虽然在这儿争论，但他们的观点是一致的。就是当父母与孩子有矛盾的时候，大家交心好好地谈一谈，而且，我们能够看得出来，老库非常爱他的两个儿子。这样吧，库先生，我们现在给您出题。

库金会：好呀。

张绍刚：为什么说出题呢？现在好多家庭，都有教育孩子的困惑对不对？

库金会：是的。我每天都要接大量的电话和来信，都是反映孩子不好管、对处在青春期的孩子没有办法管的。

张绍刚：好。我们现在呢，先给大家看一个片子的片断，看完了片子，题目也就出来了。[屏幕画面切换到吉林省的一个家庭里。]

[画外音:这就是小颖和她妈妈。因为妈妈偷看了小颖的日记,被小颖发现了,所以在记者到来之前,母女俩刚刚经历了一场“暴风雨”,现在虽然双方都平静了一些,但一听说记者要采访她们,小颖立刻就戒备起来。这不,只要听到她觉得敏感的话题,立刻就会很坚决地打断我们的谈话。(屏幕画面切换到小颖的图像。)]

小　颖:等一下,等一下,这个说出来对我有很大的影响啊。[屏幕画面切换到小颖妈妈的图像。]

小　颖的妈妈(以下简称颖母):[苦笑。]

[画外音:看得出来,妈妈顾虑很多,一直在回头征求女儿的意见,感觉很不自然。记者好不容易等到小颖觉得肚子饿了,要出去买方便面。看到女儿离去的背影,记者和小颖的妈妈都长长地出了一口气。]

记　者:现在我的感觉是,您特别的怕您的女儿,但是,又不能完全下定义说您怕女儿。是因为您爱自己的女儿才产生的那种所谓的“怕”。对不对?比如,刚才我采访您的时候,她让您说什么您就说什么。

颖　母:现在还好一些,前几天的话,真是有怕女儿的感觉,现在也还有一些怕。平时只要有哪一句话说得她不如意,她就会大发脾气。

[画外音:不一会儿,小颖回来了,手里拿着两包方便面。(屏幕上的画面对小颖的图像进行了遮盖保护处理。)小颖的妈妈赶紧结束了与记者的谈话。生怕女儿又生气。其实,自从妈妈偷偷看了女儿的日记之后,小颖再也不相信妈妈了,更不像以前那么活泼。她还常常把自己关在屋子里,似乎有什么心结一直都没有打开。]

张绍刚:小颖的妈妈因为关心女儿,也确实在方法上有不当的地方,偷看了女儿的日记嘛,被小颖发现了,然后矛盾就激化了。老库，我们今天请您来解决这个难题，有一定的难度，您需要时间来消化一下吗？

库金会：这是一道容易题，不难回答，不用消化。

张绍刚：真的不难吗？

库金会：不难。

张绍刚：这样啊，我们现在进行三方连线。我们请导播帮助我们先接通小颖的电话，看小颖她说什么，看老库能对小颖说什么。

库金会：好。接过来吧。

张绍刚：喂，小颖吗？是这样的。现在我们中央电视台演播厅现场有一位伯伯，他姓库，水库的那个库啊。这位伯伯有话对你说啊。你愿意听吗？

小　颖：愿意听。

张绍刚：那好。老库，该您啦。

库金会：小颖你好。我说话你能听到吗？

小　颖：哦，能听到。

库金会：那好。我刚才看了中央电视台的记者到你家采访你和你妈妈的片子。你知道咱们中国有句古话叫做“可怜天下父母心”吗？

小　颖：知道。

库金会：最近两年，我经常接到全国许多家长的电话，在交流中了解到，凡是一个负责任的家长，凡是一个爱自己孩子的家长，几乎都偷偷看过孩子的日记[三人大笑]。当然，我也不例外。可是，偷看孩子的日记，应该说是错误的，是父母完全错了。在这里，我代你妈妈向你作检讨好吧？记得是2001年6月，儿子发现我偷看了他的日记之后，就像你现在的情况一样的，也是不理我，是敌对的。不过，后来通过我慢慢地与儿子沟通交流，向儿子作书面检讨和当面检讨，并且让儿子换位思考，儿子就原谅我了。

马　斌：这个啊，这是老库惯用的欲擒故纵的伎俩。呵……［笑］

库金会：小颖，你笑什么啊，我这样做对吗？

小　颖：差不多吧。我最讨厌你们大人错了不承认。承认就好。

马　斌：小颖你好。我是马斌，马叔叔。我和你说几句好吗？

小　颖：你说。

马　斌：我特别理解你现在的心情。你知道为什么现在我的字写得和张绍刚一样差吗？因为我在上中学也处在青春期的时候，我自己也有小秘密，也写日记，我父亲也偷看了。由于我的抽屉没有锁，我就把字写得非常潦草，让我父亲认不出来。所以我建议你呀，要想保护好自己的小秘密，不妨把英语学好，用英文来写日记，这样你妈妈就没有办法看你的日记了。你妈妈学过英语没有啊？

小　颖：我妈妈不懂英语。

马　斌：那就好啦。

库金会：对。小颖，马叔叔这个主意出得好。学好英语，继续写日记，这样能一箭双雕，多好。

马　斌：坚持就是胜利。好不好？用英语写。

库金会：写日记是一件非常好的事情。我写日记已经坚持30年了。是写日记成就我当上了作家呢。我最近出版了《红楼忧患不读书》和《女儿七岁上中学》这两部书，这两部书里还录入了我上个世纪80年代的十几篇日记呢。我也不懂英语，26个英文字母我都认不全。我儿子要是用英文写日记我就没有办法看了。不过，我的两个儿子后来写的日记完全对我开放了，因为我们成了好朋友。

马　斌：可能有AB版吧。一定有AB版，儿子让老爸看的可能是公开版的。

张绍刚：对，可能真有秘密版和公开版的日记呢。

库金会：那我的儿子的智商就超过我了。

马　斌：青出于蓝而胜于蓝嘛，不奇怪。

张绍刚：我们现在留着小颖的电话，小颖你不要挂断电话好吗？

小　颖：好。

张绍刚：我们还有一位客人在千里之外等着的。是辽宁省的一位孙女士。她认为自己在教育孩子方面也有绝招。小颖，我们听一听孙女士阿姨对你有什么话说好吗？

小　颖：好。［屏幕上有孙女士图像。］

张绍刚：喂。孙女士你好。

孙女士：主持人你好。喂，小颖吗？你好，你这个事情不是主要矛盾是不？

小　颖：啊，也是，也是。我再说一遍，你知道吗？你们犯了错误不敢承认，库伯伯敢于向儿子认错，才是一个好爸爸，所以他的儿子能考上重点大学。

孙女士：但是我说，你说的对，是重要的。不过我觉得，如果你要是和别人有了矛盾，说这个矛盾可以解决，那么，我觉得你和你妈妈的矛盾应该比任何人的矛盾都好解决呀。母女的感情是世界上任何东西都不能替代的。你要从这方面去想啊，我觉得即使妈妈看了你的日记，她也是为你好啊，你还是一棵小树，还需要妈妈的扶持和修整不是？

张绍刚：小颖，你觉得这位阿姨说的，和刚才库伯伯说的，哪一个说的你更爱听？你愿意听谁的？

小　颖：怎么说呢，反正他们就是说，他们的意思就是说让我理解嘛，可怜天下父母心吧。

张绍刚：既然你都能接受，那从此以后，别再让妈妈怕你，不要让妈妈伤心了。当然，你也不要怕妈妈。

小　颖：不是，不是，不是……

张绍刚：我知道，我非常理解你，就是你和妈妈今后都别互相躲着，有什么问题好好对妈妈说，好不好？小颖，以后再有什么问题，咱们随时可以通电话，咱们也聊聊，心里面就会舒服好多，对不小颖？

小　颖：好的。谢谢库伯伯和阿姨，谢谢主持人叔叔。

张绍刚：那好，谢谢小颖和我们连线。再见。今天的节目就到这儿，各位观众再见。

第四章　管好孩子的秘密

◎ 了解孩子的十大特征

◎ 对待孩子夫妻必须观点一致

◎ 对孩子进行生活教育

◎ 溺爱孩子要不得

◎ 库搏飞的学习方法

◎ 厌学不可怕

◎ 压力是成功之母

◎ 逼迫幼儿学琴棋书画不可取

◎ 为孩子塑造一个好的个性

了解孩子的十大特征

马克思说:“法官的职业是法律,传教士的职业是宗教,家长的职业是教育子女。教育子女养成耐劳的体力,纯洁高尚的道德。”

可惜,中国的家长都把马克思的话当耳旁风,而是工作第一,没有把教育子女当成职业。所以,不了解孩子们有下述“十大特征”。我过去也不知道孩子有这“十大特征”,在管儿子时天天犯错误,管起来很吃力。否则,我的孩子19岁就博士毕业了。

如今的家长大都不会管当今的孩子。因为他们也不了解今天孩子的“十大特征”。只有完全了解孩子的“十大特征”,才能管好今天的孩子,让孩子成为优秀的人才。

我走遍全国,所到过的所有家庭,当我将孩子的“十大特征”讲给家长们听时,家长们说,如果知道今天的孩子有这“十大特征”,打死我都不会生孩子,因为管好一个孩子将会影响我本人一生的事业啊!培养一个孩子比造一颗原子弹还难哪!

的确,管孩子不易。我不是在此危言耸听。君不见,当今中国的家庭,哪一家不在为孩子学业不佳、问题成堆而发愁?

我写此书的目的,就是让家长们能够从愁苦中解脱出来,使自己的孩子由差生变为优等生。让不听话、成绩差的孩子变成优等生。

一、5%的孩子不用管

约有5%的孩子不用管,这是我走遍全国调查研究20多年得出的结论。

这个“5%”的提法,好似孩子的好坏在娘肚子里便有了定论。不错,实事就是如此。我接触到许多家庭,其孩子根本就没有管过,孩子学习很自觉。特别是一些家庭有两个孩子,其管理教育方法都一样,但一个好一个差,一个自觉一个不自觉。请读者朋友想一想,你身边考上了重点大学的孩子,有哪一个是家长硬盯着管出来的?这些考上重点大学的孩子并且有礼貌、孝敬父母、特别听话。

这些不用管的孩子,如果能够不辍学,大多都能考入重点大学的孩子,就是咱们中国古人说的"是块读书的料",是听话型的孩子、争气的孩子。

这些孩子不用家长操心就能考上了重点大学和研究生,是不是就表明这些孩子聪明呢?不是的。相反,这些孩子智商平常。而真正超智商的孩子却很难适应当今应试教育的读书环境。因为他们太聪明,贪玩时能玩出名堂,特别是电脑游戏,太好玩了,他们只能选择玩游戏而放弃读书,久而久之便成为差生,成为所谓的叛逆者、大不孝者。俗话说,艺高人胆大,这类孩子聪明胆子就大,敢于与父母、老师对抗,本应属于他的重点大学指标自然就落入那些智商平常的、听话型的、争气的、自觉读书的孩子的口袋(但这些不听话的孩子一旦管好了就非常优秀)。

二、大多数孩子不爱读书

许多家长听我讲完孩子的"十大特征"之后对我说,我要是生个"天生就是块读书的料"的孩子该有多好啊。但愿我未来的孩子是"一块读书的料。"

不错,孩子的确有"自觉的听话的爱读书的"和"不自觉的不听话的不爱读书的"两类。可惜前者只有极少数,而后者却占了绝大多数。难怪古人常把"这孩子不是读书的料"挂在嘴边。

将孩子划为两大类,并不是我的发明创造,而是本人走遍全国调查研究 20 多年得出的结论。

本人的这个结论,是否违背《三字经》里所说的"人之初,性本善,性相近,习相远。苟不教,性乃迁;教之道,贵以专"呢?目前,中国的实际情况是家长不愿像美国和日本的家长那样，放弃工作和休息去管孩子，不懂得如何管好孩子，所以说全国所有的重点大学指标都被听话的、争气的、学习自觉的孩子占了。

那么，不听话的孩子能否也成为优生考入重点大学呢？答案是肯定的，我的两个极不听话的儿子不是也都跳级考入重点大学了吗？那是我硬管出来的啊！

亲爱的读者，如果你的孩子是一个差生，只要你按照本书介绍的方法去做，你的孩子就一定能变成优生。如果你还未成家，或者说你还未生育孩子，只要你掌握了孩子的“十大特征”，有针对性地管好孩子、教育孩子，你未来的孩子，就能连连跳级成为“天才神童。”本书出版的目的就是告诉读者，怎样把“不是读书的那块料”变成“读书的料”。

三、贪玩，控制不了自己的情绪

贪玩、易动易怒，是孩子们的特征。其实，我们成年人又如何不贪玩呢？全国已普及的扑克“斗地主”、打麻将等，都是为成年人特设的娱乐游戏啊。

许多家长给我打电话，说孩子太贪玩了，孩子的行为把他气坏了，快气疯了。

我在电话里回答说，你要把孩子当“精神病”看待才行。因为各国的法律都是把孩子与精神病同等对待的。精神病杀人抢劫不判死刑或不判刑，14～17 岁的少年杀人抢劫判罪很轻，13 岁以下的孩子杀人不判刑罚。你还生孩子气吗？

试想，13 岁以下的孩子杀人不判刑罚，与精神病同等对待，说明孩子的行为控制能力与畜牲差不多。家里养的动物不管能行吗？牛马为什么时刻要用鞭子抽打呢？因为不打就不听使唤。打牛马根本不要理由，不听使唤就打。那么，孩子呢？当然不一定要打孩子，但要严格去管孩子、去教育孩子啊。

在此，我要劝告还没有生孩子的年轻人，一定要牢记孩子的这些特征，把你未来的孩子当“精神病”看待，牢牢地管好孩子，一刻也不能放松啊！

四、随着年龄长大越来越胆大、懒惰、自私

我到过的全国许多家庭，我接到的所有来信和电话，都集中反映孩子 4 个字：懒惰、自私。

这个懒惰、自私，不但是孩子的特征，我们成人也一样懒惰、自私。可惜的是，又有谁能够在孩子一出世抱在怀里的时候，能想到自己的孩子到读初中的时候，会非常懒惰和自私呢？更不会想到自己的孩子有“精神病”的特征啊。据我调查过的所有家长，都说孩子一出生，非常兴奋，想到的是孩子今后该有多聪明，盼望孩子成龙成凤，盼望孩子身体好、漂亮、智商高，快快长大。等孩子到了上学的年龄，送孩子去上学，想到的是孩子学习会多么优秀，没有一个父母会想到孩子几年后会非常不听话、懒惰、自私，并有“精神病”之特征。正因为全国的家长都把自家的孩子尽往好处想，不去思考如何针对孩子的“十大特征”做好针对性的管教工作，所以，全国的百姓们，95%以上注定不能成龙成凤，不能当官、当科学家，不能吃苦创业，难以经商发大财，只有过极平常的种田、打工、放牧、做小买卖等普通生活。

管孩子，是一门很高的学问呢。可悲的是，所有结婚者，都是稀里糊涂当上家长的，他根本不了解孩子有这“十大特征”(当然，这也包括我本人。我两个儿子上了大学之后，我出版了几本书之后，我跑遍全国 28 个省(市、自治区)300 多个家庭之后，我才懂得如何管好孩子，才知道孩子有此“十大特征”，才知道儿子们身上当年发生的问题根源在哪里)。

五、讲假话、怕死、怕饿

我经常在一些家庭看到这样的情景，一家人都在喂孩子，生怕孩

子吃不饱。许多家长端着个碗，在孩子后面追，逼孩子吃。

其实，孩子一出世就哭，他一哭，将奶头塞进孩子嘴里，立马不哭。这说明了什么呢？孩子怕饿。

许多家长打电话咨询我，我告诉他如何去管孩子，这些家长却顾虑重重，一会儿怕饿坏了孩子，一会儿又担心孩子会自杀。在此，我要告诉全国的家长，大可不必害怕孩子会饿坏，更不要担心孩子会自杀。自杀的孩子是有，但不是差生。只有优生在特定的情况下，比如一次考试失误却遭到父母或老师的斥责，他会一时想不通而自杀。再就是高校的硕士、博士等优生会因学习或婚恋压力而自杀。而那些差生，又自私又懒惰，他没有勇气去自杀。相反，他抓住家长溺爱他这个独生子女宝贝的心理，天天威胁家长不吃饭、要自杀，嚷嚷活着没劲等等。这是差生们在与家长心理斗法时经常使用的伎俩。可怜有的家长在这种威胁面前投降了，孩子便得寸进尺，动不动就对父母施以拳脚，父母只好任其为所欲为，一家人天天生活在悲痛之中。

我还问过一些家长，你在孩子刚出世时，你会想过他上学之后会天天研究父母的心理，对父母察言观色，讲一些假话吗？这些家长的回答是，孩子一出世，爱都爱不过来呢，咋会想这些呢。为此，我调查过许多孩子，几乎都承认骗过父母。有的女孩自小学5年级到高中一年级，做过十多次人流手术，家长一点都不知道。有的小学、初中的男孩，带着女生到家中在父母的床上多次玩性游戏，父母一点都不知晓。这些孩子信任我，都能坦言告诉我。可怜家长们听到后竟吓得面如土色，连说“不可能！不可能！”。

六、追星、喜穿名牌、好打扮

追星、喜穿名牌、好打扮。有这一特征的孩子占有一定比例，有的孩子到高中后才有此特征。因此，家长必须“装穷”，引导孩子节俭，养成生活朴素的习惯。否则会进一步由差生变成坏孩子，或走向犯罪。如果由此传染上艾滋病、乙肝或吸上毒品就后患无穷了。

七、看不起父母、认为父母笨、不听父母话

看不起父母，认为父母笨。这一特征大多数孩子到初中后才有。我本人在 14 岁才有此特征。此时，不少孩子对父母的话油盐不进。有的孩子在小学 3 年级便有此特征。我几乎天天接到家长的电话，反映的大都是孩子不听父母话的问题。亲爱的读者，如果你是未婚者，应早作思想准备，思考好对策，将来有了孩子，孩子进入中学变得不听话了怎么办？

八、狂妄自大、眼高手低、只说不干

狂妄自大、眼高手低、只说不干，怕吃苦、怕脏怕累。这一特征表现为，怕吃读书苦，认为读书没意思，妄想将来做生意赚大钱，还拿比尔·盖茨来说事儿，蒙哄父母说世界首富都没有大学文凭，读大学又有什么用呢？我将来要当中国的首富，不用念书上大学了。于是看不起任何人，听不进他人劝，老子天下第一、一味疯玩。

九、喜好交朋结友

我了解到，所有变坏的孩子，大多数都与喜好交朋结友有直接因果关系。孩子抽烟、喝酒等恶习，都是交朋友染上的。

孩子的这一特征，也是被“逼”出来的。因为家长们都忙于工作挣钱，孩子便无人管。有的则是夫妻闹离婚，形成单亲家庭，孩子也无人管；这些孩子便去乱交朋友，寻找快乐、寻找温暖。报刊上曾报道，13～17 岁少年杀人的目的居然只是为了取乐好玩；这些少年仅因闲得慌而找几个“好朋友”去打人、杀人取乐，根本不顾后果，进监狱后，也是表情麻木。

我到过的一些差生家庭，发现这些差生的共同特点便是差生之间互交朋友，好得如“铁哥儿”们。山东东营市家长带着儿子于 2007 年 9 月 12 日来到我家，家长把儿子写给他的一份“情况报告”给我看。

这个“报告”是典型的交朋友“案例”。这个孩子从初中到高中，多次反复变“坏”，都是交朋友惹的祸，所幸没有造成大的悲剧。下面公开这份“报告”，读者可以从中看出这些差生这一特征的心态变化（原文照录，未做任何修改）。

我于 2004 年 8 月进入高中。在各方面都对自己放松了警惕。以至于在初中时遗留的毒素侵入了自己的思想。加之，自己克制力稍差，导致自己开始滑落。

开学三四个月后，开始逃课、上网。后被老师察觉，不断地进行批评教育，我也对这种行为做了全面的认识，已经基本上脱离了网吧和所谓的网络游戏，在这一点上，我的认为是：在这件事上，不必太大惊小怪，在这方面我完全可以控制的住。我没有电视上说的那种如此深的迷恋，而且凭我的眼光也没有什么东西可以让我如此迷恋。我只要有事可做，只要自己不受怂恿，完全可以不把上网放在脑海里。再就是逃课一说，家里、学校都是天天说、天天讲，利害关系，三令五申，这我也已经耳熟能详。此缺点我是一压再压，基本上已做到了不逃课，偶尔那一两次也是有原因的。

2005 年年初分科，我也痛定思痛，决心悔改。故 2005 年上半年，一直风平浪静，无甚大事。偶有迷途，亦不知及时回头，错只错在认识的渣子越来越多。

2005 年 8 月份，高二开学。本欲试着左右逢源，即在广交朋友的前提下，乘着机会提高学习成绩。所以，当时的第一次月考之后，成绩有所上升。但紧接着，那项打架事件的发生，又一次扰乱了我平静的生活。更加上各方面的原因，我去了老校。

2005 年十月份，去的老校。在老校，当然出发点是好的，初衷也是好的，所朝的方向起初也不错，但在当时第一次放假时，因为一点小事与家里闹了矛盾，当晚上也没回家。面对这一切，再一次心灰意冷。心中仅存的一点信心和上进心被一扫而光。火热的心在那一夜被彻底冻僵。第二天也未回家。那天晚上我第一次随学校的那些同学一块儿走。当时我在那里感受到了一种莫名的气氛，也体会到了一种热爱、温暖。人也不少，沸腾的空气燃烧了我的思想，十多个人近二十人的感染力让我心中产生了一股依赖感。当时的我，认识不多，那一伙中撑死有那么三四个。主要的还是李天伟，我拿李天伟为跳板，没有犹豫间跳进了这个圈子……

其实，他们没有你们想像的那样坏，这个圈子不完全就是火坑。在此之前，我是很有分寸的。只是我的意志在一次次地被你们打的模糊，我的顺从、听话一次次被你们击退，一直听话的我，一次次在一些小事上被整的死去活来，我就渐渐意识到了反抗。"要提防老实人发火"，就是这样，倔强的那股劲无法泄出，只能憋在骨子里把自己憋成一个刀枪不入之人。比如说，有时中午不回家。大发雷霆，舞拳弄枪的。有时不一定是跟他们掺和在一起。可以说我在中间，上有好的下有孬的，真没一个跟我这样子似的，你们限制了我、打了我、泄了恨、出了气，我呢？我这一股子反抗的念头施展不出来，只能在一个个夜晚把所谓的听话、所谓的良知击退了！也许我哪天想顺顺从从的，可一想到这些令人恼火之事，怎会马上冷静下来？就是在我第一次决定跟他们在一块儿的那晚，爸爸也没在家。我自己一个人躺在床上，回想着这一幕幕才决定选择那个更平等的地方的！正因为如此，我才抓住了这股精神力量撑了下来。否则，我真可能要与你们分离了。你们是不会教导我了，只有粗暴、哭。我说的粗暴不是指打人、骂人，而是不好好自己思量一下，一味地只知道从自己出发，一点也不考虑我的感受或我的想法！而且，你们可以说是跟不上我们思想的发展。对很多事情无法理解。妈妈文化低，只知一味地哭；爸爸懂得多，只知一味地粗暴式管教。我多渴望有一个可以平衡的家！

为什么人家父子、母子沟通的好？为什么我不爱与你们说？

就是总觉着压抑、觉着不好意思、觉着没法说。四个字无话可说。

他们没有你们想的那样肮脏、卑鄙。至少现在不偷、不抢、不诈，也不是去收买、不是去利用，小孩就是小孩，兄弟就是兄弟。他们并不指望靠钱来买。相反，越是厉害的才越不掏钱，越是不厉害的才是靠钱去巴结！知道吗？我只能说你们想错了。我们在一起，没有训斥、没有命令，没有必须做，有的只是开心、欢笑、力量。也许你们会说，他们这是害了你，使你跟他们走瞎了道。但我们这个年龄渴望的就是欢笑，就是无忧无虑啊！我们在一起不一定非得去吃、去唱、去请、去玩，也许反之是处在一起聊上几分钟便有很多开心和乐趣！当然，我也不否定我们有很多缺点，他们不学习，有恶习等等，但这并没有给我们带来太大灾害。在一中打架基本天天有，如果不是你们非要让我与他们断交，昨天我是绝不去的。昨天那一次，我是打算"金盆洗手"的，我打算帮最后一次以后少联系。如果不是这样的话，我才不会去的！跟他们相处有的是时间，我还在乎这场仗吗？他们也不在乎我去不去打这场仗，所以只是你们想错了。

其实，认不认识他们我的性格始终一样。不要认为是因为他们我才公开与你们反抗。相反，正是因为他们，借他们之力打开我怨恨的阀门，使之流泄，否则到了社会上再泄，也许才会真酿大错。而且与他们相处，可以锻炼自己的社交能力。其实，有句话我说了多次了，就是不论什么好同学，我都喜欢接触。学习好坏只能说明他在学习上的能力问题。所以，学习好、坏的同学我都结交。只是好的嘛，不出事，你们当然不知道了。再加上他们事少，相互相处的时间就少。毕竟学习占时多，而这一些人事多，所以你们才只发现了这些人而忽略了那些人。

也许我的想法是天真的，但我的希望总是好的。我渴望没有束缚，渴望自由，也总觉着那样的话可能会学习更好。但毕竟这是未知。

这半年来你们或许认为我改变了许多，但我觉着没有。我就是这样的性格，这样的思维，只是以前被天真包裹，未显露而已！

上面这个所谓的“报告”表面看似乎有一点道理，但是，天天只管与朋友吃喝玩乐享受，18 岁考不上重点大学，从学校出来以后怎么办呢？

十、青春期综合征

成年人在五六十岁时有更年期。青少年呢？到了 12～20 岁便有青春期综合征。有的孩子 8 岁就有青春期综合征的征候；有的到 26 岁了这种征候还不能消退。最有意思的是，有的家长打电话向我反映，他们的孩子在七八岁时就遗精、手淫。其实这一点也不奇怪，《红楼梦》里写的贾宝玉，7 岁便与其贴身丫环花袭人发生了性关系（关于对这一现象的分析研究，我在拙著《红楼忧患不读书》中进行了剖析）。

孩子的这一特征表现为每周要发作好几次。具体表现是烦躁、发无名火、上课时突然走神。如果某一天上午或下午狂躁不安，假如老师讲新课，他学不进去，老师下课布置作业，他便不会做。尔后，如果老师在第二天或下一节课接着讲新课，他就会听不懂，因为前一节课没有听进去。这样久而久之，学习成绩便会下降，学习成绩下降了，就会使老师改变对其看法，有时还会受到老师和同学的“白眼”，回家又要受到家长的责备。于是，便与老师、同学、家长的关系都紧张了，厌学也就开始了。

我 20 多年的调研数据证明，所有的孩子都希望学习成绩好，都有自尊心。就因这个青春期综合征闹的，孩子们无法控制自己，想学学不进。课程落下来后，成绩下降之后，便失去了信心，便破罐子破摔，成了差生。此时便变得厚脸皮了，也顾不得自尊心了，开始与老师和家长顶牛，家长只要提起“学习”两个字，他便心烦，就会对家长大喊大叫，或乱砸乱摔东西，似精神病。有的孩子在课堂上也会憋不住，老师讲课时，他会突然大喊一声，吓得老师一怔。家长便接受老师的建议，让其带孩子看心理医生或精神病医生。现在的医院，任何人去检查病，都能查出病来，不然，医院怎么会常年搞免费检查病呢。你只要进了医院的门去检查，医院就要从你身上剐下一点“油水”。所以，许许多多好好的孩子，都被查出有“病”。因为许多家长带孩子到我家，或请我去他们家，我发现不少孩子在服精神病药。经过我的说服之后，他们才停药，“病”也无影无踪了，学习也上去了。

青春期综合征人人都有。“听话型的”、学习自觉型的孩子同样有这种特征，他们也有烦躁、听不进课的时候，也有听不懂的时候。但他能通过自学或问老师把不会、不懂的课程补回来。这样，他的学习成绩就掉不下来。只有“不是读书这块料”的孩子毁在青春期综合征这一特征上。

青春期综合征是导致部分孩子与老师和父母对立、使学习成绩下降、厌学、由优生变成差生的总根子。因此，当你的孩子处在婴儿时期，就应该想好对策、及早防范。如果你的孩子是差生，本书将在后面的章节告诉你如何应对。

作者与中央电视台摄制组编导合影

总之，上述“孩子的十大特征”是我走遍各地，广泛调查研究，以及在我两个儿子身上做试验20多年总结出来的，是我20多年心血和汗水换来的。现在，我将它公之于众，使千千万万家庭受益。

我自出版第一部教子著作之后，全国各地向我请教的咨询电话不断。特别是随着小儿子考上重点大学，我的多部著作继续出版，并被央视等众多媒体宣传之后，被邀请到全国许多家庭帮助孩子，通过对300多个家庭的走访和接受8000多次电话咨询，我总结了如下家教理念，这是实践的结晶，请仔细品读。

对待孩子夫妻必须观点一致

现在部分家长已充分认识到家庭教育的重要性，无论是对于良好行为习惯的养成、智力的开发，还是品德、性格的培养，有些家长倾注了大量的心血和时间。可你是否知道，父母在尽自己所能教育孩子的时候，父母教育的一致性也很重要，否则父母所付出的努力很可能要打折扣，还可能付之东流，甚至是起反面作用。在我接听的咨询电话中，至少有80％的夫妻在教育孩子方面意见不一致。

我曾经问过一个5岁的男孩，在家里你最听谁的话，他说，谁也不听，我爸爸管我，我就去喊妈妈，爸爸就没办法了。

看着他稚气的脸，听着他说出自己的小招数，可见这个小宝贝比成人还聪明。然而这种聪明却并不能促进孩子的成长，甚至阻碍孩子的成长。

父母在教育孩子的问题上各执一词，对孩子有哪些不良影响呢？

一是影响孩子心理健康。父母教育观点不一致时，双方容易发生争议，有的家庭甚至出现争吵现象，甚至导致家庭气氛十分紧张。有的孩子会认为是自己不好才让爸爸妈妈吵架的，于是，他内心感到不安，承受压力很大。父母在教育孩子上发生分歧的时候，孩子会本能地进行选择，谁对自己有利，谁护着自己，他就倾向谁。

比如，妈妈认为不能满足孩子对玩具无止境的需求。在一家三口逛商店时，孩子提出买新的玩具汽车，妈妈觉得孩子的汽车玩具已经够多了，不能再买了，而爸爸却同意买。这样，会使孩子对物质的需要越来越没有节制，容易养成浪费、见风使舵等不良习惯。

二是容易使孩子不辨是非。由于孩子太小，还不懂得什么是正确，什么是错误。孩子的一切标准可以说都来自于成人，尤其在家中掌权的成人对孩子辨别是非影响很大。正如我们开始谈到的那个在家里谁的话也不听的男孩，他的家庭里，妈妈看来要比爸爸有地位。因此，不管出现什么情况，他都会认为妈妈是对的。即使是当他欺负别的小朋友，爸爸批评他时，他也会找妈妈保护他。

此外，老年人即孩子的爷爷、奶奶、姥姥、姥爷与年轻父母之间的意见不一致也会对孩子产生上述同样的负面效果。本来，大家的本意都是为了孩子好，却常常因为教育孩子的问题搞得婆媳不和甚至夫妻反目。

我们了解了父母教育孩子不一致的危害性，那么，如果遇到父母意见不一致的情况怎么处理呢？最重要的是，家长之间要有意识地约定，即一旦发生不一致的情况时，一定要先把孩子带到另外的地方，也就是不能当着孩子的面发生争执。然后俩人再进行沟通，为自己的观点据理力争，无法取得一致意见时，查阅幼教书籍、报刊或请他人评判。如能读一读我已出版的《红楼忧患不读书》、《普通孩子也能进名校》、《女儿七岁上中学》等书籍就可以解决这个问题。如果出现实在无法回避孩子的场合，也要心平气和地协商，给孩子树立一种理智和有修养解决问题的典范，而不是通过吵架甚至动手解决问题。这样就能避免教育不一致给孩子造成的影响。另外，做父母平时要多读书，多学习，树立科学教育观念，掌握科学育儿方法，这样才能使父母在教育孩子的时候减少盲目性，增强一致性。

对孩子进行生活教育

我被邀请到全国各地做演讲时,必讲这样一个话题,即:未来20年中国的穷人阶层将不是农民,而是城里“不听话”的孩子。

侯高俊杰的父亲侯海琳在解答家长问题

2007年春节,我一家回到湖北省武穴市大金镇草岭村下库垸与母亲和我的三个弟弟团聚。

春节期间,我观察到,虽然生我养我的这个村子仍然脏乱不堪,但近年却盖了不少洋楼。最令我惊奇的则是我儿时的伙伴库二毛一家的巨大变化。他有5个儿子,小儿子14岁,大儿子21岁,都只有小学文化。2001年家里穷得叮当响，没房子住不说，连吃饭都成问题。在走投无路的情况下，他家向我母亲借钱过年。如今却花20万元盖了全村最惹眼的三层“小洋楼”。还有与我大儿子同龄的库峰，今年19岁，只读过初二，2005年却带了1万元回家过年，但工作很苦，晚上零点才下班。每月收入2000元左右。

我的故乡下库垵的青壮年几乎都在温州打工，每月收入在1500元左右（含吃住）。这都是凭吃苦每天工作16小时换来的。而我了解到城里的“小皇帝”们，还有那些二、三、四流大学毕业的学生们，大部分人月收入只有500～1800元。因为这些人干的工作相对“体面”一些，并非太脏乱的工作，他们吃不来那种苦，一天工作只8～10个小时，故工资收入不如没文化的、能吃苦的农村劳动力高。这且不说，城市里出生长大的孩子花钱却又大方得很，一点也不知道节约。

因此，从这一现象可以看到，农村那些能吃苦的青壮年，能逐步走向小康，国家的政策又不断在向农业倾斜，农民哪能不“小康”呢？相反，那些城里人，或者手中有二、三、四流大学本科或专科文凭的人，放不下架子，又怕吃苦，又不节约，将来肯定会步入穷人阶层。

当然，上述两类人中，自2007年起，无论怎样能吃苦，无论多么能干，1万人中很难产生一个千万富翁，更难产生一个科学家或地市级领导干部。而手中有重点大学理工科专业硕士、博士文凭的人呢，至少98%的人能过上小康生活，并且工作体面轻松，许多人会成为国家的栋梁。上述生活实况，应经常对孩子进行教育，这就是对孩子进行生活教育。

下面是一位家长写给我的信，这封信对城里“不听话”的孩子应该有启示作用。

库老师：

您好！我首先要说的就是您太善良了，把您多年积累的经验告诉了我们家长和孩子。当我读了您的《红楼忧患不读书》等几本书时，心里对您真是万分感激。因为我母亲身体不好，而我工作又忙。所以今天才迟迟写这封信。

库老师，当我提起笔时，我有千言万语想要向你的家人表达。可是，我怕太啰嗦了会耽误你宝贵的时间。我在看您写的书时，总是流着眼泪。我流泪，不是因为句子精彩，而是书中朴实、真实的话，使我感动，特别是你的毅力，还有您的家事，太令人感动了。

库老师，我的孩子名叫侯勇，今年15周岁，正在上初中三年级。2005年参加中考，侯勇在小学和初一时，成绩优秀，曾获得全国数学奥赛铜牌；初二时，由于迷恋网络游戏等各种原因，成绩不是太理想，直线下降。不过物理以前获得过全市一等奖。在初二放暑假前，他玩电脑不能自我控制。当我劝说他时，他对我说："你把我养大，只是为了让我学习吗?"在我最无奈、束手无策时，是上帝安排让我买到你写的这些书。我把您的书给儿子看，侯勇没有看完，就对我说："妈妈，你把电脑搬走吧(我家另外还有一处房子)。"

他马上就进入了学习状态，像您书上写得那样，真是突飞猛进。他父亲常常夸我说："你真是买了一套宝书，三百元，就是三千都值。"同时，我也把这本书推荐给了我一个最真诚的朋友。说实在的，库老师，在我接触的人与书中，很少遇见你们这么好一家人。

我在看书时，常想，等侯勇长大成人后，我一定要去拜访您。后来，我从书中看到您的母亲让您把这样的好事告诉我们的，她真是值得我们每个人尊敬的，如果我有时间的话，我真想去拜见这位母亲。不过侯勇长大后，我一定让他去拜访您库老师！如果我们中国人都像您一样善良和真诚，我相信我们中国一定比美国、日本更发达，更先进。库老师，您值得我们中国人骄傲。虽然，古今中外名人很多，可是你是我心中最敬佩的第一名人。

库老师，实际上我也很想知道《都有可能》这本书写的是什么。

侯勇给我说："妈妈，你写信时，告诉库伯伯，我看了这套书后很受益。"侯勇答应我高考以后去看您库老师。

一个人能遇上你这样的朋友真是他的荣幸。

孩子和家长们谢谢您。

愿上帝祝福你们全家永远幸福快乐！

河北省武安市(大名远)热电厂：侯勇母亲——孟艳红

2004 年 12 月 20 号

[库金会附言：孟女士的儿子侯勇 2005 年 7 月 12 日已被石家庄第二中学(河北省国家级重点中学)提前录取，非常优秀。有意思的是，孟女士 2005 年 4 月 19 日打电话告诉我说，她们工厂好多人要买我的书，当地书店又缺货。此时，我正好被中央电视台邀请，要我 4 月 20 日去中央电视台做一期"5.1"特别节目。于是，我告诉孟女士，我带 20 本书去，请她早上 06:46 分到邯郸火车站站台上接 K280 次进北京的火车。由于她找错了方向，到我的火车启动时她才看到我放到站台上的书，大家说悬不悬？我只好在火车上与她招手"见面"。2007 年 8 月，她又邀请我到石家庄与她儿子进行了交流。2010 年她的儿子在燕山大学读大学 3 年级；我们经常通电话。]

长期以来，我们的教育一直都是关在教室里进行的，学校是教育的集中地，课程几十年不变；社会生活已经发展到了现代化、信息化、数字化了，而我们的教育却严重脱离了现实生活。生活是生活，教育是教育，生活与教育完全脱节；受教育者进了学校的大门，为了考试，就"两耳不闻窗外事，一心只读圣贤书"；这样的教育就只能培养书呆子和庸人。正如陶行知先生批判的那样："没有生活做中心的教育是死教育，没有生活做中心的学校是死学校，没有生活做中心的书本是死书本。""在死教育、死学校、死书本里鬼混的人是死人——先生是先死、学生是学死！先死与学死所造成的国是死国，死国所造成的世界是死世界。"

正当当时的中国面临危机、教育处于瘫痪的时刻，陶行知先生登高一呼："生活即教育，社会即学校"，不能不说是英明之举。

在今天的社会生活中，有些家庭让孩子长到11岁时就出去打工，比如送报纸。可是，另外一些家庭为了保证让孩子完成学校作业，不让孩子在夏天放暑假时打工。

2005年6月28日和7月5日，湖南电视台连续播出了美籍华裔市长、歌唱家黄锦波先生的事迹。黄先生在读中学和大学时，住房只有3平方米多一点，完全依靠白天打工2小时、晚上打工4小时维持学费和生活费，于1971年获得哈佛医学博士学位，并成为第一位美籍华裔市长。他说，他培养儿子，仍然用自己当年的经历历练儿子，儿子今天却超过父亲，获得两个博士学位。

我建议，10岁以上的孩子如果不认真读书，不如让他去打工、干苦力，让他到社会中历练。只有这样，先经历一年社会生活，在生活中接受教育，才能明白为什么要读书。

作者在深圳演讲的会场情景

你可根据家庭日常生活的安排和预算情况来决定孩子打什么样的工。有些家庭需要孩子打工挣钱上大学或攒进私立学校的学费。如果是这样，可跟孩子坐下来共同商定他们该挣多少钱、怎样才能挣到钱。在这方面不妨学习黄锦波先生。生活教育与过去的书本教育有天壤之别。书本教育以书本为基础，学生只是读书，教师只是教书。生活教育虽然强调以生活为基础，但并不排斥或否定书本。过什么样的生活就用什么样的书，把书视为生活中的一种工具。书不可以死读，也不能不活用。要把汗牛充栋的书本移到两旁，做生活的助手；决不可让书本立于中间，成为生活道路上的绊脚石。

溺爱孩子要不得

家庭教育是每个家庭一本“难念的经”，眼下更是备受关注的社会热点问题。

根据近3年我到28个省(市、自治区)300多个家庭跟踪调查，竟有99%的家庭教育方式不当。其中，普遍存在的问题是溺爱。

现在的中国家庭，绝大多数是独生子女家庭，父母、祖父母两辈人守着一根独苗苗，捧在手里怕摔了，含在嘴里怕化了；对孩子百依百顺、言听计从，对孩子的爱变成了一种溺爱。过分溺爱会影响孩子的健康成长，导致孩子娇气十足、四肢不勤、脑功能失调、人格缺损、性格偏异等；许多心理、行为问题，使这些孩子变成了无赖的“小公主”、“小皇帝”。

另外，过分的溺爱也会影响孩子的一生。因为孩子涉世不深，阅历肤浅、知识贫乏，判断力较差，家长错误的态度和评价会影响他的是非观念，使其形成不良的品质和习惯而难以弥补和纠正。

日本家庭的教育观念和教育方式有许多值得我们深思和借鉴的

地方。

日本家庭对孩子从小进行经济危机教育(国土面积小,资源贫乏,常有地震、火山、台风、海啸等自然灾害),让孩子树立危机意识。在冬天,日本家长让三四岁的孩子脱光了衣服,在冰天雪地里跑步、玩耍,孩子玩耍时,摔了跟头,也不去扶,鼓励孩子自己站起来。并非日本的父母不疼爱孩子,而是着意在培养孩子的自主、自强和自我生存能力,以适应将来生存和发展的需要。

日本妈妈常说:“让孩子尝试失败,才能获得成功。”

日本妈妈为何要对孩子进行“失败教育”呢?一位日本学者解释说,要让孩子知道任何事情都要靠自己的努力才能取得成功。对孩子进行失败教育,使他们在失败中学会本领,将来才能自食其力。凭着这种教育,使日本的孩子从小就养成了不怕挫折,勇于竞争,敢于拼搏的顽强性格。

苏联著名的教育家马卡连柯充分地认识到了溺爱对孩子的危害性,他曾把溺爱孩子说成是父母送给孩子的“最可怕的礼物”,是可以杀死孩子的“毒药”。最终会使家长的良好愿望变成相反的结果。对此,应该尽快引起家长的深思和关注。

库搏飞的学习方法

下面是江苏一位家长请我大儿子库搏飞到其家里住了9天,辅导其儿子学习结束回北京前的临别赠言。是一口气写下来的。这是一篇“价值连城”的学习方法“全书”。现在把它贡献给大家。但是,文中有语言错误,为保持真实性,故未作修改。请读者鉴别。

作者一家人游武当山(1993 年)

小琦弟弟:

毕竟我比你大了几岁,你叫我一声哥哥并不吃亏,对吧?再过几天我就回北京了,你呢,在家继续学半个月,高二就要开学了。再有两年就轮到你高考了,很直白地讲,咱们读了十几年书,从幼儿园到现在,为的不就是从全国一千多万同龄人中脱颖而出,考入一所心仪的理想大学么?哥哥的高中时代过去四年了,积累了一些心得抑或经验都写在这几页纸上了,你随便翻阅,有用就采纳一些,希望对你有所帮助。

古文咱们读过王安石的《游褒禅山记》,我借这篇文言文给你提提一个人要成功应该包含的因素:个人的主观态度,个人能力以及外界辅助条件,还有坚定的信念,不懈的努力,适宜的机遇和帮助,这一切筑就了成功的基石。

如果说小时候,妈妈牵着我们的手,我们是被呵护的。到了这个时候,我们应该像雏鹰一样,该离开母亲的羽翼,尝试自己在天宇间翱翔。在学习上,我们的态度尤其重要,一定要明白是自己为什么要学习。从前我们不懂事时,我们需要父母的鞭策,

老师的劝诫。在如此被动的状态下学习，其效果可想而知。

这里我不谈什么人生观、价值观，学习就是为了将课本知识熟练掌握，在考试中考出高分，在高考时超越别人，迈入理想校园的大门。

也许你会说这样想很肤浅，很势利。但是你也不能不说在学校读了十几年书就是为了两天四个考试吗？

每个人都有理想，有梦想，不管多么远大的理想都得从头开始，万丈高楼平地起。有句话：态度决定一切，我想讲的第一句话就是："学习，首先要树立正确的学习态度。"

高考不能偏科，要在一定的时间内，让所有的科目达到理想的分数，这就需要学习技巧。

考虑到每个人基础不同，接受新知识、理解掌握的能力和快慢也不尽相同，这样就没有万能的学习方法，每个人都在自己特点中寻找到适合自身的唯一的学习方法。当然万变不离其宗，除了努力和技巧外，就是效率和时间问题。

效率是学习中很重要的环节，同样的高中三年，为什么一同来读书的人差别会那么大，即使两个人同样每天坐在一起，分数也不尽相同。如果一个人一小时能做 10 道题，另一个人一小时能做 11 道题，开始的 1 道题差异小到让人不在意，而 10 个小时、100 个小时、几年下去就不再是那么一丁点而是几千上万道练习，多出的努力就是多掌握知识，就是更加熟悉，考出的分数自然也更占优势，这就是效率带来的好处。

我们的学习是一个竞争的大环境，今年全国近 600 万高中毕业生，一类重点大学满打满算招生 40 余万人，如果我们要考进重点大学，就要考到前面 1/12，才可以实现预定的目标。

效率如何提高呢？再如那个例子，从每小时做 10 道题过渡到 11 道，应当归结到知识的熟练程度。我们在做练习之前将相关知识复习好，运用起来更加得心应手，自然就比不复习的人解题少花时间，也就是提高效率。还有就是将同类型的题目进行归纳总结，下次遇到就能轻松应对，甚至根据以往规律直接写出答案，这样也提高了效率。效率的提高不是一朝一夕的事，没有良好的学习习惯和坚持不懈的恒心都是很难做到的。

学习在人的一生中是连续的。古人说得好：“活到老，学到老。”高中只有三年时间，过去一分少一分，很多人回忆起来都会怨恨自己平时玩儿得太多，哪怕每天从电脑前面挤出半个小时，也能为最后的高考多储备一些自信的筹码。高二每一科的作业都会增加，每天只有24个小时，除去吃饭、睡觉、上课，所剩无几，所以要珍惜时间。

如何挤出更多的时间显得尤为重要。现实生活里就有很多这样的人，一边喝喝茶，嗑嗑瓜子，一边抱怨时间太少，孰不知自己无意间浪费了多少本可利用的时光啊。我们就该学会制定合理的计划，安排好学习和生活。什么时候起床，什么时间睡觉，制订好计划后，要严格执行，让每一分每一秒都体现出它的价值。

当然，效率和时间绝对没有单独一说，提高效率就是节约时间，在有限的时间内创造出更多的价值就是提高了效率。

学习上还有很多的技巧。下面我分别就每个环节详细说一下我的个人看法。

学习计划安排要合理，比如不能除了吃饭睡觉，其余时间都趴在桌前学习；要根据自己的实际情况，合理作息，进行身体锻炼，也不能把大量的时间都用到数学或英语上，每门功课要合理分配时间。

过了一个阶段，计划和目标也要及时调整。举个例子，高一我的英语基础差，物理基础较好，物理上就少投入些精力，多匀一些时间给英语，语数外三科的精力又应当多于别的科目。过了半个学期发觉英语提高了不少，这时就该把时间多一些给比较紧的功课。

我们上课是接受知识最直接的途径。我想强调的是课堂的高效，老师将大量的公式定理压缩在45分钟内教给我们，听课走神一分钟就跟不上，某些知识点没记住做练习就很容易卡壳，又得自己重新翻书补习，又得问同学，无形中浪费了很多时间，所以上课时一定要集中精力。

这么说上课就必须认真跟上老师的节奏，不要掉队。如果犯困啊，分神啊，注意力很难集中，可以采取某些特殊的手段，如，可掐一下自己，让疼痛把睡意驱除；注意力很难集中在黑板上，可以手里拿支笔记笔记。这也从侧面说明了正确作息时间和学习习惯的重要性。

老师会布置大量的课后练习，做题速度快慢反映了课堂知识掌握得熟悉程度。有人喜欢抓紧课间的十几分钟，趁着头脑记忆清晰做练习，这样及时练习对记忆和理解课堂知识很有帮助，也为别的科目腾出了时间。我也有这个习惯，效果很好，可以节约很多时间。做题前把刚刚课上的东西静下心读一遍，加深印象以后再做题，磨刀不误砍柴功，这样也节约了时间。作业量大就得依靠个人的计划，将时间合理分配，充分利用一切可以利用的时间。

父母经常会给我们买很多的课外辅导书，于是，我们就遇到新的问题：老师布置的和学校发的练习都不一定能完成，哪有时间做父母给买的练习题呢？

书都买回来了不看也不是，别的同学肯定也有，总不能比人家少吧，于是就陷入矛盾之中。

辅导书作为课本知识的延伸和补充，存在即合理，我的建议挑选那些知识点剖析详尽，习题有详细解答步骤的来学。

辅导书中对知识点精练的总结无疑有助于我们学习是有帮助的，即使课堂上开了小差也可以通过这些辅导书中的知识归纳补上，比如英语类的教辅上就有很详尽的短语、语法、翻译，对理解课文甚至自学都有很大的帮助。

学校作业会占用很多的时间，我们的机动时间所剩不多，但考试又要求我们对题型能见多识广，怎么能在短期内看大量的题目呢？现在很多人的误区在于解题上。

解题分为解题思路以及计算能力，前者要求我们视野开阔，对一道题扫几眼大致判断出如何下手，后者需要我们每一步能够细心不马虎。我认为前者在训练中应当优先并予以重视。

考试时不少人卷面空白，大题下书写个“解”字，然后涂两下什么也没了，这就是无从下手，连思路都没有，试问，如果在卷面勾勒出大体的解题方向，即使运算错误，也比不写好多了。

因此，学习解题思路尤其重要。辅导书里有大量习题，并且每道练习都有详细的解答，训练的时候我们的侧重就是理解每道题为什么这么做，明白了就达到了我们的目的，也不必考虑结果具体怎么算，直接进入下一题。这样原来看完1道题，假设需要10分钟，只看思路5分钟就行，我们如果自己做可能需要30分钟，无形中节省了25分钟。也可以说30分钟做一道题，可以看看6道题，这样也就达到了短时间熟悉大量题型的目的，这就是辅导书最大的作用了。

做练习的习惯，过去是把每道题从头到尾完完全全自己做完，后来改为短时间熟悉不同题型的解题思路。这种改变是我与别人最大的不同。这样既节省了时间，也能学到更多的东西。

也许你会问，计算能力能忽视么？当然不是，平时的练习恰恰需要从头到尾老老实实写步骤算答案，这也是锻炼细心的时候。

我记得一次考试，当时老师说是他教过的数学卷子最难的一张，全校只有3个人上了140分，120分以上的寥寥无几，大部分人甚至不及格，其中就有很多平时考140分以上的人。而我却考了第一，144分。除了一道题最后一问太难我放弃之外，其他题一分未失。我身边很多人很聪明，把那题做对了，但是别的地方不是没有考虑全面就是漏掉了，反而考了个不及格。我的数学老师曾评价我是“天生不是做难题的料”，但是最难的卷子我是最细心，很多题目都从辅导书里看过类似的，所谓的难题我都用平时归纳的习惯按部就班解答，自然而然就解出来了。我用这个例子只是想说，如果一个卷子你考不好，最大的问题不是不会做，而是把该拿的分没有拿到。

老师提醒最多的就是，告诫我们不能马虎，要记住，最成功的永远是最细心的人。

下面谈谈“学习中遇到的疑难怎么办”。

即使有辅导书我们一样会对某些内容一知半解，可能是教材要求不是必须掌握的，老师上课可能一带而过，也可能我们上课开小差了。碰到这些情况就要主动向老师或者同学请教。许多人不去问，有的是不敢，还有人是怕问的问题太简单被人笑。孔子尚且能够不耻下问，何况我们呢？千万不要害羞，鼓起勇气，老师是很欢迎我们去请教的。

当学习的内容达到了一定的熟练程度时，考试也就差不了。有时考试一次小小的失误导致排名靠后，并不意味着就一定比不上别人，只要找到了学习上不足的地方，就要及时查漏补缺。看到别人比自己强，就要想想强在哪里，取人之长补己之短。不能因为一次考试失误就妄自菲薄。时时刻刻提醒自己，才能不断进步。考试不可怕，怕的是“屡试不爽”，而不知反省总结。

高中三年很紧张，每时每刻都往大脑中充实新的知识。也许下次考试又要被人超过，不必太在意。只要自己再积极一点，努力一些，时时刻刻保持一颗平常的心，充实、无悔地走过高中三年，必定能迈入自己理想的学府。

学习终归是自己的事情，希望家琦能快些懂事，自己的努力决定自己的未来。希望你能心想事成！

库搏飞

厌学不可怕

我的孩子也曾厌学。我每日总要收到几封信，接到十几个电话，其中就有不少信是中学生写来的。他们向我诉苦，说是看了我写的书，受到了鼓舞。有了信心，但时间一长，又厌学了，想学也学不进去，问怎么办？

关于学生厌学，我归纳了以下几条原因：

一是读书目的虽然明确，但就是控制不住贪玩，贪睡，懒惰。

二是受到老师不恰当批评，如当众出丑等，打击了学习积极性。

三是父母教育方法不对，信心受到父母打击，有的是家庭学习环境不好。

四是有思想障碍，认为人活着没意思，最后的结局都是一个死，读书又有什么用。有这种思想障碍的学生不在少数。

五是青春期综合征造成的上课分心。注意力不集中。

下面这一封信很有代表性：

库叔叔：

您好！首先向您的全家问好！

我是在县新华书店看到的《都有可能》这本书。看到这本书，我的第一个念头就是一定要把它读完。至今令我记忆犹新的是您培养您二儿子的过程，令我向往不已，为什么？因为我没有一个这样理解、鼓励我的父亲。

看到这本书时，我似乎有一种想把书吞下去的感觉，有一种终于找到知音的感觉，有一种终于找到动力源头的感觉。

我叫丰凡，一个农村的孩子。夜已经深了，但我怎么也睡不着，因此我爬起来给您写信。

我现读高二（理科班），由于平时成绩不太突出，没有机会高二参加高考。您说您的大儿子从第198升到第一，我不知道你儿子库搏飞付出了多少汗水，但我知道他进步的源头一定在于您的教育。

我还是说说自己吧！我第一次月考164名，第二次级序198名，第三次级序206名，第四次级序296名，看着自己的成绩一次又一次退步，一次又一次落后，我也经常安慰自己。为了奔波辛劳的父母，我永不言弃，永不懈怠。但库叔您知道吗？平时我也很努力，但成绩总是平平，我也经常找失败原因，但时间长了，我便没有了动力。你知道吗？总苛求别人能给自己一点动力，鼓励一下自己，但没有人。

库叔叔，您知道吗，以前的我也是老师眼中的好学生，老师也经常表扬我，帮我找缺点。那时候的我，真是越学越有劲，越学越有动力。

而上了高中，两年了，足足两年了，我的生活真是一塌糊涂，失去了掌声，失去了表扬，失去了美好的一切。特别是第四次月考，我的成绩糟糕透了，我觉得自己还算可以，但考理、化、生、英，我有一种昏昏欲睡的感觉，以致成绩如此，但我也控制自己，没有控制住，还是瞌睡，我找不出原因，我很痛苦。

因此，在再三犹豫下向家里打电话渴望鼓励，但万万没想到，妈妈反倒训了我一顿。后来才知道，她刚与爸爸吵过架，因此我没有说什么，哭着把电话挂了。

在校5个星期，高考用我们教室，我们要返回家。作为一个农村的孩子，现在正值麦收季节，在烈日下，只有农民最苦，当然我忙得也是不可开交，手上都磨出了泡，看着别人，我只好忍着，但不幸的是，爸爸从昨天开始闹得全家泪眼汪汪(与妈妈吵架),本来干一天的农活,回家还要受气,我觉得自己活得太累了,库叔叔,我该怎么办?

我知道你会帮助我,你会给我动力,是吗?一颗脆弱的心真的经不住风吹雨打,但我会让自己坚强起来的。

库叔叔,我真的想让自己转折一下,让自己从100～200名跳出来,跳进前100名。

我有一个小小的要求,您能在百忙之中,抽出一点空,给我回信吗?或许它将是一个人生转折点。我希望自己在一年之后的今天考上重点大学,为了妈妈,也为了自己,共同的大学梦,我会努力的。

由于水平有限,如有错误,望见谅!

你真诚的小读者

丰淑亚

(现名丰淑亚,河南省原阳县第一高级中学高二(2))

2007年6月7日夜

下面,针对学生厌学这个问题,我将曾经用于两个儿子身上的方法公之于众。

我告诉儿子这样去做。

第一,树立学习目标。这目标有总目标、中期目标、短期目标、每日目标。总目标即北京大学或清华大学;中期目标即年度考全年级前50名;短期目标考全班前3名;每日目标即完成若干课外作业。

第二,迈出第一步。就是必须每天完成当天目标。对于一个人来说,制定工作计划容易,确定一个目标也容易,关键是要迈出第一步,要付出行动。这就好比爬一座高山,老想着山那么高,能爬上去吗?如果你迈出了第一步,一步一步去爬,就一定能到达山顶,千万不要考虑能不能上得去。

第三,养成好的习惯。我为儿子归纳了两句话,即:养成一种好习惯,收获好的性格,播下好的性格,收获好的运气。

我对儿子说，养成了好的积极的生活习惯，就能给人生带来好的运气。那么，什么是运气呢？查牛津辞典，那上面写道："运气，即命运赐予的机会"。要知道，当今孩子厌学，或者说，一些孩子之所以走上犯罪的道路，都是始自坏习惯。我告诉儿子，按以下方法去训练，去养成好的习惯。

1. 想法习惯化

首先要弄清什么是习惯。比如我要求儿子从小学5年级起，每日写一篇日记或作文。开始写一两篇，坚持一周都不难，坚持一个月之后，儿子慢慢就自觉去做了，这就叫习惯的养成。

那么，如何使自己做出的决定、树立的目标，在付诸行动上习惯化呢？我告诉儿子，做到想法习惯化，在学习的时候做到：

第一，注意时时发觉目标。发觉什么目标呢？即每一天，在每一节课时，发现一个需要解决的知识点难题。每节课解决一个问题，高中三年就要解决6000多个知识点上的难题，做到了这一点，什么样的大学也能考上啊！

第二，当产生懒惰怕吃苦的情绪时，就要想一想高中毕业名落孙山、外出做苦工、流浪他乡的狼狈模样，想一想10年之后与同学聚会的面子问题。要天天习惯去想。

第三，遇到困难时，时时想象成功时的情景。这一点非常重要，是树立信心、自我激励的一种有效方法。

2. 活动习惯化

我告诉儿子在一天之中，不妨经常给自己设一些"能力之问"，使活动习惯化。我一共为孩子设了10个"能力之问"，每日检验自己：

① 此刻人生中有何让我觉得快乐？

② 此刻人生中有何让我觉得振奋？

③ 此刻人生中有何让我感到骄傲？

④ 此刻人生中有何让我值得感谢？

⑤ 此刻人生中有何让我觉得欣喜？

⑥ 此刻人生中有何值得我拼搏努力？

⑦ 今天我有哪些付出，付出的过程中累不累，是心累还是体力累？

⑧ 今天我学到了什么，解决了哪些难题，掌握了哪些新的知识点，巩固了哪些知识点？

⑨ 今天我喜欢哪一位老师？哪位老师在哪节课讲得好？哪位老师课讲得不好，我怎样补救？

⑩ 哪位同学值得我学习？我今天有哪些后悔的事情？在学习上做到了不后悔吗？今天的付出，对于未来，今天的努力值多少钱？

同样，在儿子学习厌烦的时候，我为自己和孩子写了四副对联：

写给搏飞、稳飞：

为名忙 为利忙 忙里偷闲与老师与父母唠唠嗑放松放松
读书累 人生累 累中求乐向同学向好友取取经妙哉妙哉

为名忙 为利忙 忙里偷闲 听一支乐曲不再累 不再忙 不再忧愁
读书累 生活累 累中求乐 踢一场足球品尝喜 品尝乐 品尝蜜甜

为名忙 为利忙 忙里偷闲 读一读励志书历史书 更上一层楼
读书苦 生活苦 苦中求乐 逛一逛校花园市花园 身心两愉悦

写给我自己：

为名忙 为利忙 忙里偷闲喝杯茶 听支曲儿可解吾愁
人生累 做人累 累中求乐看场戏 读一本书能分我忧

我还为兄弟俩设了6个自我反省，告诉他们每日此时此刻应该怎么做。

① 如果我不改变目前的状态，这种行为或情绪会使我的未来付出何种代价？

② 如果我不改变的话，就要受打工流浪之苦？

③ 如果我不改变的话，将来同学聚会就要丢面子！

④ 如果我改变了当前状态，对自己的未来有何作用？

⑤ 如果我改变了当前状态，对自己带来哪些快乐？

⑥ 如果我改变了当前状态，对我的家人带来哪些好处？

压力是成功之母

要不要给孩子压力呢？大多数人不同意给孩子压力，也不支持孩子 3 岁学习外语、学习文化和跳级，说那样给孩子压力太大，还是让孩子随大流慢慢来，顺其自然发展好了。

2007 年 10 月 5 日，美国的一个越洋电话打到我家。这个家长是成都人，10 年前嫁到美国去的（丈夫是美国人）。今年 35 岁。她有一个 4 岁的儿子。她说，已经把我的《没有不成功的孩子》这本书读了十几遍。她丈夫老是埋怨她管不好孩子，说孩子 4 岁了还分不清楚动物和植物。学习文化知识的进度太慢，丈夫说学习中文非常重要，她在儿子 2 岁时教其学说中国话，说得不错。儿子三岁时，她又让儿子说本地美国话，即英文。现在，丈夫又让她教儿子中文，儿子却不愿意学习。很调皮。因为儿子与小朋友和他爸爸说的都是美国话，看电视也是英文，就象咱们中国人学习英文一样，没有环境气氛，学不好，儿子学不好中文，她就老是被丈夫责备，于是她很苦恼。后悔在儿子三岁时不该放弃学习中文而让其学说美国话，如果坚持一直让儿子说中国话就好了。儿子调皮又不能打，因为美国的法律规定不允许打孩子，孩子必须时刻有人带，只能给孩子讲道理。

美国孩子读书一个班只有 10～20 个孩子，老师对孩子好极了。都是讲道理，没有打骂、罚站、写检讨、罚抄作业 100 遍、请家长到学校来接受训话等等惩罚。

这个家长告诉我们，美国等发达国家，对孩子的教育比我们要重视100倍；教学的模式和教学条件也比我们强100倍。一个3～4岁的孩子，居然要他掌握动物和植物这两个词语的意义，了解这方面的知识，给孩子如此大的压力，太可怕了。咱们中国有0.1%的家长能做到就不错了；而美国的家长都普遍这样做。难怪美国这样发达啊。

关于压力问题。是众多家长和学生以及老师最为关注的话题。

我经常在高考期间，看到全国各媒体都要刊登大量的诸如不准夜晚施工的报道。还看到许多教育专家、心理学家告诫家长的报道，即：不要在孩子走出考场时讨论考试情况，以免影响下一科目的考试。这些善良的做法也许是对的。但是，我在两个儿子2002年和2004年高考时，特别是小儿子库稳飞高考时，其压力堪称古今中外最大压力第一人；虽然给压得生病，但最终还是胜利了。

说起小儿子的高考，至今想起来他还心有余悸呢。其缘由是：

① 2003年4月，我写的《没有不成功的孩子》在全国开始畅销，在270页有一段话："虽然我小儿子目前的学习成绩不好，在全年级排名二三百名。但是，我相信小儿子在明年的高考中，也就是2004年中国首次在6月进行的高考中，一定能考上重点大学，也要考到北京去，说不定还能考上北京大学、清华大学呢。在此，我公布我家住宅电话(0719－8763001)，到2004年火红的六月时节，请大家拨打电话。"

现在回忆起来的确心有余悸，那时的"牛皮"的确是吹大了、吹过头了。试想，库稳飞当时的学习成绩最多也只能考一个不入流的很差的大学专科啊，仅仅一年时间，他能"飞"起来吗？这是要创造神话的啊。

② 我自从上述"牛皮"吹出来之后，我家电话天天就没有断过，大部分是询问库稳飞"飞"起来没有、现在学习成绩排名进步了多少、能不能考上北京大学。特别是在高考的前一天晚上十二点钟，还有全国各地打来电话询问。这一晚上库稳飞几乎都没有睡觉。我也知

道，这其中有人是故意干扰，是怀有恶意的。没有想到，高考第一天询问的人更多，高考进行到第二天的早上，库稳飞果然顶不住了，巨大的压力使他的消化系统失调，凌晨5点钟开始拉肚子，拉了四五次。我6点钟叫开我单位医院的门，为儿子拿了许多药物。

儿子早上没有吃饭，喝了一肚子药水，8点乘公共汽车去参加第3场数学考试。儿子后来告诉我，在考场上，他浑身发麻、发冷，只好趴在桌子上休息了20分钟，监考人员当时还询问他要不要上医院。库稳飞摇头坚持考完数学。走出考场，他估计数学只有70分左右，因为考试期间头脑不清醒，这个分数什么大学也考不上啊。

晌午，儿子只吃了一碗稀饭，一点多钟又去参加物理、化学、生物3科的考试。依然是状态很差。

高考结束的当晚，我家中的电话几乎响个不停。凡是家中有孩子参加过高考、或自己参加过高考的人都知道，在等待考试分数出来和等待录取结果的日子里，全家人可以说是在极其痛苦中度过的。由于我向全国的读者吹下了“牛皮”，现在要面对一个一个询问电话，我一家人的痛苦就可想而知了。我只好对着电话说，分数还没有出来，库稳飞可能要复读。我当时还不敢说库稳飞生病，怕读者说我说谎。于是，也有个别读者就在电话里问家教实验是不是失败了。而我单位里也传出这样的话：“库金会终于把牛皮吹破了，看他怎么向全国的读者交代”。

6月25日，中午12时，湖北卫视说，下午可以用电话来查高考分数了。当时，我一家人对查分不感兴趣，也没有信心。库稳飞已经在复习了，准备复读。我问库稳飞，要不要打电话查分呢？回答是“要”。

于是，我颤抖着拿起话筒，这话筒好似有千斤重，然后拨号……

可是，当头两科分数语文、数学分别报出125、105分时，我一家人激动得几乎跳了起来，以至后两科的分数没有听清楚。于是，又重新拨电话号码，当听到总分572分时，库金会、我一家人都流眼泪了。库稳飞不但达到了一类重点大学561分录取线，还超过了11分……

亲爱的读者，我之所以不厌其烦地把当年库稳飞参加高考的全过程记下来，主要是想告诉未来参加高考的家庭，不要害怕高考压力。其实，只要是一个正常的人，无论怎样去调整，高考压力也不可避免，特别是在那等待公布高考分数和等待录取结果的日子里，一家人犹如在大火上烤啊。我询问了无数的"过来人"，都说有同感。当然，对于高考状元们来说，就会少一些痛苦，但状元们在等待公布高考分数的日子里，一样逃脱不了这等待的痛苦。

那么，怎样减轻高考压力呢？

我的体会是：不进重点大学决不罢休。相信"天生我才必有用"，时刻做好两手准备，以顽强的毅力、奋勇拼搏的精神去战胜压力。

其实，在两个儿子高中期间，我一直是在顶着压力前进。我体会最深的是：我将5首古诗要求俩儿子在小学、中学和大学反复背诵牢记。我自己也在"周游"全国时，每到一个家庭都要背诵这些古诗词给孩子们听，并要求他们也背诵之。我认为，背诵下面5首古诗词，无论是对于大人还是孩子，都能起到修养性情、陶冶情操之作用，同时也是给孩子压力啊。这种压力将能使孩子终生受益啊。我把这5首古诗附录如下：

《劝学诗》

富家不用买良田，书中自有千钟粟。
安居不用架高堂，书中自有黄金屋。
娶妻莫恨无良媒，书中自有颜如玉。
出门莫恨无人随，书中车马多如簇。
男儿欲遂平生志，五经勤向窗前读。

《冬至日寄小侄阿宜诗》

愿尔一祝后，读书日日忙。
一日读十纸，一月读一箱。

朝廷用文治，大开官职场。
愿尔出门去，取官如驱羊。

《游子吟》

慈母手中线，游子身上衣。
临行密密缝，意恐迟迟归。
谁言寸草心，报得三春晖。

《西江月·无故寻愁觅恨》

无故寻愁觅恨，有时似傻如狂。
纵然生得好皮囊，腹内原来草莽。
潦倒不通庶务，愚顽怕读文章。
行为偏僻性乖张，那管世人诽谤。
富贵不知乐业，贫穷难耐凄凉。
可怜辜负好韶光，于国于家无望。
天下无能第一，古今不肖无双。
寄言纨绔与膏粱，莫效此儿形状。

《长歌行》

青青园中葵，朝露待日晞
阳春布德泽，万物生光辉。
常恐秋节至，焜黄华叶衰。
百川归东海，何时复西归。
少壮不努力，老大徒伤悲。

总之，压力是成功之母。人，没有压力，就没有动力。压力能成就你成功，也能使你失败。我衷心祝愿全国的读者，希望压力帮助你走向成功，压力为你的事业创造辉煌。

逼迫幼儿学琴棋书画不可取

现在，提倡一对夫妇只生一个孩子，孩子自然会成为父母的心肝宝贝，父母除在生活上百般照顾外，在智力上也不惜花费精力和资金，希望子女成龙、成凤，成为“神童”。

有的家长，见别人3岁的孩子就会唱歌，心生羡慕，自己也买回一本唱歌书，每天逼着孩子唱歌。还有的家长，希望子女成为少年画家、武术师、舞蹈家、书法家、“神童”，毫不顾及孩子的兴趣爱好以及自身的条件，把自己省吃俭用的钱进行“智力投资”。星期六、星期天本该是孩子休息玩耍的时候，有的父母硬逼着孩子去学习琴、棋、书、画。每天逼迫孩子苦练几个小时。家长的这种培养子女的精神实为感人，但事实并不和他们的愿望成正比。

我在北京一个家庭里帮助过这样一个孩子：孩子名叫刘媚媚，2008年时8岁，在北京崇文门小学读二年级。在家里，爷爷奶奶、姥姥姥爷、爸爸妈妈一切围着孩子转。全家对她的期望很高。刘媚媚从小就聪明伶俐，非常可爱。自打刘媚媚一出生，一家人就开始策划让她学什么，将来长大了做什么。刘媚媚5岁那年，家里就一致决定让她学习弹钢琴。钢琴是一件高雅的乐器，而且刘媚媚天生的条件非常适合弹钢琴：她的手指细长，比一般的孩子明显地长，乐感也非常好。

刘媚媚学了三年的钢琴。老师对她的评价很高，说她很有天赋，培养下去，前途无量。可是刘媚媚却恨透了钢琴。她原本是一个很幸福快乐的孩子，有时候会无缘无故地发脾气、痛哭。甚至有时候想把自己的手剁掉，那样，大人们就再也不能逼她弹钢琴了。

刘媚媚这个孩子学钢琴也许没有错，只是家长的培养方式、方法不对，没有从调动孩子的学习兴趣上下功夫。其实，逼着孩子学钢琴是错误的。因为中国已有几百万孩子在学钢琴，今后怎样找工作呢？正确的培养方案是：引导刘媚媚，培养刘媚媚读书的兴趣，考重点大学。只有重点大学毕业，找工作才容易，才有饭吃。只有解决了温饱，才能谈干事业和发展啊。

总之，如果你懂得了恰当的教育方式，能做到科学地教育子女，给子女在德、智、体等方面的全面发展提供良好的条件，你的孩子才会身心健康，快乐地成长。

为孩子塑造一个好的个性

父母的期望和教育的目标都在于孩子身心健康发展，具备较高的素质。而衡量孩子身心健康和素质的一个主要标志就是个性。个性是指一个人在态度和行为方面比较稳定的、经常起主导作用的心理特征。它贯穿于人的全部生活，尤其影响着人的精神和行为。因而，培养孩子具有积极的心态和良好的个性至关重要。

无数成功人士的例子说明，正面的个性在一个人的生涯中极具重要意义。凭着高贵的个性，优秀的品格，可以使人获得成就，赢得名誉。

贝多芬拉小提琴的时候，技术并不高明。他宁可拉他自己作的曲子，也不肯做技巧上的改善。他的老师说他绝不是个当作曲家的料。可是正是这个贝多芬成为世界上独一无二的“乐圣”。

达尔文当年决定放弃医学时，遭到父亲的斥责：“你放着正经事不干，整天只管打猎，捉狗捉耗子的。”另外，达尔文在自传上透露：“小时候，所有的老师和长辈都认为我资质平庸，缺乏理解力和想像力，我与聪明是沾不上边的。”

富兰克林出身寒微。因为家境贫穷，他只读了两年书便在家帮父亲干活，12岁到印刷厂当学徒，长年一边做工、一边自学。后来他成为文学家、发明家、政治家、外交家和社会活动家。他参与起草了举世闻名的《独立宣言》，美国宪法就是他领导50多位专家制定的。

爱迪生只念了3个月小学，每次考试都是全班倒数第一，而且总爱给老师提些怪问题。老师认为他生性愚钝，又调皮捣蛋，便把他开除了。12岁时，他一边卖报纸、卖糖果，一边搞他的科学试验。他曾多次被供职的公司辞退，因为人家认为他“异想天开”、“存心捣乱”。他完全靠着自学和不断研究实验，走向科学的殿堂，其发明创造高达1100多项。

爱因斯坦4岁才会说话，7岁才会认字。老师给他的评语时：“反应迟钝，不合群，满脑袋不切实际的幻想。”他也曾遭到退学的命运，在申请瑞士联邦技术学院时亦被拒绝。后来，爱因斯坦创造了对现代科学思想具有革命性巨大影响的相对论。他的老师和同学都对此迷惑不解：这个所谓的“笨蛋”怎么会取得如此伟大的成就呢？

爱因斯坦说：“我没有特别的天赋，我只有强烈的好奇心。”“思维世界的发展，在某种意义上就是对惊奇的不断摆脱。”并且，他曾针对人的教育与发展问题，尖锐地指出：“只用专业知识教育人是很不够的。通过专业知识教育，他可以成为一种有用的机器，但是不能成为一个和谐发展的人。要使学生对人生价值有所了解，并且产生热烈的感情，那是最基本的。他必须获得对美和善的辨别力。否则，他连同他的专业知识只能像一条受过很好训练的狗，而不像一个和谐发展的人。”这位20世纪最伟大的科学家，见解真是卓越不凡，70年过去了，至今仍有振聋发聩、指点迷津的作用。

20世纪80年代，美国和日本的有关专家对成千上万成就卓著的人调查研究，也发现了与爱因斯坦成功的奥秘相同的基本因素：自信，主动，喜欢不受束缚的独立思考，具有寻根究底的好奇心和探索精神，乐于求实创新，敢于竞争和冒险。情绪稳定，能控制自己，工作起来专注而快速,能仔细地观察事物、查询问题,能坦率地说出自己的看法,喜欢和别人交流等等。

显然,这些特点都属于心态积极而开放,而不是智力超常、分数拔尖。而且,心态的决定作用还包括了积极心态对智能开发、事业成功有五大促进作用:动力作用、选择作用、交流作用、定型作用和补偿作用。所以,一个人智力上的成就往往依赖于心态的积极和性格的伟大。在教育中,培养心态、塑造性格比灌输满脑子知识、考试能考高分有用得多,也高明得多!

如果家长嫌孩子做事慢,或做不好,嫌他“帮倒忙”,而给予过多的限制,或过多地包办代替,百般照顾,就会使孩子由勤快变懒惰。

小孩子走路蹒跚笨拙,见缝就钻,见高就登,凡是能接触到的物体,他都要用手摸摸、动动、玩玩、甚至用鼻子闻闻,拿到嘴上啃啃、尝尝,这是好奇心、求知欲和探索精神的原始表现。但许多家长却一味地要求孩子“老实巴交”、“规规矩矩”。在家长的眼里似乎只有“老实听话”、稳重、懂事才是好孩子。

孩子的个性品质就是在这些细枝末节的潜移默化中逐渐形成的。特别是对于1～15岁的孩子,培养其有远大抱负,或者说有“野心”,培养读书的兴趣,多读名人传记,崇拜科学家和民族英雄,对塑造其良好的个性起决定性作用。有意识地引导孩子懂礼貌,孝敬长辈,树立吃苦的思想,克服懒惰,过艰苦朴素的生活,不穿名牌衣服,不追星,是塑造其独立,顽强拼搏,吃苦耐劳个性的关键。

个性如何,主要是由于所受的教育和所处的环境不同而形成的。当然,在孩子的个性形成的过程中,其初步的自我意识也会起作用,但其初步的自我意识归根结底仍然是由于所受的教育和所处的环境造成的。所以,人的个性绝非天生,而只能是后天形成的。即使是先天遗传因素完全相同的双胞胎兄弟或姐妹,长大后也会有性格的不同,甚至是很大的区别。

中国科学院曾对一对孪生的女大学生进行了4年的观察:她们的

外貌非常相似，在同一个小学、中学、大学读书，但在个性上却有着明显的差异。“姐姐”比“妹妹”善谈吐，好交际，也比较果断、勇敢和主动。在谈话中回答问题时，总是姐姐开始答，妹妹则只表示肯定或补充回答。姐妹俩在个性上形成的差异，原因之一是她们的祖母从最初就在她们中间认定一个是姐姐，是负责人，总是让她首先执行长辈委派的任务。于是就使姐姐较早地形成了独立、主动、善交际、果断的特点。而妹妹则养成了追随姐姐，倾听姐姐意见的习惯。

人的性格千差万别，比如内向型的性格表现为好静，善于思考，情绪较为稳定；而外向型性格则活泼开朗，能言善辩，容易激动……但这只是粗略的比较，实际上是同中有异，各有长短，是很难分哪种类型优劣，而且也不是“江山易改，本性难移”，一成不变的。对于成年人来说，主要在于自我塑造；而对孩子来说，主要在于教育和环境的影响。然而，话又说回来，“本性难移”这句话自有它的道理，因为性格是一个人对客观现实的稳定态度，和与之相应的自我表现与行为的方式，这种特征已经成为习惯成自然的潜意识，所以改变起来不是轻而易举的事情。这就意味着家庭教育对于一个人的性格形成具有打基础的重要作用。

第五章 我这样管两个儿子

◎ 从美国的高考说起
◎ 俩“笨”儿子跳级
◎ 做“第一个吃螃蟹的人”
◎ “群羊效应”在作怪
◎ 孩子不听话的原因
◎ “一箭七雕”
◎ 知识值千金
◎ 不想当国家主席的孩子不是好孩子
◎ 世上最不听话最贪玩的孩子都在我家
◎ 我和儿子一起玩
◎ 诚信重于泰山
◎ 做个“诡辩家”、“说谎家 ”
◎ “不后悔”是法宝
◎ 为亲人而活着

我培养两个不听话、小学成绩差的儿子跳级，最后考上名牌大学，是不是能证明“所有的孩子都能跳级”这一命题呢？是不是能证明“读书是一件非常快乐又简单的事”呢？中国有句俗话：“富不过三代。”为什么呢？因为绝大多数富人对孩子既宠爱又不懂得怎样管孩子，只图自己享受或忙于工作而不管孩子，都是让孩子顺其自然发展，其后代渐渐变得懒惰怕吃苦、素质低下，沦为败家子，再多的财产也会被子孙败掉。所以有古语说“富不过三代”。

所以，今天提倡素质教育。那么，什么是素质教育呢？即：孩子不但要学习成绩拔尖、非常优秀、有高超的应试技能；还要学会在各种艰苦环境中生存的能力，掌握与各种类型的人打交道的本领；思想品质优秀，尊老爱幼，孝敬父母，品学兼优。

我通过培养两个儿子 20 年经历，以及走访各地 300 多个家庭、接听 8000 多个问题孩子家庭的电话、收到 9000 多封来信和亲自办学校、亲自带学生、每日陪学生 24 小时，我的经验总结就是：没有不能成功的孩子。

从美国的高考说起

许多人对我把所有业余时间都用来爱儿子不理解。其实，大家不知道啊，高考竞争该有多激烈呀！

先说美国。许多美国的朋友给我打越洋电话，说看了我写的《没有不成功的孩子》系列，感触太深（此书在美国每册 20 美元，相当于人民币 135 元）。他们说，孩子要想考上美国的一类重点大学，也是难于上青天，竞争也达到白热化程度。首先，必须使各科学习成绩达 A 级；此外，还必须拿到一个全国性质的什么竞赛奖，如获得数理化或小制作或计算机什么奖；或者担任过学生中的领袖，有领导才能。只有具备了这几条，才能被重点大学录取。而在美国定居的外国人，还卡死了指标，比如亚洲的人，定居在美国参加高考，只分给多少个计划，计划用完，学生成绩再优秀也上不了重点大学。

再说咱中国的。

这里先说一点题外话，读者朋友您知道吗？据《十堰日报》2005年7月15日报道，中国大学的收费，按人均GDP及收入比计算，是全世界最高的。本来日本最高，是8930英镑(每人每年)，相当于人民币110000元。英国第三，6763英镑；美国4800英镑。而中国虽然平均只有5800元人民币。但日本人均GDP是中国的30多倍。一个日本家庭为孩子上大学交一年的学费，按人均GDP计算仅仅相当于中国居民交3550元人民币。可见，中国的老百姓送一个孩子上大学真是不容易啊。

现在言归正传说高考。仅以湖北省为例，1978年，湖北省仅有14000人参加高考(报名的有3万人)，一类重点大学录取的指标计划是3986人。

2008年有533861人报名参加高考(有5000人未参加考试)，能被“211工程”重点大学录取的计划只有30000多人。

30年来，参加高考的人数扩大40倍，重点大学录取指标才扩大8倍。大家想一想，这重点大学的竞争该有多激烈啊。

湖北近10年高考人数增长情况是：23万人/2001年，28.7万人/2002年，33万人/2003年，37.3万人/2004年，46.3万人/2005年，53万人/2008年。而湖北十堰市2005年的初中中考人数由2004年的4.9万猛增到5.4万人；城区中考由1999年的3000人增加到2010年的6000人。

在参加高考的学生中，年龄将越来越小。2005年7月15日，中央电视台“当代教育”栏目播出一则消息：辽宁省一10岁的少年参加2005年高考，以505分考上大学。2008年6月，12岁的张忻炀又考上了北京工业大学的研究生。预计到2015年以后，将出现较多的10

岁左右的儿童参加高考的现象。

各省高考之所以竞争激烈，其原因之一是因为北京和上海的名牌大学招生指标没有向全国公平分配。比如北京市有北京大学招生指标550个(北京总人口0.15亿；参加高考的学生才11万。)；北京大学在湖北的指标只有90多个(湖北总人口0.75亿；参加高考的学生50～60万)，这是造成目前全国高考竞争不公平的主要原因。这也是我为什么要拼命培养、教育儿子成为“一架考试机器”。

亲爱的读者，上述触目惊心的数据，库金会我能不尽心去爱儿子吗?

再从当前中国人口一天比一天膨胀、就业压力一天强似一天、竞争一天比一天残酷这一现实来看：

比如，可口可乐2004年在中国碳酸饮料市场占有率52%。可口可乐1927年进入中国，1948年退出。1979年又重返中国，亏损了12年之后，1992年才实现赢利。而外国的药企进入中国16年了，到目前仍有多家在亏损。但是，他们的企业老总们说，不怕亏损，就当每年拿1亿美元到中国玩儿。试问，中国有多少国有企业、有多少民营企业、有多少个体户能够连续亏损12年或16年? 于是，我对儿子说，假如你们兄弟没有考上重点大学，没有真本领，爸爸即使留给你几百万遗产，假如你做生意开饭店，你要与国内外的名牌企业竞争，你又没有过硬的文化知识，能折腾几年呢?

总之，我爱儿子的目标就是：使儿子千方百计挤进一类重点大学。

俩“笨”儿子跳级

我两个儿子在小学5年级时，学习成绩并不好。但我却让其跳级上了三年制初中。后来被全国许多媒体说成是“神话”

兄弟俩 6 岁和 4 岁时与母亲在一起

说实在的，当时跳级我心中都没有底，权当是实验，“摸着石头过河”，失败了也不怕，无非是让人笑话一场；儿子们也没有什么损失，留一级复读一年不就得了！

库搏飞与库稳飞和母亲(1995 年)

没想到，小儿子在 5 年级学习成绩在班里倒数第 8 名，跳级到初中后，初一初二的学习成绩竟超过了他哥哥！这不能不说是个奇迹！

无论是大儿子还是小儿子，无论是大儿子在高中平时的成绩还是最后的高考成绩，他当年5年级同班的同学无一人超过他（大儿子当年同班同学晚一年于2003年参加高考）。而小儿子呢，他当年5年级的同班同学到2005年才参加高考，只有二人的高考分数达到第一批重点大学录取线，但也比我小儿子的高考成绩低。

我们先来看看库稳飞小学五年级班主任刘策明老师写的一篇文章吧。这一篇文章曾在全国数十家报刊转载过。

成绩平平的学生跳了级

——小学五年级老师谈库稳飞

（作者附言：刘策明老师是我小儿子库稳飞小学5年级班主任。当时库稳飞跳级之前办手续，因刘老师回老家度暑假，刘老师直到开学这天才知道我小儿子上初中去了。）

1998年9月1日下午18时左右，我作为当时六(2)班班主任，在清点新学年开学报到人数时，发现少了一名学生。应到55人，实到54人。尚未报到的这位同学名叫库稳飞，他爸爸是单位的教育科科长，按理应该不会出现这种情况。

这时，正好孔校长和教导主任到我们年级办公室来了。我对孔校长说：“我班只差库稳飞同学未来报到。”

孔校长说：“暑假你回老家休假去了，库稳飞的爸爸拿着市六中陈星厚校长签发的录取通知书找我，取走了他儿子的学籍档案，跳级上三年制初中去了。”

听了孔校长的话，我一时目瞪口呆，半晌说不出话来。简直不可思议，库稳飞竟然可以跳级。他爸单位的十几个孩子如康月宁、齐庆峰、苗士章、付琼、旷宇、王璐、杨春燕、杨满满、万海山等等都是我班学生，哪一个的学习成绩不比库稳飞强？库稳飞都能跳级，我们班岂不是90%的学生都可以跳级？

一晃已是五六年前的事了，但库稳飞跳级事件一直深深地印在我的脑子里。

记得当年库稳飞在全班个子最矮，坐在第一排。学习成绩太一般了，从未考过90分。这样的学习成绩在我班55名同学中只有八九人。平时测试只有六七十分，八十分是最好成绩。在我们学校，学生考试得满分很普通，而考不及格的学生只是凤毛麟角，但库稳飞有时就能给你弄出个不及格来。

库稳飞的爸爸是教育科科长，对"教育"当然是十分重视，几乎天天都要到学校来一趟。可他儿子库稳飞除了作文写得较好之外，学习成绩就是上不去，字也差。这不能不说是个怪现象。通过平时和课堂上对他仔细观察发现：他不笨但也不是高智商型的，智商就与大家一样，普通极了。不过，这小家伙下课玩起来非常活跃，什么样的球类都会玩，滑旱冰也是能手，讲故事也行。

虽然这样，可他的缺点也是有的，比如贪玩、马虎、书写不认真。但不调皮，还一副老实相。在班里从不惹是生非，特别有礼貌。由于个子太小，有时免不了受大个子同学欺负。上课时看他表面上是坐着不动在认真听讲，但经我多次观察考验，发现他是"人在曹营心在汉"，根本没听老师讲课。他的心思在想着别的，一问，多数是答非所问，不过老师布置的作业倒是能完成，但潦草、马虎，很难辨认，错的也不少，明显的应付差事罢了。要说在班里的学生成绩排名，也就是一个中下水平，全班倒数八九名的样子吧。

可就是这样一个学习成绩平平的学生，却不声不响的跳级，提前一年上了三年制初中。这在世界教育史上只怕是一个奇迹，是史无前例的。

后来，我时常记着这个学生。听市六中的老师和我校老师讲，在库稳飞进入初中后，学习成绩却奇迹般地一下子上去了，在初一时就进入上等行列，一直排在全班前十名。

听他爸爸说，库稳飞2004年考上了一类重点大学，目前在中国地大（北京）读大三。

写到这里，补充一句，自从听了库稳飞爸爸的家教成果报告之后，才解开埋在我心中8年之久的——库稳飞跳级之谜。

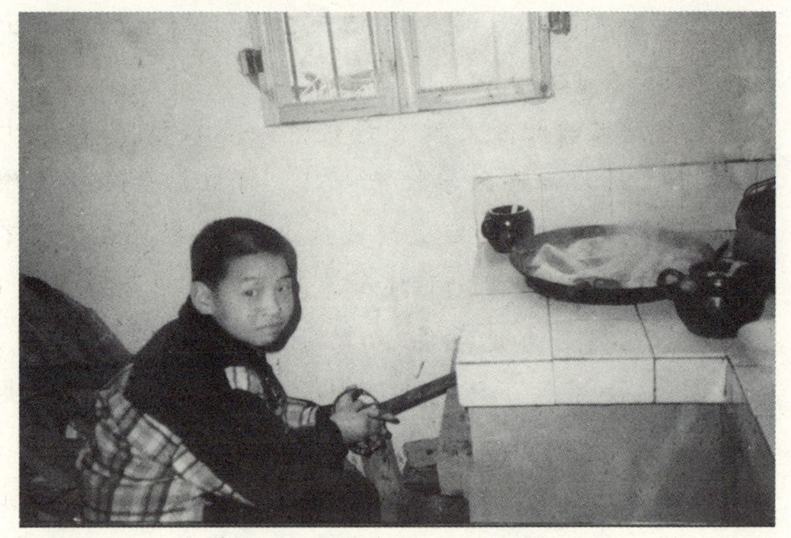

库稳飞在武穴农村奶奶家烧饭

库稳飞跳级的奥秘在哪儿呢？

原来，孩子小时的毛病都是做作业马虎粗心，贪玩。再说，身体还没有发育完全，理解能力有限，而小学的考试题非常难，许多考试题用小学方法去解，连大学教授都困难。要考高分，就必须刻苦，克服马虎的毛病才行。

其实，小学的数学题，如果用初中的方法去解，就跟玩儿似的，非常容易。这是我调查许多初中生得来的经验。

我就思考，小学主要是学语文数学。课程那么少，学生一天10小时老啃那玩意儿，就是考个“双百”又有什么意义呢？这些科目中的难题到了初中都易如反掌，因此，小学阶段就不那么重要了。

库搏飞和库稳飞小时没有上过幼儿园和学前班，不是也跟那些

花大价钱上了高级幼儿园的孩子成绩一样吗？库稳飞成绩差，是因为他贪玩，我没有抓他学习的结果。只强调让多看童话，读四大名著和少年百科全书等之故。语文和数学成绩差，总是60分到70分，从来都考不到90分，最高才80分。但作文写得不错，还发表了不少作文呢。

由于我在思想品质方面对兄弟俩抓得紧，两孩子从没有上过游戏机厅，更没有与坏孩子一起玩过。身上也从未装过钱。过年别人给的压岁钱都按时上交给父母了。

通过观察，小儿子智商并不比他哥差，平时，分吃的东西，兄弟俩一样多，最终的结果呢，往往小儿子还能占哥哥一点便宜，因为他一分到手就吃，吃完了就跟哥哥要，哥哥总是吃亏。可见，兄弟俩智商完全一样，但兄弟俩性格完全不同。大儿子脾气急躁，好动，性格外向，好结交朋友，喜争强好胜。而小儿子与哥哥恰恰相反。

但兄弟俩总的特点都是贪玩，不听话。我教育兄弟俩用的都是同样的方式方法，却一样管用。

1995年，哥哥8岁，弟弟6岁时在家中合影

既然兄弟俩智商都一般、都一样，哥哥跳了级，弟弟为什么不能跳级呢？在结束小学5年级、小儿子放暑假时，我也弄了一套两册6

年级数学给小儿子自学，当年他哥哥花了六天时间。小儿子平时成绩那么差，这两册他一个月学完就不错了。没想到，他只花3天就学完了，其效率是哥哥当年的2倍；不过，正确率低一些。我想，这就奇了，差生自学起来比优生还行。

兄弟俩周末在家做家庭作业

后来也就明白了，作为小学生，作为一个贪玩不认真学习的孩子，小学阶段，有的学生只能是永远得低分。因为他只求弄懂，也提不起兴趣。因而做题标准不高，马马虎虎，似这样的学生，怎么能得高分呢？不考个不及格就算不错了。这样，小儿子一到初中，科目多了，多达9门课，压力就大了，加之他又背了个跳级生的名声，便刻苦多了，学习成绩也就超过了哥哥。可是，由于小儿子的性格与哥哥不一样，不争强好胜，不争第一，故在初中三年虽然一直保持优秀，但没有进过全年级前10名，一直稳定在全年级12至30名。他哥哥就不一样，到初三冲到了全年级前3名。

亲爱的读者，你阅读到这里，是不是认可人人可跳1至4级呢？大家都可让孩子试一试，看小学生是不是在6天内可自学完一年的数学课。只要是正常的孩子都能实现。

当然，试一下又不花费个啥，又不是真跳级。先自学试一试嘛，试了之后打电话告诉我，看我说得对否。

我要是再生个孩子，一定让孩子 3 年完成 6 年小学课程，初中和高中 5 年完成，一共 7～8 年完成 12 年课程。我的学校目前正是这样做的，在我校的小学生人人都跳级。

人人可跳 1～4 级。那么，对于智商很低的呢？同样可以跳级。因为这些弱智者，读 100 个一年级也无用，留级也无用，反正学不到东西，跳级又何妨？总是一个考不上大学的料，留级、跳级，其最后的结果都一样！所以说，人人可以跳级。

这里还有一个秘密不知读者们发现没有，小学学习的英语课，到了初中又从零开始，重新学。

这是为什么呢？因为中国大部分农村没有条件开英语课，即没有教师，为了求得全国统一，只能在初中重新从零开始学。

这样一来，孩子在小学学习英语有意义吗？

有人肯定说有。因为学了总比没学好，基础好嘛，到了初中就容易学一些，成绩就会好一些。

兄弟俩读四年级和二年级时在家中玩耍

我却不以为然。还是以我两个儿子为例，小学6年级未上，不是照样不落后吗？同理，在小学学得再好，在中学不努力，小学的好成绩也是零。相反，如果一个不听话、贪玩的孩子在小学英语扎实，到了初中后，天天炒英语课剩饭，这个孩子有可能还会厌烦呢，反而英语成绩会下降。

所以，我奉劝家长们千万别忘记，家长的责任就是做孩子的思想工作，使他在高中阶段成为一台“考试的机器”。

做“第一个吃螃蟹的人”

想上名校，仅仅下一个决心、发个誓是不行的。只有付诸实际行动，只有一滴汗珠子摔八瓣才能梦想成真！

于是，我做了一个迄今为止，恐怕全球没有一个父亲能做出的“胆大妄为”的决定：

两个儿子高中阶段共5年，家距学校12华里，公共汽车停靠15个站，在这样远距离的情况下，每日利用午休，去一趟学校，并送去一顿可口的饭菜给儿子吃！同时，我还大胆做出决定，让两个儿子走读！

这两个决定，当时可以说是全市没有一家能做到的。如今，全国已有许多人“向库金会学习”，也让孩子走读。但是，每日送饭，每日去学校一至两次的父亲，并且坚持5年整，恐怕在全地球也找不到第二个。我这样下决心，就是要做一个实验，让普通智商的孩子也能上名校！我就是要做“第一个吃螃蟹的人”！

从我家乘公共汽车到十堰一中，晚上11点仅有一班中巴公共汽车，途中还要通过火车站，其他公共汽车和中巴车的终点站都在火车站。十堰一中是建在一座山顶上的，下了公共汽车，要爬坡500米才能到达学校。身体稍差，或体胖者爬坡到学校，很难吃得消。我妻稍胖，每去一次学校，回到家中就一个劲儿喊累。

截止到2004年第2季度我小儿子参加高考，无论风霜雨雪，无论严寒烈日，一日复一日，一年复一年，1700多天，天天如此！

五个春夏秋冬，说说容易，做起来的确是难！说实话，中途我也曾想过打退堂鼓，但一想到实验，下决心要为全中国的家长做一个成功的实验，使家长们明白："没有不成功的孩子，只有不成功的家长！"我便咬牙坚持，坚持，再坚持！

每天，我比孩子还要少睡一个小时，孩子一天在学校呆16个小时，早上6时去学校，晚上回家吃饭时快接近午夜24点了，此时孩子还要锻炼身体30分钟。我和孩子一道吃完晚饭，妻子洗碗，我再陪孩子学习一会儿，已是凌晨了。早上5时我必须起床为儿子准备早餐，中午12点整准时送午餐到学校。大家算算，我一天睡眠多少个钟头？

作者全家福(1991年)

如果我出差，这"千斤"重担就全部压在妻子一个人身上。因此说，培养孩子，没有夫妻的配合也是不行的，必须同时流汗。

兄弟俩在家中合影

我妻子在机关食堂招待所工作,早上 6 时上班,9 时下班,中午 10 时上班,14 时左右下班,下午 16 时上班,21 时左右下班,午夜 24 时做饭全家吃,凌晨二时后就寝。

这就是我一家人苦战高中阶段的作息时间表。试问,世界上有哪件工程需要一家人如此苦战苦熬?恐怕再也找不出比这更难的"工程"了。

因此,我说培养自己的孩子,考名校是世界上最难的"工程",是顶尖级的"高科技工程!"比造原子弹还难啊!

"群羊效应"在作怪

通过对十堰市第一中学几年的调研,我发现一个秘密,即凡是学习成绩拔尖的优等生,特别是进入全年级排名前 10 名的学生,都是走读生。个别"住校生"也是自己花高价几百元租学校附近房子走读,否则别想进入前 10 名。当然,在全国的示范高中里,又另当别论。

为什么走读的孩子学习成绩普遍优于住校生呢？对于这一现象，可能大家没有研究过，不知道其原委。

这种现象，其实不难解释。请家长们回忆一下，你当年读初中住校，或读高中住校，或读大学住校时的情况就清楚了。

8个人，或更多的人住在一个宿舍，每晚熄灯后，总会有人说闲话的。大部分讲的，还是谈情说爱的内容。

如今随着网络、高科技和各种出版物迅速发展、普及，孩子们谈论的话题比家长们当年“前卫”多了。试想，在初中和高中阶段，孩子们正处于青春发育期，谈论这类又很“前卫”的话题，对孩子的影响是可想而知的，有时在关键时刻简直是致命的！

除了谈论情爱方面的话题外，还相互讲一些体验新生活、影视剧和体育赛事之类的时髦话题。此时如果有人说吸毒非常舒服，非常过瘾，有的孩子就有可能想去体验。因为未成年人好奇心非常强，胆子又特别大。

关于吸毒问题，这里有一组数字：

全球有2亿吸毒人员，占总人口的1/30。其中青少年1.9亿，占吸毒人员总数的95%。

假如他有1000万元的家财，如果不把孩子培养好，一旦变坏吸毒，这1000万给他继承，很快就会败光。亲爱的读者，这可不是危言耸听啊。

我们再拿十堰一中为例。该校校风在十堰市是最好的，学校抓校风、校纪非常严格，每日都要公布学生和教师出操情况，还要公布学生宿舍纪律情况，每晚都有值班人员通宵值班。但是，由于十堰市特殊的地理位置，在大山里建市，市一中处在几个单位必经之地的环境之中，无法实行封闭管理，学生很容易偷出校门。这不，虽然保安戒备森严，2002年12月6日，高一年级有7名同学23时之后偷出校门，到一公里外的网吧玩了个通宵。学校查出之后，在玻璃橱窗里出示公告，给这7名同学各记大过处分一次，并取消其住校资格，勒令走读。这种处分可谓严厉！（现在，该校封闭式管理，学生出入严格检查。）

可是，过了不到20天，上一次的处分公告仍张贴在橱窗里没有撕掉，又有高二年级6班同宿舍的8位女生，23时之后偷出校门，到两公里外的电影院玩了个通宵！

为什么学生们不吸取教训呢？为什么一个班、一个宿舍的同学会集体行动呢？这就是"群羊效应"互相影响的结果。

在此披露的仅仅是我所知情的一所省级重点中学的情况。一个校风很好的重点中学是这样，那么，在一般中学里就可想而知了。据说在一般初中、高中学校里，违纪事件五花八门，几乎天天都有花样翻新的违纪事件发生。

《中国青年报》2003年1月15日第5版报道，全国有近4亿未成年人。北京市1979年法院判处的"少年犯"只有118人，到1989年增长了8倍，达1046人，到1999年、2000年、2001年分别为1267人、1379人、1482人。这些"少年犯"大部分都是中学生，经常进入网吧、游戏厅的占很大比例。一个北京市一年就有那么多"少年犯"，全国该有多少啊！还有那些不够判刑的"少年犯"该有多少啊（况且这还是10年前的统计数据）！

孩子们正处于成长阶段，许多东西似懂非懂，可塑性极强，是人生中最危险的阶段，好的东西难以接受，坏的毛病一沾就上。

在一个宿舍，在一个班，总有个把控制不住自己而贪玩、又不爱学习的学生，久而久之，就会影响到其他同学。特别是有的单亲家庭或家长不管的孩子，由贪玩到打架、偷盗、抽烟喝酒、耍流氓，什么事都干得出来。一个学校如果有几个这样的学生，就能带坏一大片。亲爱的家长们，你让孩子住校能不受到坏习惯的影响吗？比如一桶酒和一桶污水。将一升酒放入污水，仍然是一桶污水，如果将一升污水放入酒里，那一桶酒也就变成了污水啊！就成两桶污水了。

当然，也有极少数、极个别"拒腐防变"能力特强的孩子，能够抵制各种坏习惯的诱惑，成为“抗癌明星”。这毕竟是个别现象，是教育领域里自觉学习典型中的“一朵奇葩”。

从这里可以看出，家庭教育无论是对自己的子女，还是对我们国家，都能产生巨大的社会效益和个人利益。全国的“少年犯”已呈逐年增长之势，如果任其蔓延，不但毁坏更多幸福的家庭，毁掉更多青少年的美好前程，毁坏许许多多少年的身体健康，同时，也在损坏我们国家利益、危害社会稳定、影响奔小康的速度。

亲爱的家长们，快伸出你的援助之手呀，援助你自己的孩子，拯救你自己的孩子，请少抽一包烟、少喝一壶酒、少唱一支曲、少跳一场舞，把精力用在教育孩子、培养孩子身上吧，使你的孩子健康成长，成为国家的栋梁之才！

孩子不听话的原因

我发现一个有趣的普遍现象，几个家长凑在一起，只要是聊起孩子这个话题，就会滔滔不绝，共同的感慨是“孩子不听话”了，进入初中后什么都听不进去。家长尚未开口，孩子就叫“闭嘴”！根本听不得家长“用心读书”之类的说教。有人经常夸我的孩子听话，其实，每家都有一本“难念的经”。我的孩子也是孩子呀，只要是孩子，能两样吗？也有一个由“不听话”到“听话”的过程。

记得有一家日报在上个世纪 80 年代曾刊载过一个故事，题为“儿子眼中的父亲”，故事说：

5 岁：“爸爸真了不起，什么都懂！”

9 岁：“好像有时爸爸说的也不对……”

15 岁：“爸爸说的几乎完全错……”

20 岁：“爸爸有点落伍了，他的理论和时代格格不入。”

25 岁："老头子一无所知，陈腐不堪。"

35 岁："如果老爸当年像我这样老练，他今天肯定是个千万富翁了……"

45 岁："我不知道是否该和'老头子'商量商量，也许他能帮我出出主意……"

55 岁："真可惜，爸爸去世了。当年他的许多看法相当高明！"

60 岁："可怜的老爸！您老简直是一位无所不知的上帝！遗憾的是一切都晚了！"

这个故事把一个人的生理状态、成长过程描述得非常形象逼真。我如今也时常想起父亲过去的一些作为，当时认为是错误的，今天看来父亲当年的确无比正确。

为什么说孩子自 9 岁左右才开始变得不听话了呢？上面讲了，这与人的成长过程、生理状态密切相关。就在 2003 年 2 月，中央电视台第 10 套"教育科技"频道还专门以"青春期与更年期对话"为题做了一期节目，节目的主题便是回答家长"为什么孩子到了 9 岁以上就开始不听话"这个问题，而这个时候有的家长女性到了近 50 岁，父亲到了近 60 岁。这两代人年龄都是"危险期"，一个是孩子，特别是女孩，开始进入青春期，由此一直到 25 岁都是青春期，而母亲则进入更年期，一直到 60 岁左右。青春期和更年期的共同特点是：烦躁不安，爱发无名火、肝火旺盛。父子(女)在一起，母子(女)在一起能有好话吗？这就是 9 岁左右孩子变得越来越不听话的又一秘密。如今又叫什么"代沟"现象。

家长知道了这个"秘密"，就要注意克制自己。对孩子"宽容"待之，好言抚之。我的孩子时常莫名其妙地不理我，有时喊他吃饭，他突然来那么一句："不吃。"你再喊他，他就大喊一声，并拍桌子："闭嘴！"

我几乎每月能领教一至两次这种"待遇"。此时我就立刻"闭

嘴”，过一两个钟头再寻“由头”与之交谈，或让他妈再做他平时最爱吃的饭菜端到孩子面前。此时千万不能产生冲突，否则后果不堪设想！

许多家庭的孩子离家出走或自杀都是这种原因。要知道，此时孩子的心情非常难过，难过到了极点，青春期最折磨人。有时早上喊他起来上学，他也对我发火，并突然冒出一句：“我不想读书了！你滚！我不上学！”

此时我就让其继续睡，并及时向班主任打电话为其请假。等他睡够了，情绪稳定了，再端上好饭菜；然后告诉他已为之请了假，可以在家自学。

孩子只得感激地看着我，惭愧地说：“对不起爸爸，我也不知道今天怎么了。”可是过不了几天，他又忘了，旧“病”复发。

这都是青春期在作怪，怪不得孩子。这就是为什么有的孩子学习成绩一会儿好，一会儿差，一会儿第一名，一会降到一百多名的关键所在！

为什么进入初中后，9岁以上的孩子普遍不听话呢？这一现象所有家长都深有感受，有的竟感受到“咬牙切齿”的地步。这一普遍现象如何去对待呢？

这是一个顽症，是亿万孩子的通病。其实这种现象一点也不难理解，家长们都是过来人，都经历过9岁这样的年龄。当年，你是否也是从那时变得开始自信起来？认为自己长大了，是大人了，比老爸有知识，不用家长管了，要独立了？这就是答案。当然，有的孩子到11岁左右才有这种特点。

如今的孩子还不像我们当年，如今是“信息爆炸”的时代，孩子更容易自信。认为自己的知识才华已超越父母，更比爷爷奶奶那一代强。用时髦的话讲就是“代沟”，家长当然就只有“闭嘴”的份儿了。

发展到了“代沟”这一步，父母子女之间出现了“情感危机”，怎么办呢？我回忆当年做政工干部时常讲的一句话“以情感人”。这是新时期党的思想政治工作的创新形式，我就把这一方式应用到“家教”方面来。

其实，“以情感人”，作为做人的思想工作方式之一，并不是现代和当代才有的，古时的“负荆请罪”，“捉放曹”，“曹操割发代首”等广为流传的传奇故事，都是“以情感人”的范本。俗话道，“伸手不打笑脸人”，当你伸出手要打那个人时，他对你微笑，打不还手，骂不还口，你还打他吗？

试想，人是有感情的高级动物，人有思想，有思想就产生感情。现在媒体经常刊登一些冷血动物式的杀人“恶魔”，在作案时，手段是那么狠毒，看不出一点人性。特别是一些职业杀手，更是杀人如麻，毫无“情面”可言。

可是，这些“恶魔”们同样也有情感的一面。从各媒体披露的案件看，一般他们对父母还是有感情的，有的甚至还是“孝子贤孙”呢。对情人就更有感情，对妻子孩子有的也有感情，有的甚至就是为了妻子、儿女的前途才冒险去杀人劫财、变得凶神恶煞起来，成了千夫所指的恶魔。因此，我相信，孩子们不是“恶魔”，或者说在孩子未变成“恶魔”之前，只要真诚地去对待孩子，孩子一定会理解父母的。

现在的孩子的确也辛苦。每日在校十几个小时，不仅要聚精会神地听老师讲课，还要开动脑筋写作业，还要应付一天几次、几天一次紧张的各种考试。此时的家长就是天天把嘴巴讲得流血，成天翻来覆去地要求孩子“用心读书”，“将来考名牌大学”，孩子怎么不叫你“闭嘴”呢？这就是亿万家长总认为孩子不听话、不理解父母良苦用心的真正原因。

在对待这个问题上，我的家教方法就是用“身教”代替“言教”。这也是向古人学。古人云“身教重于言教”嘛。那么，如何去“身教”呢？

“一箭七雕”

在上文里写到，我遵循“身教”代替“言教”、“活学活用”、“身教重于言教”的古训，收到了“立竿见影”的奇效。

有一个怪现象，所有的孩子都不乐意“老爸老妈”到他们学校去，更不愿意“老爸老妈”会见老师和与同学见面。

为什么呢？我分析有三点原因：

一是自己学习不认真，怕老师在老爸老妈面前告状；二是认为老爸老妈生得“土气”，怕见了同学丢“面子”；三是认为自己是中学生了，是大人了，老让老爸老妈往学校跑，好像自己犯了什么错儿似的，也认为是丢“面子”的。所以，学生们普遍不赞成家长老跑学校，当然个别优生学习成绩好，经常上光荣榜，也没有什么隐私怕家长知道，更不怕老师在老爸老妈面前告黑状。相反，老爸老妈见了老师，可能还会听到老师的表扬，这类学生并不怕家长去学校见老师。

对这一怪现象，还会有其他原因，咱不去深究它。但是，要想培养、教育好孩子，家长就必须经常去学校，不说天天去，半月或一周去一次不算多。开始，我的孩子也反对我老跑学校，甚至很反感，但他没有办法制止。而我呢？就创造条件，使他欢迎老爸经常去学校才行。

于是，我就“投其所好”。我知道两个儿子都只喜欢吃炒菜，不喜欢吃水煮菜或炖菜，并且还只喜欢吃炒鸡肉、炒牛肉、炒瘦肉、炒土豆丝和油煎鸡蛋等。并且要炒得辣辣的，鱼肉和鸡鸭猪牛的内脏一点也不吃。而学校食堂不会有这么好的菜，即使有，也没有家中小锅菜的味道好。学校的大锅菜炒得再好，也有水煮菜的味道，孩子一点也不爱吃。这些看起来是一件坏事，因为孩子挑食总是不好的吧。

可是，按照哲学的观点，这件“坏事”帮了我的大忙，变成了一件“极好的好事”。因为儿子们非常欢迎我每天给他们送饭！

我把饭送到教室，可谓“一箭七雕”：

“第一雕”：它解决了孩子不乐意家长经常去学校的“重大难题”。监督孩子在这午休的一个小时内好好复习做作业，监视他、监控他不能去网吧或与女同学谈情说爱。

“第二雕”：我每天中午到孩子的教室里去，就可以见缝插针，“审时度势”适时对孩子进行一次“说教”，并观察他是如何利用中午这段宝贵空余时间的。

“第三雕”：孩子吃了可口、又卫生的饭菜，使之体格健壮，精力旺盛，就有体力去拼时间熬夜了。要知道，身体素质不好，对学习的影响也是致命的。再说，如今小摊贩不卫生的食品多了，据媒体揭露说，许多小吃摊用地沟油来炒菜。如果孩子吃了这种菜，会不会致癌不好说，感染上甲肝乙肝病毒也够麻烦的。

“第四雕”：孩子可以免去排队打水、打饭、洗碗和乘车回家吃饭所占用的时间，每天至少可节省 30 分钟用来学习。大家算一算，每天 30 分钟，三年至少可节省 1500 个小时，相当于大半个学期的学习时间。

“第五雕”：孩子吃饭，我可以询问他的学习有什么困难，也可拉拉家常，增进父子感情。

“第六雕”：在孩子吃饭时，我可以翻阅儿子班里其他同学考卷或作业情况，对比孩子的学习情况，再看看全班的教室布置，同学之间的学习氛围。还可到其他班去转一转，对比对比，做到心中有数，也能更真实地掌握孩子的学习情况。这样做，应该说比班主任更了解自己的孩子。从而有的放矢地配合老师的教学进度对孩子实施培养教育。

“第七雕”：我隆冬一身雪，夏秋一身汗，提着饭盒送到孩子面前，这就是最有说服力的“身教”。我叫它“每日感动法”。孩子能不用心读书吗？父母的爱，一定能化为动力，用爱心推动孩子的学习。它就是我的“家教”的精髓！是我的儿子战无不胜的“法宝”！

为了不让孩子饿着，有精力上晚自习，我每天中午带去一些从超市买的苹果、橘子、饼干，干脆面、泡面、牛肉干、香肠之类的水果和干粮，还有家里烧的白开水(夏天两大瓶，冬天一小瓶)供孩子吃喝。自孩子们上学以来，别的同学都买饮料解渴，我两个孩子从未自己买水解渴，天天喝着自家烧的白开水。

知识值千金

《增广贤文》中有这样的训词：“钱财如粪土，仁义值千金。”

时代在发展，社会在进步。我将这千古训词改为“钱财如粪土，知识值千金。”金银珠宝有价，知识无价。

君不见，袁隆平院士的杂交水稻，这一科技创新知识，不要说值“千金”，岂止是用金钱能买得来的？还有“两弹元勋”邓稼先，更是“千金难买”的人才！钱学森在归国之前，美国将他与五个师的兵力比喻。试想，金钱在这些科学家面前，岂不是“粪土一堆”吗？

基于这种理解，我虽然是单位里公认的“抠门鬼”，但在“家教”方面是舍得财力投入的。我和儿子们每日乘公共汽车，至少 8 至 10 元钱，这个钱在全市只有我一家“花得冤枉”，因为其他离学校稍远一点的，都让孩子住校。

特别是我每日去学校一至两次，乘公共汽车的花费最“冤”。两个孩子如果中午在学校食堂就餐，兄弟俩只需 4 至 5 元足矣！我妻子每天在食堂吃免费餐，我一个人中午凑合个两三元足矣！

这就是说，本来我一家人午餐只需花七八块钱就能解决，我却要花 30 多元炒两三个菜送到学校给孩子们吃。

所以有人想不通，有的甚至说我一家人精神有毛病，孩子住校一天只吃三餐，两人花个 15 元左右就够了。可我的孩子一天吃四餐。两人平均每天花 40 元以上，与别人家相比，我两个孩子一年至少多花费 7000 多元。这可是两个农民工或一个大中专毕业生一年的薪金收入啊！因为在十堰市普通打工者如商店营业员、保姆、医院保洁员、餐饮服务人员等，每月工资只有 1000 元左右。

我认为自己这些投入非常合算。无论办什么事，都必须舍得投入才行。开工厂、办公司，要投放金钱和精力以及“知本”，炒股票炒房子同样要投入金钱和精力。当国家公务员也要投入“知本”和精力，不然怎样去做一个好官呢？

这里讲的“知本”即知识，是当代最时髦用语，也不妨借来一用。那么，培养、教育子女，更少不了投入金钱、精力和“知本”。

其实，培养孩子是在做一笔大买卖啊。其投入、产出可以说是一本万利。2007 年香港几所大学在大陆招生，全国有 5000 名达到北大、清华录取线的同学却报名参加了香港大学的招生面试。而上香港的大学需要 50 多万块钱啊；并且只有 250 个指标呢，竞争非常激烈。

亲爱的读者，假如您的孩子考上了中国的重点大学，不就等于赚到了 50 多万块钱吗？这还是直接的经济效益，那间接的经济效益就无法估量了，也许是几千万元乃至多少个亿呢。

诚然，培养、教育孩子需要金钱等投入，那么，是否没有钱就培养不出人才呢？

答案是否定的。因为不符合哲学原则。事物是一分为二的，我在本书讲的都是普遍现象，并不代表个案。如我的家乡湖北省武穴市刘元村新屋下垸，我妻子的邻居刘中炳同志，“文革”时是地主成分，如今改成了“社员”成分。他们夫妻都是文盲。但“地主”成分的父亲读了不少古书，文化基础好，父亲一直用心培养其孙子刘怀晋读书。只可惜家中经济太困难，只能解决温饱问题；目前仍然只维持在温饱线上。小怀晋在爷爷的精心培养和鼓励下，1994 年以优异成绩被选拔到县城——省级重点中学武穴中学读初中。在初中期间，拿到两块全国奥赛金牌奖。为此，黄冈市奖励武穴中学一辆小轿车。1997 年中考之后，黄冈中学给小怀晋发来了录取通知书，武穴中学以免除全部学杂费和资助部分伙食费以及赠送每半月回家一次往返路费的优越条件，留住了怀晋同学。2000 年高考，刘怀晋同学以优异的成绩跨进了清华大学校门。在大学 8 年多，没有花家里一分钱，所有开销都来自奖学金。2008 年 6 月，提前博士毕业被多家科研单位高薪争抢。

上述事例充分证明，当代极少数“听话型”的穷孩子，逆境同样能成才。住校也不用担心受“坏孩子”影响，更不用投入更多的金钱，也不需父母投入更多的精力呵护、培养。

不想当国家主席的孩子不是好孩子

为了培养两个孩子，近 16 年来、特别是近 7 年来，我几乎耗尽了全部业余时间和精力。

有人问我为了什么；有人说我的努力值；有人说不值；特别是在大儿子刚跳级那会儿，人们一度认为我一家人精神不正常，说我狂妄自大。总之，说什么的都有。

后来，随着中考和高考的成功，风波平息了；相反，“向库金会学习”、找我“取经”的人却多起来了。由中国科学院主办的《科学时报》于 2004 年 9 月 24 日以一个版的篇幅讨论“库金会现象”，讨论我为孩子活得太累，讨论到底值不值。

这使我想起在部队当兵时，我的连长尹国保在大会上大声讲：“不想当将军的士兵不是好士兵！”

在培养孩子这个问题上，我大胆提出："不想当国家主席的孩子不是好孩子！"

诚然，人人当将军不可能，但你只要朝这个方向去努力，即使当不成将军，当个营长、当个连长、当个好士兵总可以吧！

同理，大家都当国家主席更不可能。今后，你只要朝国家主席这个目标去努力，即使当不了国家主席，当个科学家、当个政府的好公务员、当个守法个体经营者、当个好公民，总可以吧！

如果全国的家长都把培养孩子的目标定位在国家主席上，全国的孩子就不会犯大错，起码不会成为"少年犯"。社会和谐程度、整体文化素质，都会有较大提高。即使当不成国家主席，但大家都应该是一个好孩子、好公民。

假如孩子什么大学也没考上、毕业回家待业，是什么心情？即使你有"万贯家财"，即使你高官厚禄，你心里也不会踏实。

假如孩子变坏了，或变得不很坏、但养成了懒散的毛病，家长即使给他留下几百万、几千万家财，即使不被别人骗去，也可能会吃喝嫖赌败光，甚至走上犯罪的道路。

假如孩子没有考上名牌大学，但上了一个末流大学，自己再不争气，毕业后找了一份月薪七八百元的工作，甚至找不到工作，薪金不够一个人消费，家庭又没有钱给孩子补贴，孩子怎么生活下去？今后结婚、买房、生子怎么办？

假如孩子什么大学也没有考上，高中毕业几年之后，清醒过来了、后悔了，但已迟了。因为基础太差，年龄也大了，复读也来不及，复读也白读。

假如家长非常有钱，开了一家公司，儿子也算争气，很体面地从一所三流大学毕业，在家里接父亲的班，当上了小老板。在经营中天天与工商、税务、公安、卫生诸部门周旋，弄得头昏脑胀的。这个孩子的一生，仅能维持一个私营小老板的位置而已。与国家公务员的身份就不相干了，即一辈子难以当上官儿。

可是，假如孩子在清华大学博士毕业后，再到国外名校去深造。有朝一日回国，你还会为孩子的工作问题担心吗？说不定将来会成为宇宙飞船专家、导弹专家、火箭专家、地质专家、潜艇专家、中科院院士，甚至未来的国家主席、国务院总理就非他莫属呢。

通过上述“算账式”的对比方式梳理，家长们应该知道如何去选择了吧？

实际上，我还有一个想法：“文革”耽误了我们这一代，要不是由于“文革”废除了“应试教育”，我们的国家将发展得更快、建设得更好，我们这一代“文革”人中定会涌现出更多的科学巨匠！

我以毕生精力培养儿子，既有传统的“望子成龙”思想的支配，也有通过孩子实现自己梦想的心愿，还有尽心尽力为国培养人才、报效国家的“雄心壮志”，更想让孩子有一个美好的前程，以免除父母的后顾之忧。

当然，毕竟不是全部家长都愿意在孩子身上“舍得投入”；有的家长，虽然“舍得投入”，但不一定方法对头；有的可能还无原则地对孩子施以溺爱。

我在十堰市许多校门口看到，每日中午或下午放学时，总有那么几辆小轿车等在校门口接孩子。要知道，在培养子女方面，光投入财力是不够的，投入不当其效果还会适得其反。

千万别忘记，舍得投入，主要是投入父母的真情，投入严父慈母的爱，投入父母辛勤的汗水，真诚地对待孩子，精心呵护孩子。否则，投入的金钱都要打水漂！

君不见，全国各重点高中，每年都要招收一批高价自费生，家长们为此投入好多亿元；但这些自费生高考时成功者却极少极少，几乎全都名落孙山。

君不见，一些拾荒者，哪一天不在各学校拾走几篓高级饮料瓶？父母们为孩子辛勤劳作、勤俭节约，子女们却一“喝”了之，嫌弃学校的白开水不好喝。真是可怜天下父母心啊！

总之，培养、教育子女，既要舍得投入，更要目光远大，目标要高。这里不妨再重复前面讲过的一句话：你孩子即使当不了国家主席，当个好公民总可以吧。

世上最不听话最贪玩的孩子都在我家

前面讲了这许多。那么，我的孩子到底怎么个不听话、怎么贪玩的呢？

先说我大儿子。在进入高三暑假期间，应该说冲刺高三对付高考，时间紧迫，分秒必争，时间比黄金还贵。

可他呢，为了找同学玩，他撒谎说要锻炼身体、早上要跑步。搞了一段时间，每日早上大好的光阴被“锻炼身体”浪费 2 个小时。

后来发现不对，我远远跟踪在后，发现他原来是约了一帮同学在那儿玩呢。

再说小儿子。在他读高二的时候，全国的家长来电、来信都把他当成模范，一些学生给他写信称他为榜样。当时他看了这些信后，有压力，但仍改不了爱玩的毛病，仍玩字当头。

玩到了什么程度呢？十堰市照相馆的退休干部马兆华大妈同意我两个儿子中午和下午放学到她家免费学习一会儿。小儿子当年每天中午在马奶奶家自 12:30 自学到 14:20。下午自 17:30 自学到 18:30。我每天中午从 6 公里外给小儿子送饭，他在教室里 12:10 分开始吃，12:25 分吃完。

此时，我不能走，必须跟着他并看着他进入马大妈家才行；否则，他有时就会去踢一中午的足球，根本不去自学。

而下午 17:30 至 18:30 这个时间段怎么办？我就打电话到马大妈家，以此来监控他。

读者们说说看，我两个儿子是不是天底下最贪玩最不听话的孩子？我这样的两个儿子都能考上重点名牌大学，还能被美国的4所名校争抢着提供全额奖学金供他读博士，还有谁家的孩子不能考上名牌大学呢？

现在，全国的读者经常打电话到我家，赞扬我的顽强毅力和持久的决心、信心。因为他们不知道，我的儿子是天底下最不听话、最贪玩的孩子啊！没有这种耐力和毅力是战胜不了儿子的。

儿子不听话，比如让他理短发，自进入高中后，没有一次听我的。每次去理发，只理一点点，我的说教未成功一次。不过，这与学习关系不大，我也就不太计较。

有时还表现在叫儿子吃饭、叫儿子起床上，他突然大喊一声："你滚！我不起床，我不吃饭，我不读书了！"这样的情景是家常便饭，我每月都要领教一两次。

儿子贪玩、不听话，我并不怪儿子，因为在儿童中，毕竟贪玩不听话者占90%以上，是正常现象。不然，为什么只有极少数才能进入重点大学呢？

这极少数自觉型、听话型的孩子进入名牌大学毕业之后，如果他与那些父母用家教培养出来的不自觉型、不听话型的同一个学校毕业，走出社会之后，听话型的就不一定能竞争过不听话型的。

所以，我给自己下了死命令，一定要将儿子送进一类重点名牌大学。我采取的那些特殊教子方法、或者说创造的奇异教子方法就不足为怪了。

我在培养两个儿子过程中，通过对儿子两个不同年级20年的研究，以及到全市各学校调查分析，发现有90%以上的孩子是不自觉、不听话型的，需要家长下狠劲去培育才能成才。

事实上，目前全国所有家庭中，真正懂得如何培养孩子、搞好家教的并不多。一般都是等到孩子高考、中考失败之后才明白一点点家教的重要，也知道一些方法，但此时已经晚了。一般每户只有一个孩子，补救也来不及。而农村一般都有两三个孩子，但农村教学环境相对差一些，农民们都忙于打工种田，挣钱盖房、养家糊口，也没功夫去管孩子。

我接到农村不少辍学少年的电话，都是呐喊要读书的。所以说，当前凡考上一类重点名牌大学的孩子，绝大多数是自觉型、听话型的孩子。难怪有的家长说，他们的孩子考上清华、北大、北航、北外、地大、人大、武大，他们根本就没有管过孩子，都是顺其自然。

也难怪有些高考“状元”们在介绍经验中，都千篇一律讲的是学习方法，如何考试调整好心态，根本就很少见有人介绍是家长督促培养出来的。这里有两组典型的例子可以证明。

2008 年 7 月 29 日，中国教育电视台播出两条新闻。一是说北京有个宏志班，招的都是中考最优秀的穷学生，高考几乎 100％都上了一类重点大学录取线。

北京还有一个春蕾班，是面向全国 15 省招的穷女生。只要穷就可进此班。一类大学上线率仅 10％。

这两个班都是穷孩子，都免费读书。由于前者招的都是自觉型的孩子(成绩特优秀)，而后者是见穷即收，肯定 90％的学生是不自觉型的，也就考不上名牌大学。这个结局是最能说明问题的，因为他们的智商绝对是一样的嘛！

从上述事例，可以得出如下结论：学习成绩好的，中考、高考“状元”并不一定是智商最高的，无非就是学习比较自觉和刻苦罢了；而那些学习成绩差的、贪玩不听话的孩子，智商不一定就低，说不定还是高智商的天才呢。

在一个学校，学习成绩前 50 名的学生；在一个班，学习成绩前 10 名的学生，他们的智商也许比后 50 名、后 10 名还逊色一些。

因为所谓不听话、贪玩的孩子，必须具备足够的智商，最起码是正常智商者。

俗话说：“艺高人胆大”，智商不高的人，他敢去玩吗？他能玩出名堂吗？他敢跟父母、老师作对顶撞吗？他敢逃学吗？

还有一个看得见摸得着的实例，即我的大弟弟库锡树。他一贯自觉学习、听话，在每餐只吃二两米饭，长年不见一丝油花、不吃菜的情况下，中考成绩为全乡状元；高考成绩为全市第二名；到国防科技大学去复考，考了个全校“状元”，数理化为满分。

当时我在部队就想，认为弟弟除了争气外，他一定是个天才。试想，全国的佼佼者该有多少啊！考入国防科大的天才一定不少，弟弟能考第一，于是我认为，弟弟至少是一个天才，甚至是超天才。今后一定会研究出许多科技成果，或者当个大官。

可实事呢？在读本科四年里，弟弟很优秀，学习成绩一直名列前茅。记得 1985 年，当时保送免试留校读研是新鲜事，指标也少得可怜，一个系就那么两三人，我弟弟又被选中。

此时我又浮想联翩，认为弟弟今后一定能在计算机这个最新的高科技领域研究出顶尖的高科技工程，一定会名扬天下、成为天才科学家。

可是，20 年过去了，弟弟仅普通教授一个。是一个系的领导，大校(正师级)军衔，没有当上将军，科研成果也只拿了一次全军科技成果一等奖，没搞出大名堂。而他当年的本系同学、或高中时的同学，虽然当年高考成绩没有他好，但有不少当了大老板，有的身价几个亿；有的军衔到了将军级。

现在我明白了，弟弟当年之所以读书那么优秀，无非是自觉、刻苦、用功罢了，其智商也就一般般了，与大家一样，在正常范围内。

凡用功读书、自觉型的人，出社会之后，在工作岗位上就不一定得心应手，后来的前程有多方面因素，就并非一味靠自觉刻苦了。而那些自觉性稍差一点、玩心大一点的孩子，一旦长大成人、毕业进入社会、明白了身上的担子、社会的压力之后，此时奋起直追，其爆发力是惊人的；这些“调皮者”本来智商正常，当年考不到“状元”，现在懂事了，拼起命来了，当年那些自觉型不贪玩的孩子就只能望其项背了，有“江郎才尽”之势。这就是我弟弟之所以到如今没有当上将军的缘由。

不过，我弟弟当年如果不发奋读书，如今的状况将可能很糟，肯定是个普通的农民或个体户，哪有现在做“人上人”的感觉。我本人也是如此，当年如果不刻苦自学，发疯似地自学，如今的境况也会很糟，普通的穷工人一个，哪能著书立说当作家、“扬名天下”呢？

总之，摆这么多的实例，无非是想告诉全国的家长和同学们一个道理，即大家的智商都是一样的，一百个里面没有几个是弱智，都有拿冠军、考状元的实力。

大家千万不要去羡慕那些“状元”，有闲心情去羡慕“状元”，还不如去管教自己的孩子。把你的孩子打造成“一部考试的机器”就成功了。“临渊羡鱼不如退而结网”讲的就是这个道理。

再者，孩子调皮、贪玩、不听话，看起来是坏事，实际上是好事。这类孩子，只要家教到位了、送孩子上名牌大学，毕业之后，他的前途一定会超过那些听话型、自觉型的孩子。关键是家教要到位，平安度过 12 年难关，只要把孩子“扶上马、送一程”，进入一类重点名牌大学就行了，人生的第一步就算成功了。

我和儿子一起玩

爱玩，是孩子的天性。实际上，也是人的本性。即使成年人，也爱玩嘛。街面的麻将馆，“斗地主”扑克乐、舞厅、歌厅、保龄球馆、乒乓球馆、棋院、休闲院、网球场、高尔夫球场等等，都是为成年人“玩儿”而设的。

那么，孩子们爱玩就更不用奇怪了！

我的方法是，一面千方百计要将孩子打造成一架适应考试的机器；一面想办法与孩子一起玩，有限制地玩。使其贪玩的兴趣爱好全部转移到学习上来。

我对待两个孩子比较严格。自孩子出生之日起，就不让他单独一人在外玩。我为什么要把孩子管这么严呢？有人可能担心我这样管孩子会使其呆笨，到底笨不笨呢？呆不呆呢？

我比较关注社会现实，天天还关注各媒体的社会新闻报道。我发现，整个社会、包括幼儿园，就是一个“黑色大染缸”。

在幼儿园里，一些家教不严、不负责任的爸爸、妈妈、爷爷、奶奶和姥爷，溺爱、奢侈、骄纵孩子，容易使孩子品德变坏，有的还会使孩子患上自闭症和多动症（即有精神障碍）。

在小学和中学的校园里，学校周边店铺、舞厅、歌厅、游艺厅、网吧、个体书店、影院、洗头房等，到处充斥着色情凶杀、暴力、蒙骗、花天酒地等乌烟瘴气的东西。

一些小学生、初中生口袋里装的不是外国黄色漫画书，就是暴力凶杀连环画或言情小说等。自觉学习型和不贪玩的孩子可以抵御这些不健康东西的侵蚀；但绝大多数孩子是抵御不了这些感官诱惑、刺激的。因此，我把它称为“黑色大染缸”。

我还把孩子比喻成一匹雪白雪白的绸布。孩子天天进入“黑色大染缸”，怎么办呢？家长就要充当“高科技洗涤剂”，仅仅充当肥皂和普通洗衣粉还不够。试想，雪白雪白的白色绸布，每天进入“黑色大染缸”几次，仅仅用普通肥皂和洗衣粉能洗干净吗？只有用“高科技洗涤剂”才能恢复雪白雪白白绸布的本色！

这“高科技洗涤剂”就是家长高超的教子艺术。每日对孩子教育三至五遍，每日把雪白雪白的绸布从“黑色大染缸”里捞出几次，洗它几次，洗了染，染了又洗，周而复始反复轮回。就是再贪玩、不听话的孩子也会变成爱学习的孩子，考个一类重点名牌大学没一点问题的。

在儿子上初中期间，自 1999 年起，我每日去学校一至两次，每周还到其他学校调研一两次。

到学校去，主要是观察孩子和其他的孩子下课后，放学路上都干些啥、玩些啥，老师讲课是否有趣。

我将儿子与所玩同学的名单记下来，通过问老师和自己调查，知道哪些孩子是优等生、品德好、家长负责；哪些孩子学习成绩差，其家庭是否是一个不负责任的家庭，孩子品质差不差。

我就要求儿子只能跟前者玩，不许与后者接触。这就是我坚持十几年天天去一趟学校的秘密。

为什么要天天去呢？因为孩子在玩的方面，是没有记性的，玩起来什么都顾不上；只有天天、时时、刻刻去敲打才行！

节假日、寒暑假，我基本上不让孩子离开家中一步。但在家中呆长了也闷呀。

怎么办呢，我就在家与孩子们一起玩。

玩什么呢？比如我家四房两厅的大客厅有三个房门，我就买回乒乓球，与孩子们一起踢“足球”，每人一个房门当各自的球门。孩子也积极动脑子想玩的招数，兄弟俩在房门头上用细铁丝编个小圆圈，当作篮球架使用，我们三人就比赛用乒乓球投篮。兄弟俩还发明了坐在客厅的地板上打乒乓球的方法。这种玩法在全球怕也是史无前例的。如今已是2011年了，兄弟俩从北京回家度寒假和暑假，26岁的大人还玩当年的乒乓球投篮游戏呢。

诚信重于泰山

家长要做到：言必信、行必果。这是教育孩子的核心啊！诚信重于泰山啊！要遏制住孩子贪玩、不听话的坏毛病，只有进行品德培养。而品德培养，诚信教育应放在首位。

现在的孩子都有一个通病——撒谎，至少90％的孩子有此毛病。

要改变这个毛病，只有一条路，就是诚信教育加上家长以身作则，言必信、行必果，还要加上家长的汗水。

我两个儿子在读小学一年级和三年级时，兄弟俩有一次在十堰市新华书店偷书，那么小的孩子，夏天将画书藏在汗衫里，使肚子鼓起老高，被书店职工周敏女士抓住。因我与书店熟，就没有处理孩子。

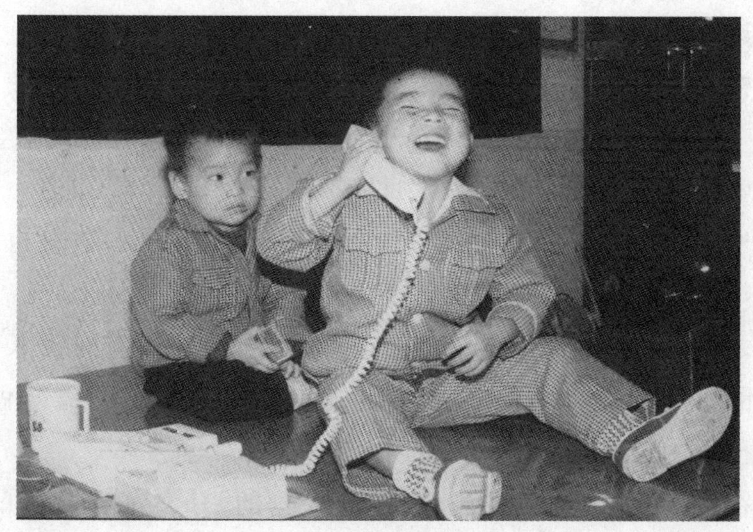

1990 年“二飞”在家中

但我却就这件事对兄弟俩教育了十多年，几乎是年年讲、天天讲。如今我还经常与周敏同志讲起此事。周女士笑着说：“真没有想到，当年那么小的孩子，如今都成了英俊的小伙子，还跳级，成绩那么优秀；现在还出国读博士。看来，偷书的孩子有出息。”

而我却不这么看，偷书也是偷呀，孔乙己的品质可学不得啊！品质不好，是不能培养成才的。

许多家长都说孩子学习成绩不好，都是在一次偶然之中发现的。平时孩子回家老骗父母，说成绩好极了。

其实，这不能怪孩子。家长一年难得参加几次家长会，有的家长 12 年都懒得去一次学校，连家长会也懒得参加呢，孩子不骗你才怪呢！如果家长每周去一次学校了解情况，孩子骗得了你吗？想撒谎也不可能。

当然，孩子百分之百不同意家长去他们学校；我的孩子也不愿意我去学校。

我就说，我是公民，有人身自由，想去哪儿就去哪儿。

儿子说，不准你见老师。

我说，见老师，见任何一个自由的人，是一个公民的权利。

就这样，儿子辩不过我，才听之任之让我天天去学校。

要根治孩子撒谎的坏毛病，最有效的办法就是家长在孩子面前说话要一就是一、二就是二，许下的诺言一定要兑现。一诺千金啊！

这就要求家长在与孩子交往时，不要轻许诺言，要知道一言既出驷马难追啊！“狼来了”的故事家喻户晓，记得我在小学时也读过这篇课文，这实际上就是最好的诚信教育。

总之，父母在孩子面前一定要信守承诺。当然，有时家长说错话也是有的，但事后如果万一兑现不了，就要反复向孩子道歉做检查，以求得孩子的谅解。

现在，影视剧中凡表现英雄、正面人物的，好多都有这样的情节：家长多次承诺带孩子去公园玩一次，但都兑现不了，都是临死之前才想起这事！

我认为这样的英雄人物，所谓的“正面人物”，不宜宣扬。

首先，他不讲诚信，在孩子面前说话不算数影响最坏。要知道，孩子也是人啊！你们为什么要生孩子呢？生了孩子为什么又不好好关照呢？说这些英雄人物有多忙多累，我就不信。现在公布的腐败公安局长、腐败省长、市长，他们平时都标榜自己工作有多忙、多累、多正派，而实际上呢，都忙于吃喝嫖赌去了！

退一万步说，你明知工作忙要为人民去谋利益，没空闲，就不要在孩子面前乱表态呀！起码的诚信要讲呀！孩子在人格上与你是平等的，你怎么能骗他呢？

这也难怪当今媒体公布的腐败案中，一般都是父与子、母与女一锅端，全家一起完蛋！

因为这一家人平时都不讲诚信，他们不腐败、不完蛋才怪呢。

不过，在当今影视剧中，凡表现领导人物子女读书的，几乎都是学习成绩平平，中考上不了重点高中，高考上不了名牌大学。只有这一点导演和编剧想到一块儿了，颇为实事求是。这样的领导，孩子学习成绩怎么能好呢？

话扯远了。对付贪玩、不听话的孩子，还要进行礼貌教育。这礼貌教育也是诚信教育内容的一部分。

为了让孩子懂得礼貌用语，待人接物客气热情，我两个儿子为此没少挨训斥。

我让儿子见到长辈一定要叫，男性叫叔叔或伯伯，女性叫阿姨或奶奶；接电话拿起听筒一定先说您好、请问阿姨（叔叔）您找谁、请稍等。

试想，一个懂得这些礼貌礼数的孩子，随着年龄的长大，能变坏到哪里去呢？我单位的人和学校的老师，都一致夸奖我两个儿子懂礼貌、嘴甜、爱叫人。

做个“诡辩家”、“说谎家”

诡辩，是个贬义词，可我把它搬到家教领域来，似乎不合适。因为对待孩子不是要讲诚信吗？怎能去诡辩、说谎呢？

请别误会，我讲的这个诡辩，是有一定条件的，是讲道理的诡辩、善意的说谎。

大家知道，到医院去看望病人，其实差不多人人都在说谎。

比如，对一个癌症晚期病人，如果是刚刚诊断出结果，一般医生也不会去直接告诉病人，而是先告诉患者最亲近的人。如果患者要问，也只能轻描淡写地安慰他："没事，住院治疗一段时间，休息休息很快就会痊愈的。"

其实呢，这个病人在人间也就几个月的生存时间。等到亲朋好友去看望他时，也只是鼓励他、安慰他："休息一段就好了。"并祝他早日康复出院。

其实大家心里都明白，今天也许就是永别。我们在新闻媒体上经常看到这样的报道，某某学生在参加高考的前一天，父或母已去世了，但家人忍着悲痛，不告诉考生。等考生怀着喜悦的心情回家去向父母报告考试顺利的喜讯时，往往只能是趴在父亲或母亲的坟头上哭个死去活来，此时的读者也要忍不住落下泪来。

我在对孩子实施不贪玩、要听话的教育中，使用频率最高的便是"诡辩"和善意的谎言。

就在孩子两三岁时，但凡有客人到我家来，等客人走后，我就对兄弟俩说，刚才的叔叔阿姨说你俩都长着个聪明相，很聪明，他们还没见过这么聪明的孩子呢，长大一定能考上北京的名牌大学。

那时孩子已从电视上见过北京天安门，很向往的，但不知北大和清华，所以我只提北京的名牌大学。

其实，客人根本就没有说过这种话，都是我信口胡编的。我的目的就是想使孩子从小树立我是天下最聪明的孩子、能考名牌大学的信心。

儿子在街上看到别的孩子手上拿着好吃的，还有高级玩具，我就对孩子说，他(她)们的爸爸妈妈都是上过大学的；只有上了大学的人才有好多好多的钱给孩子买吃的、买高级玩具。

这个"说谎"，目的是要让"上大学"三个字在孩子脑子里扎根。在他幼小的心灵里明白这样一个道理——上名牌大学就等于上天堂，上了名牌大学就有了一切，为今后的正式入学打下坚实的思想基础。

孩子上学后、特别是在高中阶段，兄弟俩有时考试失误，心情不好，我不但不批评他，还鼓励他。

比如大儿子在高三下学期，小考中有时失利，情绪低落；为了恢复他的信心、振作精神，过一两天后我就对儿子说，我问了你的班主任老师，说你这次考试是失误，你的智商在班里是前两名，你班只有你才是上清华的唯一人选。

大儿子将信将疑，我说，爸爸从不说假话，不信你去问张老师。

其实呢，老师根本不会说这样的话，也没有说过这样的话。相反，老师还经常反弹琵琶，叫我不要揠苗助长，说搏飞的智商一般般，学得太苦了，不要给孩子太多压力。

孩子为什么会信我的话呢？因为我从心理上去分析，父母让孩子去问老师，学生怎么好意思在这个问题上去问老师呢？他平时又找不出我说话的漏洞，也就只能相信了。

再说，我经常与儿子们一起分析他们班上优生们的情况，给孩子鼓劲打气、增强信心。

比如我两个儿子刚入高中时，与中考“状元”相比，差距的确大，相差 189 名和 302 名！按说，要赶上或超过“状元”，是不可能的，只能是神话。

我就一步步地鼓励孩子，只要能从“状元”身上找到弱项。如果“状元”哪一科考分比兄弟俩低，我就对儿子说，“状元”也不是天才嘛，不然，她应该每科考分都比你高才行。你一定能赶上她、甚至超过她，只是要多吃一点苦。

于是，孩子的学习积极性就调动起来了，终于超过了中考状元。

在说服孩子听话方面，我最常用的是诡辩，我在全国一些学校作过 300 多场演讲；在演讲过程中，许多家长当场递条子给我，请我解答家教中的难题。

问得最多的是孩子不听劝、不听家长的说教，简直伤透了脑筋；许多家长千里之外给我打电话，讲的也是这个问题，电话中一谈就是一两个小时，电话费至少要上百块钱。

我说电话打得太长了，叫这些家长长话短说，省点钱，家长们都大方得很，说为了孩子，这百十元电话费算啥。

今天，我在这里谈体会，也可省去许多家长电话费，也许还能减少许多烦恼呢。

我记得有一位家长在演讲现场向我提了这么一个问题。

她说，我让女儿好好学习，星期天不让孩子出去玩。孩子反问我："为什么别人的妈妈那么好，不管孩子，让孩子尽情的玩呢？就我一个人在家多没意思，妈妈跟别的所有的妈妈不一样，不心痛自己的女儿，是一个坏妈妈，不讲道理的妈妈。"

这位妈妈向我诉苦，说她听了女儿的话，心都软了，不知怎样回答，只好乖乖地认输，放女儿外出疯癫玩耍。

我说，你是一个粗心的家长，这样简单的问题都回答不了，怎么管好孩子呢？你还不如你女儿会说话，你女儿称得上是一个诡辩能手。

大家想一想，这个 7 岁小姑娘，把妈妈留她在家的目的这个大前提抛开不说，单捡能打动母亲疼女儿之心的软话讲，并且搬出了"铁证"：别人的妈妈都不管孩子。

根据人们从众的生活法则，一般多数的一方是正确的一方。妈妈你一个人不让女儿去玩，是极少数，因为真理一定在多数人这一边嘛。既然妈妈手中无真理，就一定是个不讲道理的妈妈了，是个不知疼人的铁石心肠的"坏妈妈"！

你看，这个小姑娘多聪明，简直可以说是个天才诡辩家！只几句话，软硬兼施，三下五除二就解除了妈妈的"武装"。这样的孩子假如家教到位了，长大清华、北大随便挑。

但是，遇到这样粗心的父母，这个小姑娘长大最多上个大专就不错了，三类本科都难以考得上，因为她女儿的聪明今后很难用到"点子"上。

那么，这位妈妈该如何回答才能使女儿认输呢？我当时在讲台上大声地告诉这位家长：

“只三两句即可，保证你女儿立刻缴械投降。你可以说，女儿呀，因为别人的妈妈都是不负责任的家长，别人的妈妈天天打麻将不管孩子学习，让孩子外出疯玩，长大考不上重点大学，岂不是害了女儿一辈子吗？上不了重点大学，就没有好工作，就没有高收入，就买不到房子住，吃肉也吃不成，电风扇、空调、电视机都没得钱去买，到那时怎么办呢？现在上名牌大学的都是一些像妈妈这样负责任的家长的孩子考上的，名牌大学又非常少，100个人中才能考上四五个呢。”

看！这么一说，保管女儿就会安心在家学习了。这可是一个最容易回答的问题啊！可惜这位家长连这样简单的问题都回答不了，我真的为之担忧啊！

凡给我打过电话的全国各地的家长，我都告诉他们：

一定不能让孩子给问住了，孩子所问一定要对答如流才行，一次都不能败！否则家教就会失败！对付不听话的孩子就应该这样。

怎样才能做到这一点呢？我告诉这些来电、来信的家长们：不管你从事什么工作，即使是当市长，无论工作多忙，你一边吃饭，或睡觉之前，或走路乘车，或上卫生间等，每日都要利用这些间隙，抽出两至三个小时思考当日对孩子实施家教的内容。研究你的孩子，从心理学的角度去观察你的孩子，对于孩子提出的问题，不能立即回答，要反复思考。因为你的孩子把父母琢磨得很透，他每提出一个问题，都是把父母“看透”了才提出来的。

我认为，与孩子沟通的内容要新鲜，不能老是说读书能当官、能发财。不读书今后就会找不到好工作，就会去打工、去擦皮鞋、去拉板车、去扛麻袋干苦力。其实说这些没有用，因为孩子都不笨，他比你还清楚一些。你若要打动和说服被教育的对象，首先要使被教育者能接受你的说教，能听得进去你说的话；如果你老是天天炒剩饭，老讲读书做官、发财，孩子准会捂起耳朵，还要叫你滚蛋！

作者 2004 年 6 月与高考前夕的小儿子库稳飞在十堰一中校园谈心

新鲜的素材哪里来呢？这就逼得你天天去想、去找。不然，我怎会说培养不听话的孩子比搞原子弹工程还难呢？不然，一类重点大学怎么这样难进呢？

大家发现这样一个现象没有，在中国，经常有人怨社会不公平，恨教育界歪风邪气太多、腐败严重。而我却不这么看。当今中国，惟高考最公平、最真实！真正做到了分数面前人人平等！我对孩子说，等你走出学校之后才明白，只有你今天的读书时代最能体现人生价值，你现在每流一滴汗，它都会变成高考试卷上的分数，为你今后的人生之路加重一分砝码！

话又说远了，但并非多余的话。那么，新鲜的家教素材到底哪儿来呢？其实，我写的十几本书中，那些事例够你说 5 年的。

“不后悔”是法宝

我平时每日少不了看10份报纸，看两个小时电视，为的是找家教素材，以免被儿子问住。当然，主要是找新鲜的素材。不过，有的素材可以多次用，好的素材不间断地穿插着用，有时一个素材可用一辈子。比如“不后悔”这三个字，我就反复用。

不知道读者们注意到这样一个现象没有，在人类语言中，除了一些生活上的常用词外，“后悔”这个词恐怕是用得最多的，而犯“后悔”这样的错误，不但人人有，而且几乎天天都犯这样的错误。

不过，在人生的长河中，真正大的后悔不过才两三回。

每当成年人在一起聊天回忆往事时，大部分人在生活不如意时，都爱用“后悔”这个词。其中，将“后悔”用于“读书时没用心”的频率最高！以至造成今天要文凭没有、找好工作没门的困境。

读书，是每个人都须经历的阶段。人们把最美好的少年儿童时代全部贡献给了读书。读书，能造就出一代一代横空出世的大英雄！如今上演的古装戏中，就有许多催人泪下的读书故事。一些寒门学子们，先是吃了万般苦、受了万般磨难，通过读书，最后高中状元郎，打马游街，高官厚禄，惩治腐败官吏和恶霸，好不威风热闹！

由于读书的确能改变一个人的命运、决定一个人的前程，人们普遍后悔少年时没用心读书就非常正常了。俗语说的“少壮不努力，老大徒伤悲”大概指的就是读书这件事。

当然，有的人不读书同样有大出息。不过那仅是“个案”而已。

于是，我对儿子说，如今关于读书这个话题，恐怕一万个人中只有一个人能做到不后悔。因为有的人考了个全省“状元”，他会后悔有一道题没有计算正确，属于失误，或者本来那道题对了，可后来检查时又改成错的了，不然我这个“状元”还会再多几分，把第二名甩得远远的。于是有些后悔。

有的学生考上了北京航空航天大学、复旦大学、中国地质大学（北京）、南京大学这样的全国著名高等学府，应该说非常满足了，可这些学生中，有的还会后悔，他后悔在高二或高三有一段时间不该玩，不该分心出现早恋苗头，影响了学习，不然一定能考上清华或北大。

有的学生虽然考上了清华大学，但也懊丧后悔不已，后悔当时在参加奥赛时，要是不出现失误，就能拿全国一等奖，就能保送上清华，就不用经过那场该死的、惊心动魄的考试了；结果考分不理想，刚够录取线，上了个“档案学、哲学、历史学专业”。如果保送上清华，那该是多么荣耀的事，专业也差不了。于是后悔不已。

有的学生考了个二、三、四类或末类大学，有的什么大学也考不上，于是后悔高中三年不该贪玩，不该迷恋上网玩游戏，不该早恋。后悔得痛哭流涕、伤心极了！并发誓，如果再给他个三年，一定考上清华、北大！

我告诉儿子们，咱们不求每次考试名次高低，不去考虑今后上什么大学，只求每日做到不后悔，完成每天给自己制定的学习计划。如果把每天的“不后悔”加起来，就做到了人生中一个最大的“不后悔”！这是非常了不起的。

在一万人中才能找出这么一个人来。希望你们能做到每天不后悔就行了。

我用这么大的力气来培养、教育孩子，其实也是在追求一个“不后悔”。我在工作闲暇与同事们闲聊中了解到，许多家长为子女考个末流大学、找不到合适的工作而苦恼，这些家长非常后悔当初一心为了工作，或忽视了对子女的培养，如今酿成这杯极苦的苦酒，真难以下咽，伤心不已，后悔不已。

有的说，如果我还有孩子上学，我一定要培养他（她）上清华！

这些家长的肺腑之言，这些家长的伤心泪，这些家长的后悔，给我以教育，给我以启示，我非常感激这些家长的“前车之鉴”。

于是，我为了追求这“不后悔”，便给自己下“死命令”，再苦再累也要坚持、坚持、再坚持！

我告诉儿子：父亲这16年已尽了全力，再也没有办法了，你们兄弟俩今后就是过上要饭、流浪的生活，走上犯罪的道路，爸爸也不后悔！爸爸问心无愧！爸爸永不后悔！

“不后悔”是我使用频率最高的“说教”词语！“不后悔”是我“家教”的重要“法宝”之一！

当儿子们生气时，我就书写“不后悔”三个字送给孩子，放在孩子的桌上，使其消气。

当儿子们平时考试偶然失误时，我告诉儿子，只要平时认真学习了，用尽了全力，就是考个零分也不后悔！

特别是在临近高考最后一个学期，俩儿子的压力极大，每天都有几科考试，每月都有联考，并进行“英雄排座次”。我便天天用“不后悔”来鼓励儿子、激励儿子。

每天中午吃完饭，我送儿子到马奶奶家去自学，告别时，我对儿子说：“咱们父子今天不后悔！”

2002年7月7日8时和2004年6月7日8时，我和儿子们乘车赴考场。在车上，我说：“咱们父子11年来，都用尽了全力。你做到了青春无悔，我做到了永不后悔。希望你进考场后，勿多想、慎答题，心底无悔天地宽，胜利一定属于你，我们父子永无悔！”

当儿子走进神圣高考考场那一刻，我与儿子相互击掌，仍然说的是：“不管考题难与否，只要做到不后悔！”

为亲人而活着

库老师,您好:

读了您的大作,您真是世界上很少有的伟大的父亲,您真是一个称职的父亲;您用“汗水、毅力、恒心”十几年一步一步地艰难地走下去,终于把孩子培养成了人才,这是您多年来含辛茹苦的结晶啊!怎能不令人深深为之感动!真是佩服,我看到您著的《红楼忧患不读书》和您儿子写的《都有可能》这两本书就信心倍增,我相信在您的精神鼓励下我一定会成功的。

库老师,我虽然不像您那样的伟大,但也付出了我最大努力,结果不大理想。您是一位成功者,是一位值得信任的老师,想和你谈谈我遇到的一些问题,希望您给予指点。

把我的家庭以及孩子的情况给您说一下。我是一个从农村来到城市13年的家庭妇女,今年42岁,有三个孩子(两个女孩,一个男孩)。大女儿上大学,二女儿上高中,她们都有自制力,学习上都知道刻苦;唯有这个十二岁的男孩,叫闫少鹏,让我非常操心,但是我也非常重视他。我的丈夫是个有责任心的好丈夫,为了我们的生活在外奔波,因此教育孩子的任务就落在我的肩上。我的身体素质不如别人,加上农村的教学质量不如城里,丈夫为了孩子就把我们从农村搬到了城里,又买了房子,家庭是很幸福的,但是教育孩子这任务重比泰山,我在家也不感到轻松。正如你说的:

培养孩子是天下最难的工程，最苦的工程，犹如造原子弹啊！

少鹏的情况是这样的：今年十二岁，性格比较内向，是个听话型的，星期天不爱出门，在家看看电视，自己爱玩打仗，画一些打仗的画，这个国家与那个国家打；打仗拿一些小东西比喻飞机、大炮、火箭等，玩得津津有味；在学校当个纪律干部；考试就是到不了前十名，这一点使我非常苦烦。我在与他谈话时发现了这样的问题，他问我："人活着为了啥，到头来还不是死？"还说在学校问同学这个问题都把同学说哭了。

我听了非常担心，我给他解说，也没说到他的心里去，他对人生是一个悲观心态，因此学习上才没有动力，更谈不上挖掘潜力了。如果不解决这样的心理问题直接影响他的成长，这是孩子成长中的绊脚石，因此我真诚地渴望你指点，相信你会点石成金的。

现在学校情况是这样的：6 月份就要升初中了，今年的小学五年级是 5 年制，下一年就是六年制；老师说，谁愿意上六年级就报名；还有就是全县前 300 名，也就是尖子生，就能上重点中学。面临这 3 条路，我也很茫然，是叫孩子升初中，还是上六年级，这些都不是我和孩子的愿望，我成天给他说咱要上就上最好的学校，但是他的成绩考不上，怎么办？

库老师，希望您在百忙之中，能给我的儿子回信，我的希望寄托在您身上，希望您能改变他的心情、排除他心理的障碍，使他有自信心，使他明白读书的目的，能使他长大上"军校"，实现他真正的带兵打仗的愿望！谢谢您，我在等着您回音。

祝您身体健康、家庭幸福

顾娱芹

2007.5.17

（库金会附言：请读者一定记住这位母亲写的信。我在每天接到大量的电话和信件里，都反映：孩子说学习没有用，最终是一个死亡……这是摆在全国为人父母面前的一个大大的难题。）

人生的目的到底是什么？人为什么要活着？答案有许许多多。我在对儿子进行人生观教育时，费尽了心思，牺牲了所有休息时间，终于找到了“突破口”。

说起家长牺牲休息的时间，可能许多家长做不到，特别是做父亲的。我记得《新女报》上刊登过两首“歪诗”，诗是这样的：

《男人四鬼》

六点回家是穷鬼，
九点回家是酒鬼，
子夜回家是色鬼，
五更回家是赌鬼。

《六等男人》

一等男人家外有家，
二等男人家外有花，
三等男人花中寻家，
四等男人下班回家，
五等男人花不在家，
六等男人无花无家。

比照上述“二歪诗”，我说我是“六点回家是穷鬼”和“四等男人下班回家”，属于最没有出息那一类型的。

要想对付不听话的孩子，也只有我这种最没出息的男人、父亲才行。否则，你今天工作忙，明日有应酬上舞厅、歌厅或泡桑拿，后天要借出差之机游览名胜古迹，大后天要接待客户谈大宗生意、应酬喝酒，就是不愿为孩子做一丁点儿“牺牲”；而到高考或孩子找工作时，你的孩子也就不会让你那么舒服啊！

为了培养孩子，我下班进家门后，再也不会出门，天大的应酬也要推掉，哪怕是一年损失20万元钱，也打动不了我的心。

当然，我不是笨蛋，自己虽然读书非常少，特别是数学知识少得可怜，但一般的账目我还是算得清楚的。

我想，两个孩子在高中期间，中间错开二年，总共5年，假如库金会我为了孩子的前途，在做生意方面每年损失20万元，5年就是100万元。

假如两个儿子上了一类重点大学，长大成人有了出息，挣回来的何止100万元，也许一年就能挣回200万元呢。

当然，这是从好的方面去想。试想，世界上干什么没有风险呢？行军打仗有风险，搞房地产、投资证券有风险，在大街上行走假如碰到汽车方向盘失灵怎么办？照样有风险。

怕风险就干不成大事！我最欣赏的就是商人吕不韦做的那笔生意，那是全球最大的一笔生意，风险也大，大得没有边，因为他做的是买卖皇帝的大买卖啊！这笔买卖可以说风险几乎100%，成功的概率太小。

但是，吕不韦以顽强的毅力和持久的耐力，在一点希望也没有的情况下，他获得巨大成功，成功地培养了一代枭雄、名君——秦始皇！

这桩全球5000年最大的生意成为千古绝唱、不朽的传奇！

读者诸君试想，吕不韦都能成功，可见，只要对某项事业信心百倍、不怕千难万险，成功的概率是很大的；这也是我下狠心牺牲休息、娱乐时间去培养不听话型孩子的动力之一。

为了练成“铁嘴”说教功夫，我天天在求学、探求，到处搜罗素材。市图书馆我是常客。功夫不负有心人，我在与孩子的辩论中，每次都是胜者。

当然，孩子有时懒得听你的，用双手捂起了耳朵；我就赶紧停止

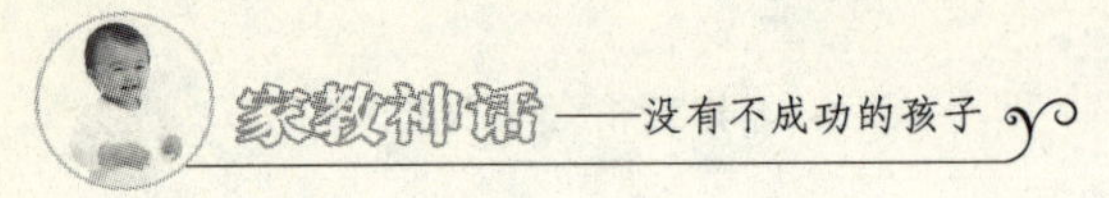

说教，改为作检讨。

这里向读者介绍我最为成功的一次人生观教育。

记得是在大儿子高三上学期。孩子在与我交谈中，因一次小考未考好，情绪低落。说到最后，他说，爸爸，你不要说了，现在就业形势非常严峻，每年2000多万人要找工作，我们班同学都知道，如今没有名牌大学理工科专业硕士、博士头衔，根本找不到好的工作。

假如我高考失败，或者说走出校门如果混得不行，我就自杀结果了自己，赤条条无牵挂落得个干干净净！你也就解脱了，我也解脱了。

读者家长们，假如你的孩子这样回答你，你怎么办？你还能回答吗？你有反击的力量吗？你是否会把喉咙提到嗓子眼儿上？你是否当场晕了过去？

我在接听全国各地家长的电话中，讲起此事，问众多的家长们，都说没法回答，更无力反击。

其实，这个问题我早已想过了。媒体上报道的这样自杀的案例各国都有，每年不下千次，天天有少年自杀，我早就想好了对策。

于是，我对儿子说，搏飞，你这个想法还真不错，假如走出学校进入社会之后，到了混得没饭吃的时候，自杀还真是个好办法，可以说是最佳选择。难怪你的抽屉里经常准备着锋利的刀具呢。

儿子听我这样说，眼睛一时瞪得大大的。

我接着说，爸爸在当兵那会儿，也就是1980年，我也想到过自杀，并且是计划先杀掉我的仇人，然后自杀！一个换俩，因为当时我的日子太难过了，看不到一丁点儿希望，已经绝望了。

那时真是穷困潦倒、没一个人看得起爸爸啊！一般人到了那一步，都会采取先杀仇人后自杀那条路，况且我还手中有枪，我从文书那儿搞到了三发打靶用的步枪子弹。可是，爸爸精心准备了几次，最终也没能举起枪。

就在此时，连队一位无锡市的老兵站岗将一位当地地主的7岁女孩误杀了。因为他接岗时,不知道上一班岗的战友在枪膛里压上了子弹,并且已上膛;这位老兵闲来无事用枪瞄准一个打猪草的无辜小女孩,老兵的枪法也够厉害的,300 多米远,就能使小女孩一枪毙命!

据说小女孩的地主父亲后来一病不起,也随女儿去了。我想,假如我自杀了,我的父母一定也会病死的。自 1978 年 3 月 3 日离开父母,已三年未见父母了,家中的信息只有靠弟弟们每月一封信传递。多写信一是弟弟无钱,每封信要 1 角钱呢。二是弟弟在高中学习紧张,也没时间老写信。记得就在我当兵走后才大半年,对越南"自卫反击战"打响了,我们部队当时执行的是一级战备命令,不许写信,不许打电报。我们时刻枕戈待旦,准备上战场。我们师的二团已上去了。我们五团做好了一切准备。弟弟后来在信中说,娘那时只要听到天上的飞机响就哭,半年又不见你回信,给你打电报也不见回音。在俺县,不时有战斗部队里的武穴籍官兵从战场传来阵亡的消息,父母为了你哭了整整半年!自从接到你的信才知道你还活着,没有开赴前线,娘才停止了哭泣。

想着这一些,我才停止报仇自杀行动。把三颗步枪子弹也扔进了汉江。我对儿子说,我当时想,假如我自杀了,父母就会跟着病倒,要知道,儿是娘身上的肉呀!娘会哭死的!我的三个弟弟谁来抚养?我这一死不打紧,要连累 6 条性命啊!

我对儿子说,如今,我有时心烦,也想一死了之。可是,我死了,同样会连累几条性命,你妈,你奶奶,还有你兄弟俩,你们咋活下去呢?

我说,搏飞,你假如自杀了,我和你妈、你奶奶还能活下去吗?我们都死了,弟弟谁来抚养?

搏飞呀,人既然来到了这个世界上,并非是为自己而活着呀,每个人的肩上都担着一份责任呢。

总的来说,人不是为自己而活着,人客观上是为自己而活,主观上是为亲人们而活着啊。

你们这一代有多幸福，有吃有穿，又不缺读书的钱，国家主席、国务院总理，全国30多个省、市长的位置，你今后都可以去竞争，还可以去当科学家遨游太空，你们的前途有多美好。

当然，目前是苦点，读书是苦，可这个苦人人都要吃。过去的皇太子照样要吃读书苦，今天党和国家领导人的子女同样也要吃读书的苦；咱们平民百姓，还怕读书苦么？就是再苦，剩下的也就一百多天，弄好了，考个清华都没问题；考北航，考中国地大，考南京理工大，考上海交大，考国防科大一样有出息。

我的一席话，直说得儿子由流眼泪到面带笑容，我胜利了！我对儿子的人生观教育成功了。

其实，上面我讲的句句都是大实话，没有编半句瞎话。当年这一段历史，我单位70％的人都经历过的呀！

自此以后，儿子再也不说这类话了；他抽屉里几把锋利的刀具也都不见了，估计是扔了吧。

总之，我说的“诡辩”、“说谎”，并非让大家去胡编胡说，而是要用真情、真实的故事来打动你的孩子，用善意的谎言来疏导你的孩子，使之明辨是非、好好做人、天天向上！

第六章　上大学的孩子更要管

◎ 上大学怎样选专业

◎ 上大学怎样拿高分

◎ 培养孩子读书的目标就是考第一

我经常接到一些家长的“求救电话”，都反映说孩子在清华大学、北京大学、天津大学等名校被劝退、开除或拿不到毕业证，或离校出走了。

第一次接到这样的电话，我很惊诧；后来接这样的电话多了，也就见怪不怪了。特别是近三年多，我到各大学进行了调研，发现的问题更多，今天的大学原来是这样的。在大学生宿舍，见到的情况令人作呕，用猪、狗窝来形容一点都不过分。地面很脏不说，几乎没有人叠被子；几乎人人的床上都有一台电脑，日夜不关机，早上醒来抬起头来就可以玩游戏。笔者这样写大学生宿舍，并非有意诋毁今天的大学生，无非是实话实说罢了，让全国的家长警醒警醒：把孩子送入大学，也许成功；也许就此走向失败。

鉴于大学现状，结合我两个儿子 8 年大学经历，下面就“怎样把大学读好”和“上大学的孩子还要不要管”这一话题谈两点体会。

之所以敢于在此谈体会，是因为我去过几十所大学，并“偷偷”地在我俩儿子宿舍总共住了三十多天亲自体验，一年至少去儿子学校 6 次。那些看大门的师傅没有不认识我的；都说我是全国来校最多的家长。所以，我有“资格”在此谈“体会”。当然，所谈的内容，都是针对普通现象而言的，“个案”不包括在内。真理也不是绝对的么？只有相对真理。比如说大学生宿舍脏乱，但也不排除个别宿舍稍微整齐一点，个别学生也叠一下被子；也有个别学生没有电脑不玩游戏；也有少数学生(约占 20%)学习刻苦，等等等等。

上大学怎样选专业

一、选专业是为了找工作

过去，我并不太注重专业，认为只要是名校就可以了。上了北

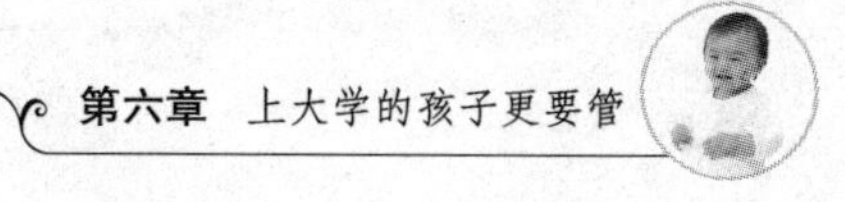

大、清华就一定能找到好工作。通过近几年在全国调研或家长们给我打电话反映的情况来看,发现选专业是关键。

2007 年 6 月,我应邀到哈尔滨一家庭进行帮教,顺便去哈尔滨出版社拜访了编辑部主任邢万军先生,他是我儿子写的《都有可能——父亲的家教传奇》一书的责任编辑。当我们谈及当今大学生工作难找这个话题时,邢主任告诉我,他们哈尔滨出版社地处中国最北边,去年招聘编辑,只有 7 个名额,却从北大、清华来了十几个研究生应聘,其他大学来报名的就更多了。这些研究生如果在前 8 年,绝对不会到冬天零下 40 度的边城去工作;今天之所以肯去,是因为他们那个文科专业在内地大城市、在国外不好找工作,找不到合适的工作。

这里说的"合适的工作"是指:工作稳定,单位大,面子上好看,收入高,工作轻松。

这种"合适的工作"全国每年能容纳多少大学生进入呢?答案是 60 万左右。现今,每年 1000 万左右的人就业,而"合适的工作"只有 60 万个岗位,不言而喻,绝大多数的人只能去做"不合适的工作"。

什么叫"不合适的工作"呢?我的理解是,读了大学,仍然干捡垃圾、擦皮鞋、扫大街、当保姆、种田、摆地摊、在饭店端盘子、在个体工厂、在建筑工地、在煤矿打工等等。这些工作也许叫"不合适的工作"吧。当然,媒体经常宣传"行行出状元",但大多数人还是不愿意去干"不合适的工作"。目前,尽管全国绝大多数的人干的都是"不合适的工作",但那是迫不得已罢了。

为什么说文科生不好找工作呢?

道理太简单了。比如说一个电子工厂,他到大学招人才,他要的是能干活的专业人才。而那些学哲学、文学、经济、财会、法律、市场营销、人力资源、工商管理、国际经贸、行政学、广告学、美术、舞蹈、体育、音乐、文秘、政治等文科专业的学生,大多数工厂不会要这样的人才。因为这些人才的岗位都是管理岗位,即"官"位。工厂要的是干活的人才,他请一个“官”来干什么。他宁愿要技工学校毕业的钳工、瓦工、钢筋工等特殊工种的人才,也不要那些只有理论知识的文科大学生。因此说,如今送孩子读一个普通本科,还不如上技校学一门技术。再说,这些官位让当权者的“七大姑八大姨”干不是挺好的吗。如果不会干,可以通过自学。而工科专业是无法自学的。今天的党和国家领导人,大部分都是理工科大学毕业的,现在干管理国家的工作是多么得心应手啊。总之,文科专业可以自学,而理工科是难以自学的。国家(含国外)推出的函授、自考大专、自考本科项目,没有理工科专业,都是工商管理、新闻、文秘、绘画、汉语言文学、财会金融等。这样一来,全国通过自学的文科大学生就更多了,可以说每年以几百万计。所以就造成今天文科生找工作难上加难的局面。

二、选什么样的专业

那么,应该选什么专业呢?

2007 年 9 月 15 日下午,我在儿子所在的中国地质大学(北京)第 16 宿舍楼的 6 楼转了一圈,这一栋楼都是大四的学生,面临毕业。我看到几位学计算机和电子信息专业的学生竟然在看地球物理和地质专业的书。我感到奇怪,便问同学们,回答是:“我们学的专业是当今最热门的专业,全国的优生当年高考都以高分进了这些热门专业。我如果继续读这个专业参加考研想考到外校去,很难竞争过他们。即使考本校也难以取胜。我们这个专业的同学都是学习刻苦的人。再说,我们这个专业找工作不容易,如今全国 1000 多所大学,所有学校都有我们所学的所谓热门专业,遍地都是学计算机和电子信息的,很难找到满意的工作。我们地质大学的地球物理和地质专业,在全国最强,每年来校要人的单位多,供不应求,一个毕业生至少有 5 个单位要。比如地球物理专业,它是一个新兴学科,全国的“211 工程”重点大学里,只有中国地质大学、北京大学、中国科技大学、南京大学、

武汉大学、同济大学、兰州大学、中国海洋大学、吉林大学 9 校有此专业，每年总共只有几百个毕业生，而且有近四分之一的人还要读研或出国。国家的地质国土资源部门、气象部门 、石油、金银铜煤矿等诸多部门，还有各种科研机构都急需地球物理专业人才，造成供不应求，所以我们就只好弃'热门'半道改行啦。"

听了这位同学的一席话，我再结合儿子当前保送读研究生的情况分析，果然如此。我儿子库稳飞当年高考只有 572 分(他哥 635 分)，报了中国地质大学(北京)，当时不是报的地球物理专业，是被调剂到此专业的。很少人报此专业，大家都不懂，不知道地球物理是干什么的。现在终于弄明白了，原来这个专业是学习找矿的，它包括地震知识、电子信息知识、计算机知识、天文地理知识、测绘知识、研究地壳运动等几十种知识，多么好的专业啊。可惜全国的家长和考生都不懂，几乎都让高考成绩比较差的学生读了此专业。

读此专业大占便宜，我儿子 2008 年保送读研时，他找了北大和中国科学院以及复旦大学的几个导师，都争着要他。最终他选择了中国科学院。选择中科院并非看中每月 1000 多元的补助，还有免学杂费等待遇。儿子是想锻炼、实践的机会多一些，为今后出国深造打基础。因为读此专业出国也容易，国外与中国也一样，学此专业的人少。2007 年渤海湾发现 10 亿吨大油田，温家宝总理说他激动得一夜未眠，这个油田的发现，就是北京东方地球物理研究中心研究发现的。

说实话，我儿子如果不读这个专业，他很难被中国科学院、北京大学和复旦大学的导师相中。下面公开库稳飞保研成功的秘密。

三、保送研究生的秘密

读者们对保送读研究生的内幕可能知之不多，因为全国每年能够成功保送到外校或外单位读研究生的人很少，全国每年不到五千人。这个数字只占到全国每年出生总人口的百分之零点零二五！所以说读者知之不多。这里公开其秘密，目的是让未来的大学生们能够轻松获得保送读研究生的资格。

库稳飞所读的地球物理专业，2008 年只有 3 个保送到外单位（外校）读研究生的指标，保送在本校读研究生的指标是 11 个。保送读研究生主要看学习成绩排名。如果按照成绩排名，只有前 3 名才能保送到外单位（外校）读研究生；可是，库稳飞的成绩排名是第 9 名，按理说不可能获得保送成功。他成功的诀窍在哪里呢？

主要是信心。库稳飞进入大学后，我就与之商量，确立了将来一定要离开中国地质大学（北京），到更有名气的大学深造，当时定的目标是中国科学院研究生院（中国科学院研究生院是全国排名第一的研究生院。清华大学研究生院排名第二）、北京大学研究生院、清华大学研究生院。要达到这一目标，必须在大学 4 年认真学习，不玩电脑游戏和不买手机，不参加学生会等组织，不入党（以后再入党）。但必须刻苦钻研专业课，学好外语（必须过 6 级）。

库稳飞在大学一年级并没有学好。关键是选修课未拿到高分，还有毛泽东思想概论没有拿到高分，后来几年的选修课都没有拿到高分，他如果学好了选修课，就会进入前三名！他之所以没有拿到选修课高分，是因为听说选修课成绩不列入总成绩。没想到 2008 年学校改变了过去的做法，将选修课也计入总成绩。

2007 年 7 月，库稳飞三年大学结束了，所有课目都读完了，最后一年是写一篇论文。7 月底，他与我商量，是否申请保送到外单位（外校）读研究生。按照自己的成绩排名，不可能成功。但是，我和儿子商量后，决定申请保外。

申请保外是有风险的，如果拿不到本校的保外计划指标，或者说，如果拿到了本校保外指标，却找不到接收的单位（学校），都会失败；而失败后，不能再参加保送在本校读研究生了，只能是复习功课参加考试考研究生。

我和儿子了解到，北京大学、中国科学院接收保送生的条件是：

必须过 6 级英语关，有三名教授写信推荐，有本校的保外指标，学习成绩非常优秀(清华大学没有库稳飞所学的专业)。

上述三个条件库稳飞基本具备，仅仅排名差一些，是第 9 名。

库稳飞与我一起分析了他们专业前 10 名同学的情况，第一名条件完全具备；第二、三名是两个女生，英语未过 6 级关，进不了好单位(学校)，有的导师限于专业原因，不愿接收女生；第 4 名之后的同学只有库稳飞一人过了英语关。再说，这些同学不一定敢申请保外，因为一共只有 3 个指标，只有前 5 名有希望。我问儿子："假如前三名都申请保外怎么办？"库稳飞说："我不怕，还有面试和素质材料两关能取胜，在中科院和北大一定能找到接收我的导师。"

库稳飞曾多次参加过中央电视台、山东电视台等电视台作节目，并且他是主嘉宾，即主要人物，也算见过世面，锻炼了说话能力。其次，他还写了一部书(22 万字)在哈尔滨出版社出版，书名是《都有可能》，在全国畅销(在新浪网连载 5 个月)。一个大学生，能在读书期间出版一本畅销书，在全国不多见。第三，2007 年 9 月 20 日，在"中国科技论文在线"网站(教育部主办)单独发表了《磁秤法测量岩石磁化率研究》论文。能在此网站发表专业论文的，都是重点大学的教授、博士，并且合著占绝大多数，库稳飞是 2007 年度全校唯一的以本科生身份单独在国家级网站发表论文的学生。这篇论文是他读大三上学期时，发现教材里讲的内容有错误，于是他向老师反映，老师与他一起认真研究，发现真的有错误；老师就鼓励库稳飞写成论文，直到 2007 年 7 月，他又在老师的鼓励下发到教育部主办的"中国科技论文在线"，网站，经过两个月的审查，终于在 9 月 20 日下午发表，并颁发了证书。

于是，库稳飞就将自己的成绩以及个人素质材料通过电子邮件发给了中国科学院和北京大学的两位导师；仅半天功夫，两位导师就回了电子邮件，并且约定时间见面(其实是导师想先面试)。

库稳飞 2004 年高考之后在父亲单位花园

见面时，导师都要了一本库稳飞写的书《都有可能》，还看了论文复印件和发表论文的证书。并交谈了一个多小时，两位导师都分别表态，一定接收，让库稳飞尽快按照程序上报材料到研究生院。

当库稳飞找本校本专业的王老师写推荐信时，王老师教库稳飞的专业课一年多，很了解库稳飞，便对稳飞说，复旦大学一位朋友，是日本早稻田大学读博士后到复旦大学的，他让王老师为其物色一位优秀学生，特别是素质全面的学生跟他读博士学位(硕博连读 5 年)；王老师让库稳飞试一试，并且说不需要本校保外指标。库稳飞动心了，便将材料通过电子邮件传给了复旦大学的博导，博导看了材料很满意，便要通库稳飞宿舍电话与库稳飞通话，保证录取。

2007 年 9 月 22 日，正当库稳飞积极准备去上海送书面申请材料到

复旦大学研究生院时，中国科学院研究生院电话却打来了，通知库稳飞24号面试，是第一批面试，因为库稳飞的导师要出国考察。导师也打电话找库稳飞，让库稳飞作好面试准备。在这种情况下，我们一家人反复打电话多次商量，打了一百多分钟电话，最终做出了艰难的选择：放弃北京大学和复旦大学，按照面试时间先后，选定2008年到中国科学院读研究生。下午，库稳飞向北大导师和复旦的导师以及本校的王老师道歉。王老师又让库稳飞推荐了另一名同学到复旦，这位同学学习成绩比库稳飞还要好一些，是第6名。2008年6月21日，库稳飞接到通知到中国科学院研究生院招生办公室拿到了攻读硕士学位入学通知书。6月26日，学校颁发了本科毕业证书和学士学位证书。

上述库稳飞的保研经历，读者应该从中受到一点启示吧。可惜的是，成绩非常优秀的第三名至第五名都没有保外成功，选择的都是在本校读研。他们之所以失败，主要是读死书、缺乏信心造成的。他们到最后时刻才想起去找接收的学校和导师，结果无人要。而库稳飞是提前三个月就做好了准备，找了许多师哥、师姐咨询，弄懂了保研程序；当然，最关键的是自身全面素质过硬，英语过了六级关，又发表了论文。他虽然没有入党，但今后机会多，80岁还可以入党嘛。他们专业有许多人入了党。我两个儿子到现在都没有入党，等今后出国回来再入党也不迟嘛。我在部队时，我的许多战友当兵一、二年就入了党，而我到第七年才入党。我弟弟是国防科技大学的系领导、教授、大校军衔，他是在35岁才入党。因此，我劝大学生们，入党不是目的，不能当成个人前途的“敲门砖”。只要拥护党的领导、爱祖国、学习优秀、个人全面素质高、不读死书，就是一个优秀的人才。

关于上大学如何选专业的问题，我在此为未来的大学生们选了以下专业供参考：

第一类热门专业：计算机科学与技术、通信工程、电子信息与科学技术、生物工程、自动化。这一类专业应该报考清华、北大、复旦、北航、浙大、北邮、上海交大、北理工、电子科技大学、南京大学、东南大学、武汉大学、华中科大等全国排名在前20位的大学。你只要刻苦读下去，到时候获得保送在本校读研究生的机会多，可以说有把握。如果想考到中科院或外校去读这些热门专业，也是难上加难。因为全国高考成绩最好的学生都在读此专业，竞争太激烈。如果你在一般的重点大学读此类热门专业，今后考研难、就业也难。因为凡是大学生都懂计算机，而你的专业知识又没有名校的硕士、博士们精通，你就会找不到工作。假如非要考研，那也要费九牛二虎之力，比登天还难！

第二类专业：大学的重点专业。飞行器设计、飞行器制造、地质、地球物理、矿物资源工程、探矿工程、流体力学、固体力学、物理、化学、材料工程、机械制造工程等，应报考北航、哈工大、中国地质大学、中国矿业大学、北京理工大学、华中科技大学、西北工业大学、哈尔滨工程大学、南京理工大学、南京航空航天大学、北大、清华、中国科大、兰州大学、南京大学、中国海洋大学、吉林大学、同济大学、武汉大学等。还有土木工程、工民建筑等专业，应报考清华、湖南大学、上海交大、北京交大、西安交通大学等。

像机械类专业、材料、冶金类专业、数理化专业，应分别报考理工类重点大学，如华中科技大学、北京理工大学、中国科技大学、北航、川大、山东大学、吉林大学、南开大学、北京科技大学、清华、天津大学、同济大学、大连理工大学、浙江大学、厦门大学、东南大学、东北大学、重庆大学、西安交通大学、兰州大学、湖南大学、复旦大学、北京大学等等。

第三类是军校的专业。建议报考国防科大、解放军信息工程大学(郑州)的电子信息和计算机科学技术专业，还有英语等专业。如果学习指挥专业，今后一旦转业回家怎么办，无法第二次就业。也可以读军医大学，这都是为转业考虑。如果说你想在军队干一辈子，这个愿望是好的，但由不得你选择。假如你当个营长，当了五年再也升不上去了，领导只能命令你转业回家。

第四类医学专业。就不用讲了，报考北大、复旦、武汉大学等专门的重点医科大学就可以。建议读药科和西医外科等专业(中医可以自学)。

第五类文科专业：建议读经济、金融、市场营销类，报考北大、清华就可以了。新闻和法律、财经专业可报复旦大学、中国人民大学、中国政法大学、上海财经大学和北大。读研究生可选择中科院研究生院、中国社会科学院研究生院、中国人民银行研究生院、北大、清华的研究生院。其余大学读此类文科专业对大多数人来说前途不大。

第六类是师范专业：如今有免费的专业供选择，终身从事教育。可报考北师大、华东师大、东北师大等。如果有志于在大学当老师，则一定要在一类重点大学读博士；没有博士文凭是不能在大学当老师的；读本科只能教中、小学。

第七类是外语专业：首选应该是北京外国语大学和上海外国语大学，还有北大、清华、中国人民大学，凡是排名在前20名的大学，读了英语专业，应该说能找一个好工作，但考研就难了。因为进此专业的人都是高分，竞争激烈。

第八类是海洋水产、艺术类专业，这里就不用介绍了。因为看大学的名称就能分辨出来，直接去报考就可以了。如清华的美院、中央音乐学院、中国海洋大学等。一定要读重点大学。

上大学怎样拿高分

一、上大学很有用

在基本普及大学教育的今天，报刊上经常有人发表“读书无用论”的文章。我曾经于2008年4月在《江苏科技报》上发表了《上大学有用吗》。文章如下：

“上大学有用吗?”这是当今家长最为操心的问题。

记得在“文革”时期，社会上流行读书无用论。时间过去30

年的今天，怎么又到了读书无用论的时代了呢？

我的两个儿子曾经在他们出版的《都有可能》一书中，有一章的题目是“中国未来20年穷人阶层不是农民而是城里不听话不爱读书的孩子”。此书出版后，许多读者给我儿子写信，大部分是家长写的。这些家长说，感谢作者，这一章是对孩子进行“为什么要读书”教育最好的素材。

其实，我两个儿子在他们出版的《都有可能》一书中，反复在讲“上大学有用吗”这个话题。

现在，社会上在热议“上大学有用吗”这个话题，并不是说上大学真的就没有用，而是都在追求名牌大学。否则，为什么大家都争相要孩子上重点小学、重点中学、重点大学呢？

作者在上海作报告现场

在20年之前，国人送孩子上大学，并不太追求名牌，只要孩子能上个中专吃上“商品粮”（即：由农村户口转成城市户口）就行。记得我的三弟1981年中考，考了个全乡第一，他既可以上黄冈中学，也可以上本县的师范学校。我当时在部队，家里打电报

给我征求意见，我回电报让上本县的师范学校。时间虽然过去了20多年，我经常为当年所干的这一件今天看来非常荒唐的事感到自责。其实呢，我当年为三弟的选择也没有错，因为那时上大学和中专毕业后，由国家统一安排工作，名牌大学毕业生与中专毕业的工作没有分别。许多清华大学毕业的学生都被分配到了我们湖北十堰这个大山沟里来了。那时追求的是一个"商品粮"而已。上海的学生为了不离开上海，都宁愿在上海读中专。

今天之所以提出"上大学有用吗"这样的问题，甚至是热门话题，是因为今天的"商品粮"一文不值了。如果户口在农村，每年至少能获得一些国家种田补贴，而城市户口就什么好处也捞不到。不过，北京的户口还是值钱的，因为在北京考名牌大学容易。北京参加高考的学生只有13万人，北京大学在北京每年的录取指标是500人，北京的名牌大学最多，录取指标都向北京倾斜。而江苏和湖北的考生每年都在50万人左右，山东和河南的考生在高峰年份约有100万人，可是，北京大学在山东、河南、湖北、江苏每年的录取指标各省只有90人左右。

大学基本普及，大学生成为普通打工者或当农民。于是国人惊呼"上大学有用吗"。看来，国人认可孩子工作的岗位必须是进入国家公务员队伍和事业单位以及大型企业，这才使得"上大学有用吗"成为热门话题。

大学基本普及，应该是一件值得庆贺的大好事，说明公民的整体素质在提高，大学生成为普通打工者或当农民更应该是一件值得庆贺的大好事啊。今天的大学生当农民或成为打工者，总比文盲当农民强啊。

既然"上大学有用"，所以有必要告诉在校的大学生们和未来的大学生们"上大学怎样拿高分"。否则大学是白读了。

二、拿高分是为读研和出国作准备

之所以要告诉大学生们"上大学怎样拿高分"，还有一个原因，是因为我经常收到重点大学学生的来信，全部是后悔在大学一二年级时，稀里糊涂过去了。现在变懒惰了，信心也没有了，真的后悔啊。

我在全国几十所重点大学了解到，进入大学的新生们，普遍有一种松松气、歇一歇的现象。有的甚至有"船到码头车到站"的感觉，认为经过几年艰苦学习，终于"修成正果"进了重点大学，可以高枕无忧了。于是放松了，大胆地去追求时尚，玩电脑游戏，贪图享受。其结局不是留级便是被劝退，或是被开除，或是拿不到毕业证书和学位证书。再或是正常毕业后找不到合适、满意的工作。所以说，我在此要告诫全国的家长和学子们，从跨进大学校门的那一刻起，人生新的竞争便开始了，一定要苦学几年拿高分啊。

在大学里，拿高分有什么好处呢？答案是可以直接被保送读研究生，不用参加研究生考试了。读研究生有什么好处呢？有的人说，我家穷，我想早一点工作，不想读研，早一点找工作机会多，读研出来又过了三年，难以找工作。说这种话的学生是"吃不到葡萄说葡萄酸"而已。他在大学期间贪玩不用功，仅仅只拿到毕业证，考研又难以通过，下不了苦功，只好如此说蒙骗父母和欺骗他人、要点面子而已。

三、读研的好处

读研的好处有四：

① 今后在社会上比本科生要多一些升职和增加薪水的机会。各企事业单位，一般都根据学历定工资级别。在部队，本科生一年后可晋升为副连职，而硕士生则可晋升为副营职，博士生则为副团职。

② 更容易找到适合自己的工作。

③ 读书期间赚的钱并不比上班少。比如到中国科学院读研究生，学费全免，住宿条件又好。每月 1000 元补助，还有科研补贴和奖学金，平均每月总共 2000 元左右。如果本科即上班，一个月工资说不定还没有 2000 元呢。我对儿子说，你就把读研究生当成上班好了。其实比上班还舒服，挣钱又不少。如果读博士，每月补助 3000 元，再

加上科研补贴和奖学金,一月下来能挣三千多元啊！今后就业的路更宽了。人生地位也就自然高了,是"人上人"了！这就是读研究生的好处;这就是上大学拿高分的好处。

④ 还有一个好处:读本科期间如果学习成绩好,每年可以拿1万元奖学金,就不用花父母的钱了,也不用贷款。我历来不同情穷大学生,不去帮助他们,因为上大学不要钱,你只要刻苦读书,再做一些勤工俭学,每年能赚1万多元。不但自己有吃饭和读书的钱,还能帮助父母呢。

那么,怎样才能在读大学期间拿高分呢?

一是要能抵制住同宿舍同学玩电子游戏和谈情说爱的诱惑。大学宿舍一般住8人,至少有5人会玩电子游戏,有2至3人会谈恋爱。有时一个宿舍几乎人人都在玩,你该怎么办?你抵制得了这种诱惑吗?如果抵制不了这种诱惑,一旦玩上瘾了,就会影响学习。许多孩子上课时只是去签个名、报个到而已,不一会便又溜回宿舍或网吧玩电子游戏去了。

要抵制住这种诱惑,首先是自己要有远大理想,即立志成为国家的高级人才,一定要拿高分保证保研成功。其次是家长最好两天与孩子通一次电话,督促其好好学习。两个月到学校看看孩子学习情况,掌握孩子真实的学习成绩。

二是不要参加"学生会"、文学会、爬山协会等学生组织。一旦参加了这些组织,一定会影响学习(当然,个别人例外)。因为学校最终衡量一个学生的标准是分数,考不及格要退学,拿了高分有奖学金并能被保送读研究生。据我调研的情况看,参加学生组织和当学生干部的学生,很少有拿高分的,因此被保研和出国的极少极少。有人说,让大学生参加学校里的各种组织、当学生干部,可以锻炼孩子的社交能力和组织能力。其实,这都是过去的"老皇历"。如今的大学生组织,学不到什么东西。真要学习社交能力,还不如买一本告诉你怎样做人、做事的书读一读;如今这种书很多,我读后很受启发。库稳飞在大学期间除了爱好踢足球外,其余什么学生组织也未参加,更没有当学生干部。但是，他的社交能力、说话能力、组织能力是否就不行了呢？不是的。他经常组织同学踢足球，2007 年到北戴河实习，他带领一个小组工作得很好。他取得保送到校外读研资格后，先后四次与中科院和北大的 4 位导师见面，这 4 位导师与之交谈后，都同意带他读 2008 届研究生。他还被邀请到中央电视台、山东电视台做主嘉宾，参与谈话节目(40 分钟)，效果非常好，说话、表演能力都不错。

三是要在大学一年级拿高分。大学一年级是基础课，课程少，容易拿到学分。因为你是在同一个专业的同学中竞争保研指标，是“你死我活”的斗争。当大家都沉浸在进入大学可以松一口气的时候，你一个人去努力，当然可以拿高分啦。等到大学二年级时，当部分同学清醒过来时，他已落后于你了。

作者在央视与著名主持人白燕升合影

为什么那么多北大、清华等名校的学生会被劝退或离校回家呢？因为这些学生当年在高中是第一名或前三名，是佼佼者；可是，到了大学后，发现大家都很优秀，昔日的优越感没有了，加上又有放松歇歇气的想法。而大学老师上课有时几节课便把一本书讲完了，学生几乎都听不懂。你如果不抓紧自学，考试肯定不及格。这些昔日的佼佼者听不懂课，便有些着急，适应不了大学的学习环境，于是去请

教师哥、师姐们；这些高年级的师哥、师姐便告诉说："不用着急啦，大学期末考试前老师要告诉复习重点，考试内容又不难，都是课本上的东西，你只要在考试前按照重点去复习就能过关，60 分万岁。"听了师哥、师姐的一席话，大学生们便轻松了，原来读大学如此简单，便放心、大胆地去交朋结友，谈情说爱，玩电子游戏，睡懒觉，图享受。可是，到了考试前的复习阶段，老师真的布置了复习重点，但是，大学生们却找不到重点内容在哪里，手里捧的课本，犹如"天书"一般，看不明白。于是，考试时只好作弊；而大学监考非常严格，一旦抓住作弊，立即开除回家。有许多人虽然不作弊，但考试不及格，这些往日的佼佼者、全市高考状元却不及格，他受不了这种打击，于是失去信心、破罐子破摔，最终的命运就是劝退或留级，等等。

在读大学期间，只要拿出高中一半的干劲，就能考前 3 名啊！2005 年 9 月张忻炀 10 岁考上大学，2008 年 6 月 12 岁就通过了北京工业大学的研究生考试，他四年大学本科只用二年多就读完了。我接触了许多优秀大学生，都说大学二年能轻松毕业。

所以说，大学新生一定要抓好大一的学习，大一的分数最好拿、大一的课程简单啊！又都是基础课，所有理科、工科在大一学习的内容基本一样的。到了大二课程就多一些，大三基本上是专业课，任务最重，大四基本无课，只有一篇毕业论文。作为家长，应该勤打电话督促孩子学好大一的课程、抢高分。

四是安排好自学时间。虽然说大学生普遍都在玩，但刻苦用功的也大有人在。晚上自习时，各高校自习室灯火辉煌；在自习室里，人人都在埋头用功，没有一点动静。我的孩子告诉我，他一般每天都要去自习室，只要不上课，就一定去；节假日也要去半天。如果碰到考试前复习，就应加班加点去自习室。比如，上午上课，下午如果不上课，就去自习室自习两个小时，休息一个小时。下午 17 点吃完晚饭，玩一会球类或看看电视，尔后再到自习室自习两、三个小时。这样的生活多美好呀！可是，不少学生却要不间断地玩，世界上哪有这种生活方式啊！

在节假日，我的孩子如果白天玩或上街，晚上一定去自习室自习两小时，我每天要打电话查问的。这样的大学生活多好呀！可是，部分大学生却说："读小学苦，读初中累，读高中受罪，读大学无聊没意思。"我把这一顺口溜加上一句："只有进入社会工作之后，才感到读书最幸福！"亲爱的读者，你说是这样的吗？

读大学上课也有讲究，有时上大课，你要想占前排位置（后面听不清），必须早去占位置。

有一天，我和库稳飞上街回到他宿舍，发现儿子床上有一袋糕点和一瓶牛奶。我问儿子谁给的，儿子说，是同学给的，我每天帮同学去占位置（有时上自习也要占位置）；讲好的，是有偿服务，三天要"孝敬"我一次牛奶和糕点。

难怪呀，我早上总是见儿子在6点钟左右，脸也不洗，就骑车去占位置；他不但给自己占，还为别人占，顺便为自己挣个早餐费。总之，合理安排好大学的生活、学习、作息时间很有必要，一定要做到每日必到自习室，养成良好的习惯，要雷打不动。

五是家教不可少。全国的家长几乎都认为大学生不用管了，我过去也是这样认为的。认为大学生已是成年人了，还用管吗？其实，大学生们在过去读中、小学时，都是在老师的严格管理、督促之下完成学业的，还有家长的管理。而到大学之后，完全处在"失控"状态，突然的"放松"，就有可能走入歧途。因此，大学生在大学要想拿高分，家长的家教必不可少。对于10至17岁上大学的未成年人，家长最好到大学陪读。

那么，孩子在大学里，家长怎样管呢？首先，应每两三天一次电话沟通，了解学习情况；云南的大四学生马家爵连杀4人，仅仅因为两天前与同学打扑克不愉快。如果家长此时来个电话，就可避免惨剧发生。其次，每月写一至两封信；第三，每学期去一至二次到学校实地看孩子，与辅导员和班主任联系，查看作业和考试分数，掌握实际情况。第四，找同学了解情况，不妨找一个同学经常保持联系，以防你的孩子说假话。第五，如果发现孩子有一科考不及格了，应当机立断去陪读，并及时与各科老师取得联系，让老师也做孩子的工作，不能再发生不及格现象。如果发生一科不及格情况，也就失去了被保送读研究生的资格。此时就告诉孩子，做好考研究生的准备，不能忘了英语、数学、政治的复习；否则，大四再去准备考研就来不及了。第六，不要过早地为孩子买电脑和手机。可在读大三时买一台一千多元的二手电脑，因为学专业课可能需要电脑。如果不买电脑，可以向同学有偿借用，一年花300元就可以了。在大学毕业后，或读研究生时，或上班时再买手机。

库稳飞是在大三时才把哥哥的电脑拿来用的；他到大四才有手机。他也经常向我要手机，比如，2007年6月他又提出要手机，并且摆了7条理由，摆出一副非买不可的架势。这7条理由是：

① 没有手机面子上不好看。与同学联系，当问及联系方式时，只有宿舍电话，很没面子。

② 如果有手机，可以节约打电话的话费，发一条信息只要1毛钱。

③ 家人找他方便。

④ 使用方便，有急事好处理。

⑤ 库稳飞写书出版获得一些稿费，每个学期拿奖学金共一万多元，还拿了一次5千元斯伦贝谢助学金，用自己挣的钱买个手机不过分吧？

⑥ 库稳飞所在专业学院里人人都有手机，连贷款读书的人都有手机，为什么他不能买？

⑦ 家里经济条件不差，买得起手机，也养得起手机。

库稳飞摆完上述7条理由后，让我回答。我却“回敬”了下面8条：

① 你见过各国总统和总理以及中国的中央领导、省级领导使用手机吗？就连一些大科学家都未见他们使用手机。恰恰相反，如今打工的、小学生、捡垃圾的都有手机，这就说明手机不是身份的象征。你没有手机，不存在没面子问题。中国人前30年戴手表、戴金耳环、

骑自行车都是身份的象征，而今天这些东西就谈不上了。

② 据电视、报刊报道，使用手机对身体健康有影响。

③ 浪费金钱。你哥如今有手机，每月手机费150多元；而你每天与父母通一次电话，一个月才花39元电话卡，说明有手机开支更大。

④ 每月要多开支手机折旧费5元多。

⑤ 天天要充电，怪麻烦的。

⑥ 装在口袋里经常怕丢，乘车时还要防小偷，怪操心的。

⑦ 无手机不存在不方便。因为宿舍有固定电话，学校内部到处是电话亭，大街上到处是“话吧”，使用方便，省钱。再说，同学们都有手机，有急事时，可以有偿借用呀。虽然你读大学挣了不少钱、家里也不困难，达到小康了，但是，不该花的钱一分都不能花，越是有钱，越是要把钱用在刀刃上。

⑧ 如果有了手机，必然与同学联系多起来，每月发信息几百条，花钱不说，还浪费时间、影响学习，有时还会招来麻烦。

库稳飞听我这么一说，不再吭声了。但我答应在他读研究生时一定买手机。因为读研时年龄大了，有一定的自控力，也有了奋斗目标，手机的副作用会少一些。

综上所述，作为一个大学生，只要在选“专业”和“拿高分”这两个方面都做好了，那么，大学就一定能读好，就一定能成为国家的高级人才；自己的前途也好，父母也放心，可以说是利国、利家、利己的大好事啊。再说，如果大学读不好，过去12年的努力不是都白费了。最后再强调一点，要想孩子把大学读好，家长的参与必不可少，大学生也需要家教啊！

培养孩子读书的目标就是考第一

我把2008年发表在《江苏科技报》上的《培养孩子读书的目标就

是考第一》一文送给全国的家长、大学生和未来的大学生们。其目的就是希望大学生们也要拿出读中、小学的干劲，一定争取考第一。我更希望家长们能为孩子制定考第一的目标并监督落实之。

"培养孩子读书的目标就是考第一"。这是我在全国各地做讲座时和我被各地家长邀请到他们家里帮教时经常讲的一句话。

"培养孩子读书的目标就是考第一"这种提法，看起来非常荒唐可笑，我相信99.999%的国人是不赞成的。因为读书，在一个班、一个学校，只有一个第一啊。那么，大家都认同的真理，我却与其唱对台戏，这是为什么呢？

通过我在28个省(市、自治区)实地调查研究和实验，再结合我培养俩儿子的全过程，我发现，"培养孩子读书的目标就是考第一"才是真正的真理。

我所到过的家庭，凡是学习成绩差、讨厌学习的孩子，都是家庭为孩子制定的目标不高埋下的祸根。

比如，您对您的上小学一年级的孩子说，孩子，你很聪明，到学校好好读书，将来考大学、考好大学；或者说，考我们江苏最好的大学——南京大学；或者说考全国最好的大学——清华大学。孩子听了很高兴，读书也比较认真；半年后，期末考试，孩子考试成绩很好，在班里排名第5或第6名；家长也很高兴，不但对孩子进行表扬，还实施物质奖励。这样，孩子可能就会误认为，我这个第5或第6名的成绩将来就能上南京大学或清华大学；于是，他就沾沾自喜，下学期仍然按照上学期的学习方法去学习。

大家应该明白，上重点大学非常难，更不要说南京大学和清华大学了。全国每年9月的同一天，有1800万个家庭送孩子上小学一年级，12年之后，即高中读完后，只有60万个孩子上重点大学(指211工程重点大学，全国只有100所左右)。也就是说，只有极少数的孩子能成功进入重点大学。我再通俗地讲一下，好比1000个家庭，同一天送孩子上南京的某个小学，这1000个家长这一天的心情都一样地好，都盼望孩子聪明、有出息，都盼望孩子将来考个好大学，都望子成龙、认为孩子会成功。可12年之后呢？这1000个孩子只有60人上了重点大学，940人只能上一般大学或初中、高中毕业就打工。

下面是湖北省2008年高考情况：

湖北省2008年普通高校招生（参加高考53万人；其中本科招生233365人）各批次录取控制分数线如下：

一、理工、文史类

1. 第一批本科：理工548分（31511人）；文史532分（6545人）。
2. 第二批本科（一）：理工516分（30200人）；文史508分（8072人）。
3. 第二批本科（二）：理工504分；文史492分。
4. 第三批本科：理工、文史均为410分（157654人）；省民办高校和省属高校举办的独立学院，同批次录取控制分数线上生源不足时，可降到同批次录取控制分数线下10分以内按志愿录取。
5. 第四批高职高专（一）理工、文史均为395分。
6. 第四批高职高专（二）理工、文史均为258分。
7. 提前批军事院校本科：理工516分；文史532分。

二、艺术类

1. 艺术本科（一）和艺术本科（二）：文化295分。
2. 艺术本科（三）：文化265分。
3. 艺术高职高专：文化200分。

三、体育类

1. 本科：文化325分；专业素质测试70分。
2. 高职高专：文化200分；专业素质测试60分。

湖北省 2008 年普通高考总分一分一段表(理工)

分数段	人数	累积人数
710	1	1
706	1	2
699	1	3
695	1	4
693	1	5
692	1	6
689	1	7
686	1	8
684	2	10
683	1	11
682	2	13
681	1	14
680	4	18
679	4	22
678	2	24
677	3	27
676	2	29
675	3	32
674	1	33
673	3	36
672	7	43
671	3	46
670	9	55
669	1	56

分数段	人数	累积人数
668	10	66
667	6	72
666	9	81
665	7	88
664	16	104
663	13	117
662	11	128
661	13	141
660	19	160
659	15	175
658	15	190
657	18	208
656	20	228
655	24	252
654	25	277
653	15	292
652	22	314
651	25	339
650	22	361
649	27	388
648	34	422
647	28	450
646	34	484
645	40	524

分数段	人数	累积人数
644	39	563
643	36	599
642	32	631
641	40	671
640	41	712
639	43	755
638	47	802
637	44	846
636	58	904
635	52	956
634	67	1023
633	78	1101
632	63	1164
631	75	1239
630	57	1296
629	79	1375
628	80	1455
627	92	1547
626	81	1628
625	82	1710
624	89	1799
623	99	1898
622	118	2016
621	115	2131
620	128	2259

分数段	人数	累积人数
619	140	2399
618	121	2520
617	140	2660
616	122	2782
615	152	2934
614	149	3083
613	152	3235
612	168	3403
611	155	3558
610	155	3713
609	165	3878
608	184	4062
607	152	4214
606	186	4400
605	186	4586
604	171	4757
603	198	4955
602	210	5165
601	211	5376
600	227	5603
599	233	5836
598	262	6098
597	258	6356
596	258	6614
595	290	6904

分数段	人数	累积人数
594	261	7165
593	271	7436
592	283	7719
591	338	8057
590	314	8371
589	318	8689
588	310	8999
587	348	9347
586	374	9721
585	389	10110
584	370	10480
583	380	10860
582	392	11252
581	422	11674
580	414	12088
579	426	12514
578	449	12963
577	436	13399
576	444	13843
575	456	14299
574	460	14759
573	531	15290
572	474	15764
571	489	16253
570	524	16777

分数段	人数	累积人数
569	526	17303
568	575	17878
567	585	18463
566	609	19072
565	610	19682
564	600	20282
563	644	20926
562	603	21529
561	621	22150
560	642	22792
559	700	23492
558	650	24142
557	663	24805
556	664	25469
555	699	26168
554	734	26902
553	759	27661
552	710	28371
551	766	29137
550	807	29944
549	766	30710
548	801	31511
547	772	32283
546	780	33063
545	842	33905

分数段	人数	累积人数
544	844	34749
543	861	35610
542	854	36464
541	857	37321
540	914	38235
539	872	39107
538	854	39961
537	901	40862
536	930	41792
535	938	42730
534	915	43645
533	958	44603
532	907	45510
531	960	46470
530	963	47433
529	950	48383
528	1074	49457
527	953	50410
526	1001	51411
525	1043	52454
524	1051	53505
523	1015	54520
522	994	55514
521	1105	56619
520	990	57609

分数段	人数	累积人数
519	1038	58647
518	1024	59671
517	1023	60694
516	1017	61711
515	1052	62763
514	1069	63832
513	1033	64865
512	1056	65921
511	1046	66967
510	1102	68069
509	1063	69132
508	1057	70189
507	1015	71204
506	1062	72266
505	1174	73440
504	1116	74556
503	1061	75617
502	1127	76744
501	1125	77869
500	1101	78970
499	1055	80025
498	1129	81154
497	1021	82175
496	1089	83264
495	1109	84373

分数段	人数	累积人数
494	1058	85431
493	1098	86529
492	1089	87618
491	1177	88795
490	1037	89832
489	1105	90937
488	1099	92036
487	1084	93120
486	1058	94178
485	1153	95331
484	1035	96366
483	1132	97498
482	1026	98524
481	1097	99621
480	1100	100721
479	1046	101767
478	1064	102831
477	1057	103888
476	1037	104925
475	1053	105978
474	1065	107043
473	1057	108100
472	1027	109127
471	1093	110220
470	1004	111224

分数段	人数	累积人数
469	988	112212
468	1029	113241
467	1037	114278
466	1047	115325
465	1056	116381
464	1076	117457
463	1036	118493
462	1017	119510
461	988	120498
460	1012	121510
459	1017	122527
458	956	123483
457	1046	124529
456	1060	125589
455	1012	126601
454	983	127584
453	996	128580
452	988	129568
451	1019	130587
450	976	131563
449	998	132561
448	1011	133572
447	984	134556
446	987	135543
445	971	136514

分数段	人数	累积人数
444	985	137499
443	938	138437
442	963	139400
441	931	140331
440	1019	141350
439	960	142310
438	995	143305
437	950	144255
436	991	145246
435	928	146174
434	917	147091
433	908	147999
432	936	148935
431	908	149843
430	933	150776
429	943	151719
428	955	152674
427	942	153616

分数段	人数	累积人数
426	924	154540
425	932	155472
424	932	156404
423	940	157344
422	938	158282
421	959	159241
420	954	160195
419	926	161121
418	891	162012
417	919	162931
416	927	163858
415	968	164826
414	917	165743
413	855	166598
412	937	167535
411	863	168398
410	877	169275

湖北省 2008 年普通高考总分一分一段表(文史)

分数段	人数	累积人数
641	1	1
639	1	2
637	1	3
632	1	4
629	2	6
628	1	7
627	3	10
625	3	13
623	5	18
622	2	20
621	1	21
618	1	22
617	3	25
616	2	27
615	5	32
614	3	35
613	3	38
612	1	39
611	1	40
610	5	45
609	10	55
608	6	61
607	2	63
606	6	69

分数段	人数	累积人数
605	6	75
604	9	84
603	7	91
602	12	103
601	15	118
600	5	123
599	6	129
598	9	138
597	12	150
596	10	160
595	18	178
594	16	194
593	14	208
592	17	225
591	14	239
590	20	259
589	15	274
588	13	287
587	19	306
586	23	329
585	19	348
584	28	376
583	31	407
582	27	434

分数段	人数	累积人数
581	27	461
580	39	500
579	48	548
578	45	593
577	37	630
576	33	663
575	40	703
574	55	758
573	50	808
572	50	858
571	51	909
570	51	960
569	53	1013
568	62	1075
567	78	1153
566	68	1221
565	94	1315
564	68	1383
563	77	1460
562	91	1551
561	86	1637
560	80	1717
559	90	1807
558	111	1918
557	112	2030

分数段	人数	累积人数
556	126	2156
555	122	2278
554	128	2406
553	142	2548
552	138	2686
551	140	2826
550	133	2959
549	155	3114
548	148	3262
547	159	3421
546	167	3588
545	183	3771
544	172	3943
543	185	4128
542	193	4321
541	192	4513
540	190	4703
539	181	4884
538	226	5110
537	247	5357
536	210	5567
535	243	5810
534	240	6050
533	251	6301
532	244	6545

分数段	人数	累积人数
531	263	6808
530	270	7078
529	290	7368
528	274	7642
527	273	7915
526	286	8201
525	299	8500
524	285	8785
523	310	9095
522	322	9417
521	349	9766
520	336	10102
519	336	10438
518	355	10793
517	354	11147
516	365	11512
515	389	11901
514	347	12248
513	391	12639
512	399	13038
511	391	13429
510	371	13800
509	415	14215
508	402	14617
507	373	14990

分数段	人数	累积人数
506	398	15388
505	424	15812
504	394	16206
503	436	16642
502	461	17103
501	442	17545
500	462	18007
499	413	18420
498	443	18863
497	449	19312
496	478	19790
495	469	20259
494	444	20703
493	495	21198
492	428	21626
491	467	22093
490	450	22543
489	463	23006
488	493	23499
487	516	24015
486	453	24468
485	513	24981
484	487	25468
483	489	25957
482	485	26442

分数段	人数	累积人数
481	468	26910
480	488	27398
479	486	27884
478	497	28381
477	485	28866
476	507	29373
475	526	29899
474	511	30410
473	471	30881
472	499	31380
471	514	31894
470	486	32380
469	526	32906
468	494	33400
467	540	33940
466	466	34406
465	525	34931
464	490	35421
463	469	35890
462	524	36414
461	535	36949
460	553	37502
459	538	38040
458	572	38612
457	525	39137

分数段	人数	累积人数
456	514	39651
455	497	40148
454	546	40694
453	522	41216
452	515	41731
451	494	42225
450	537	42762
449	521	43283
448	525	43808
447	505	44313
446	566	44879
445	496	45375
444	495	45870
443	581	46451
442	552	47003
441	521	47524
440	533	48057
439	520	48577
438	558	49135
437	541	49676
436	521	50197
435	544	50741
434	517	51258
433	517	51775
432	559	52334

分数段	人数	累积人数
431	507	52841
430	529	53370
429	516	53886
428	531	54417
427	510	54927
426	545	55472
425	543	56015
424	573	56588
423	544	57132
422	547	57679
421	548	58227

分数段	人数	累积人数
420	534	58761
419	503	59264
418	553	59817
417	556	60373
416	555	60928
415	550	61478
414	543	62021
413	514	62535
412	530	63065
411	516	63581
410	509	64090

亲爱的读者,从上面的内容中,您看到了什么?它告诉我们:湖北省2008年普通高校招生参加高考的考生是53万人。其中本科招生233365人,进入211工程重点大学的却只有区区29000人。毕业时有一半人读研究生或出国,一半人进国家公务员队伍和事业单位、国有大型企业单位,干比较体面、轻松的工作。其余的大学本科生虽然不会失业,只要不懒惰,就有饭吃,可以到个体小企业打工、做文秘、当打字员、当普通操作工;或者到饭店当洗碗工,或者到农村种地,或者到建筑工地当小工,或者下煤窑挖煤炭,或者自己创业搞个体经商等等。不能说上不了重点大学就没有饭吃,但前提是不能懒惰。

我通过20年的实验和研究发现,孩子有10大特征。其中就有:孩子随着年龄一天一天长大,胆子一天比一天大,一天比一天懒惰。孩子学习成绩下降都与此有关系;当然,还有其他原因。比如,孩子有时上课受其他同学影响,没有认真听讲,就有可能导致老师布置的作业不会做，甚至于下面的课程听不懂。于是，孩子就会逐步失去学习信心和学习兴趣，学习成绩当然就会慢慢下降。学习成绩下降后，有的老师就会批评孩子或侮辱孩子，家长往往也批评孩子。有的家长即使不批评孩子，或许会说，孩子，你这个成绩将来是考不上南京大学的，更考不上清华大学，那么，咱们就考南京理工大学吧。

家长把孩子读书的目标降了下来，孩子也就认可了。

到孩子上初中了，初中的课程比小学的课程难度大得多，孩子如果还使用小学的学习方法，成绩肯定迅速下降。

大家都知道，小学几乎没有学生考试不及格的；但是进入初中后，考试成绩不及格的学生就出现了；进入高中后，考试成绩不及格的学生会更多。

等到孩子在初中成绩下降到中等时，家长又会对孩子说，你这样的成绩，今后只能考一个本科就不错了，孩子，要认真读书啊，成绩再下降不得了啊。

有的孩子，在初中时学习成绩本来就不过关，家长却花高价让孩子到了重点高中。孩子在初中时本来就没有信心，许多课程根本听不懂，到高中就更没有信心了；加上高中课程难度更大，他就会受其他同学的影响去谈情说爱或上网玩游戏等等。因为他上课听不懂、无聊，只有找其他事情做。久而久之，就会放弃学习，等高中毕业后，让父母送他上一个一般大学完事。这个结局还是好的，许多孩子发展到打骂父母甚至杀害亲人、离家出走、打架闹事、被开除学籍等等。目前，许多家庭培养孩子都按照这个套路去走，因为家长们不知道他的孩子能考第一，也就不鼓励他的孩子考第一。

那么，正确的方法是什么呢？应该鼓励孩子考第一。

我的孩子在初中和高中阶段，如果考试成绩由全班第 20 名前进到第 10 名，我就对孩子说："凭你的智商，应该考第一啊。来，咱们研究研究学习方法，研究研究考试第一同学，难道他真的比你聪明吗？"我的大儿子真的考过好几次全年级第一，还考过全市第一。我的小儿子从小学到大学一次第一都没有，他在大学期间曾经质问过我："你天天要我考第一，我到今天还没有考过第一啊。"我说："你小学成绩倒数第八，我鼓励你跳级不是成功了吗？你中考没有考上重点高中，我花 8000 元送你上重点高中（十堰一中），然后鼓励你考第一，你从 302 名前进到 25 名，高考以超过湖北省重点大学录取线 12 分的成绩上了中国地质大学（北京）。尔后，我又鼓励你在大学考第一。你虽然在本专业 75 人中排名第 9，你却被中国科学院、北京大学、复旦大学等研究生院争着抢着要吗！而排名第二、第三的两个同学却只能上地震研究院和本学校的研究生院吗！"

当然，并不是说仅仅靠鼓励考第一就能成绩出色，培养一个孩子成功有许多工作需要家长去做。但是，"培养孩子读书的目标就是考第一"绝对没有错。这就犹如买东西，商家开价 100 元，你砍价 50 元就有可能成交啊。如果把培养孩子读书的目标定位为就是考第一，那么，虽然他可能上不了北京大学，但可以上南京大学、武汉大学啊。

可惜的是，我经常听到有些家长说："我不想给孩子读书压力，让孩子有一个快乐的童年多好，读书顺其自然好了。我的要求不高，今后做个普通的劳动者、有饭吃就行了。"岂不知，孩子没有任何压力，每天吃得饱饱的，考试成绩 100 分回家吃猪肉，考试成绩 20 分回家也是吃猪肉。慢慢养成了懒惰的习惯，今后怎么能当好"普通的劳动者"啊?！要知道，世界上还有什么职业比读书轻松啊，如果书都读不好，今后的日子怎么过呢？当然，如果不读书，小学读完就锻炼孩子劳动能力，吃打工苦，孩子就不会变得懒惰，将来有饭吃当个"普通的劳动者"没有问题，比读个一般大学的文科专业强得多。在此，我请家长同志一定要牢记：信心是孩子读书成功的保证；"培养孩子读书的目标就是考第一"啊！

附录 1:

贫困的家庭、苦恼的婚姻使我下决心培养孩子

当前在全国 4 亿多个家庭中,仍然有 3 亿以上家庭过着我们家当年那种最普通的百姓生活。在我每天接到的咨询电话中,家长们反映,他们目前都是做着小本买卖或打工维持生活,培养孩子就成了大问题,因为每天都忙于生计,没功夫管孩子。

我写作此文的目的,就是想告诉这些普通的、像我家当年一样的家庭:

贫穷不可怕,只要肯吃苦,只要去拼搏,只要把孩子培养好了,就会有出头之日。

一、没有爱情的婚姻

(一) 七十块钱"买"了个老婆

大家都知道,买卖婚姻是违法的。可是,我库金会的老婆的确是"买"的。

1982 年 3 月 6 日,是我当兵第五个年头。这一天,是我离开家乡——湖北省武穴市仓头埠草鞋岭村下库垸五年后第一次探亲的日子。当时我在铁道兵 1 师 4 团 6 连服役。是年,我 22 岁。

五年不见俺叔(我们家乡称爹为叔)和俺娘,今日得见,当然高兴又激动异常。那时打电话是奢侈物,农村也没有电话,所以从未给俺叔俺娘打过电话,与父母和弟弟们交流沟通,都是依靠写信。

作者的父母

此刻，见到俺叔和俺娘，虽然高兴，但愧疚更多。

因为父母望眼欲穿，盼儿五年，归来的儿子原来是个无能之辈，既没有入党，更没有当上干部，连志愿兵都没有被选上。

两个口袋空空，总共只带了不到 70 块钱，是准备做返回的路费的。这 70 块钱还是从连队司务长那儿借的，因为那时当兵第一年每月只有 6 块钱津贴，尔后每年增加 1 块钱。这 6 块钱每月都花得精光，支出的项目是：

寄给弟弟读书 3 块，汇款费用 1 角；买书、写信、买肥皂 2 块 9 角；牙膏就不敢享用了，我有整整 4 年没有用牙膏，牙刷也是半年才敢换一支，牙刷的毛都快磨秃了。

虽然我是个无用的儿子，但俺娘见了还是高兴的。

娘见我仍然穿着两个口袋的绿军装，似乎不相信我还是个兵。在部队干五年了，应该升官儿啊（那时军队里排长以上的干部与战士的服装区别仅仅是衣服的口袋：干部四个兜儿，战士只有两个口袋）！

娘说，有人曾告诉过她，凡是当兵四五年不探亲的战士，一般都会提干当军官。

娘问我，儿呀，你怎么还是两个兜儿呀。

我说，娘，儿对不起您二老，儿没有干好，没有提干，年底就要退伍回家种田务农啊！

娘说，是真的吗？退伍也好，娘儿在一起免得牵挂。再说，你也不小了，咱垸里和你一般大的伢儿都结婚有孩子了。不如趁你还穿着军装，找说媒的帮你说合说合，年底退伍回家成亲吧。

退伍回家，这也许是娘真心希望的结果。

因为在我1978年当兵的头一年，农历年底就发生了自卫反击战。当时我们团执行的是一级战备，不许写信，不许打电报。我有整整三个月未给家里写信，但收到了十几封家书，电报也有许多封。

弟弟后来写信告诉我，说娘只要一听到天上飞机的声音，或者听说有武穴籍官兵阵亡的消息，就要哭一场。娘以为我也阵亡了呢。因为总不见回信，打电报也不见回音。这一段历史我记忆犹新。所以说，我只要能平安退伍回家，娘一定高兴。就是跟着娘滚一辈子泥巴，娘也乐意，因为儿是娘身上掉下的肉啊！

娘又说，最近，听说你要回家探亲，到咱家来说媒的还真不少哪。

有人误以为你五年没回家，肯定当了军官儿，有人还在武穴镇为你物色了对象呢，女方是个吃商品粮的（注：商品粮是当时特定历史条件下城镇户口的代名词，与农村户口有天壤之别），并且在城里教书呢。

听娘这么一说，我更不好意思了，更加为自己的没出息而感到惶恐不安。

但是，娘的话也对，应该抓紧这15天探亲假期，趁着穿绿军装，

“骗”个老婆吧。便同意了娘的安排。

娘一定要我第一站去县城相亲，因为当时我们垸子里有一位退伍兵的妻子就是县城里的姑娘。这个姑娘想找个伴儿，也嫁到我们垸，便说动我娘，非要我跟她去县城与她的同学相亲。

经不住俺娘和媒人的劝说，我只好同意。我也有心想去县城看一看。因为自出生到如今，22岁了，我仅仅去过一回县城，那是刚入伍时路过县城乘车到部队，县城到底有多大，是个什么样儿，我还没看清楚呢。

于是，我同意去县城相亲，主要是想看看县城。至于相亲，我也就没当一回事儿。因为我的身份是农民，与城里人有天壤之别，想找个吃商品粮的姑娘结婚，那是癞蛤蟆想吃天鹅肉啊！

记得我和那说媒的刘嫂子是乘小船去县城的，船票三角钱还是刘嫂子出的，我身上只带了10元钱。

到县城后，刘嫂子让我在一家国营商场门口等着。

不一会儿，刘嫂子带着她的同学来了。

姑娘径直向我走来，还早早地向我伸出了手，要握手呢。

城里人要与农民握手，我当时的确受宠若惊。说实在的，我长这么大了，除了小时候吃娘的奶之外，还没有与任何女性这样零距离接触过，更没有与女性握过手。

记得当时握手之后，我不敢抬头，脸也涨红了，更不敢说话。

吃商品粮的姑娘倒是大方，主动和我说话，问我部队里的一些情况。

她问一句，我答一句。最后问我能不能在部队提干，什么时候退伍。我明确告诉她，提不了干，也入不了党，年底就退伍回家种田。

此时，我已不想谈下去了。因为结果早就有了，即使对方一百个同意，我也不会同意。我应该有自知之明啊！我们农民咋能配城里人呢？我们不般配啊！

谈了大概有10多分钟。听对方的口气，似乎对我个人还是满意的，当得知我已在报刊上发表了许多文章时，姑娘很感兴趣，因为她是教小学语文的，兴许也有写作爱好。

可惜的是，这一次所谓的相亲，是在先有结果的情况下进行的，只是对方不知道罢了。我从心里也感到对不起这位姑娘，因为这一次相亲对她是不公正的。

于是，我见时间差不多了，便主动提出先谈到这儿，下午还要赶回去，不能误了乘船的时辰。

可是，姑娘似乎意犹未尽，提出到饭馆吃点东西，并说咱们可以保持通信联系，还抄下了我的通信地址。

我想，我只带10块钱，吃东西少不了会花去一半，我一个月的津贴就少了一半儿。虽然听姑娘的口气她会付款埋单，但我是一个大老爷们，谈对象总不能让女方花钱吧。

再说，这种不对等的、不般配的谈对象，不会成功，又何必浪费时间、浪费几块钱呢？她之所以那么自信、那样居高临下地与我谈，她仗的是她的吃商品粮的地位，又是人民教师。她便认为，只要她同意，我绝对不会提出反对。

我想，她之所以提出保持通信联系，只能说是她心存一线希望，看我能否在一年之内提干、当上军官儿。

其实，当时部队已停止直接从士兵中提干，主要通过让士兵参加军校文化考试，尔后进军校接着提干；而我对数理化一窍不通，英文字母只认识ABCD 4个，考军校提干是不可能的。

于是，我婉言谢绝了吃东西的邀请。说老实话，谈了半天，姑娘长得到底如何，我不敢正眼去瞧，还没有看清呢。

我是一个人返回家的，“媒婆”刘嫂子那天就住在了她的同学家里。后来，刘嫂子对俺娘说，姑娘对你儿子很满意，很想保持通信联系。

俺娘听了高兴得合不拢嘴。

我对娘说，找对象是过日子，今后她享受国家干部待遇，我是个

刨土坷垃的泥腿子，这婚姻能长久吗？

娘见我这个态度，很是伤心难过。娘只好紧锣密鼓地张罗着在附近村子请人为我说媒。

我一连相了六个姑娘，女方都对我很满意。就在我探亲假只剩五天的时候，娘说，该选定一个姑娘到咱家看看房子，举行一个订婚仪式；不然，一拖又是一年。

不过，这里需说明的是，我一连看那么多的姑娘，并非道德问题，我们当地的风俗就是这样的，相亲多少是没有关系的。女方一旦看过男方的房子、办了订婚的酒宴，就再也不能去相亲了。

这6个姑娘除一个是县城的外，其余5个都是方圆12华里之内附近村子里的，都在一个乡镇。

选哪个姑娘呢？做媒的也都天天在催问。

其实，论相貌，都不错，也都差不多。只是其中有两位个头好像比我高，这个头比我高的是自然不能要的；还有县城那个吃商品粮的也排除在外，剩下3位里面应该定一位了。

这三位之中，有一位没有文化，没有上过一天学，是文盲；其余都有小学以上文化，有的还读了高中。

我娘让我选个有文化的。

我却选定了那个全文盲，即我现在的妻子——刘桃容。

我选她的理由是：因为我年底将退伍回家务农种田。我想，一个农村家庭妇女，要文化干什么呢？这是其一。现在回想起来，我当年这种想法是太自卑又荒谬可笑的。

其二，刘桃容那个垸子里，原有我家一个亲戚。记得自我记事儿起，也就6岁吧，俺叔（爹）就年年带我去拜年。

我们武穴市的风俗是，即使常年不大走动的亲戚，过春节必须相互走动拜年。后来等我长到8岁时，俺叔就让我自个儿跟垸子里的大人们去那个亲戚家拜年。

我家距那个叫新屋下垸的村子有12华里，垸子的后背山上有座铜矿；每年春节，亲戚家哥哥、弟弟们都要领我去硐矿参观，到那极深的洞子里“探险”，觉得很神奇。每到过年，我最希望的是去那里拜年，可以参观铜矿。直到我离家当兵的那一年，我还去拜过年。虽然我此时是22岁了，是个大人了，儿时的好奇、向往仍然成为我这次相亲选定姑娘的关键理由(注：这座铜矿2002年被我妻子的哥哥买下来了)。

其三，那是个能干的姑娘。我听亲戚家的人说，那刘桃容是个干家务的能手。她在姊妹兄弟中，排行老三，但家务活儿几乎都是她和母亲两人做，特勤快。在生产队干活挣工分儿也是顶呱呱的，一百多斤的担子担在她肩上，也能健步如飞。这些个情况对我太重要了，也太有吸引力了。

我想在农村，夫妻过日子，不就凭的力气大、勤快、能干、能吃苦吗？这个姑娘够条件。

其四，我最欣赏的是，那天相亲时，姑娘与我对话，并不胆大，还是我主动拉话的。我说，我们兄弟4个，我老大，年底就退伍回家种田。我家只有4间土坯房，到时每人能分一间结婚。我们家很穷，弟弟们都在读书(当时大弟在国防科技大学，二弟在武穴师范，三弟读小学)。

姑娘说，穷不怕，我家也不富；种田也不怕，咱们生来就种田，怕什么呢；只要勤快，不怕吃苦，就有饭吃。

听姑娘这样说，我非常满意。在6个姑娘中，只有她说种田不可怕，穷不可怕。这些话我永远都记得。

如今，我还经常与妻子谈起当年相亲时她说的几个不怕呢。再说，论长相，她在几个姑娘中，应该说最耐看。虽然属于胖的范畴，不苗条，但胖得合理。

奇怪的是，我们两人的体重，自相亲时到现在50多岁了，我们几乎没有变化，她120斤左右变化不到3斤；我90斤上下变化不到3斤。这应该说是个奇迹。

她还告诉我，之所以到22岁才与我谈对象，这在当时的农村是比较罕见的。本来有几次相亲，她都没有相中人家，其中还有一个小伙子是吃商品粮的呢。由于那些小伙子都太殷勤，嘴太甜，老夸家中如何富有，并保证结婚就能享福。她说不爱听这些，这是不诚实的表现，是吹大牛。她说你不一样，一个劲地说家里穷，一看就知道是个老实人，是个过日子的人。并且长得好看，只是瘦小一点儿，个头矮了一些。于是她当时就铁心嫁这样的人。

请读者们评说评说，从上述4条“理由”来说，我该不该选定刘桃容为终身伴侣呢？

我的决定使父母伤心。特别是我娘，坚决反对。

我的三个弟弟也都投反对票，因为他们都是有文化的人，不愿意我为他们找个没文化的嫂子。

但我主意已决，亲人们反对也无用；可是，也就因此埋下了婆媳不和的祸根。

父母虽然不赞成这门亲事，但父母毕竟是疼儿子的。儿子当兵五年才回家，在这15天的探亲假中，全家人对我的“任性”作了让步，同意了这门亲事，真是可怜天下父母心啊！

订婚看房子的日子里，父母还是非常热心的。不但办了一桌酒席，还从当时的生产大队借了150元钱，作为订婚费用。

我们家乡湖北省武穴的订婚规矩是，吃罢订婚酒后，男方必须带女方去县城买衣物，还要给女方一笔钱。

记得当时定下给女方80块钱。我对刘桃容说，这150元钱都是从大队借的，我家穷你是知道的；她听后没有什么表示，也就是默认吧。

令我想不到的是，临到给她钱时，她却返给我10元钱，说，给10块钱你回部队路上用吧。

所以，在县城也只是给她买了两块“的确良”的布料而已。

事后，我与她开玩笑说，你父母生你养你22年，含辛茹苦22年只把你“卖”了 70 元钱，每斤只值 5 角 6 分钱(妻子当时体重是 120 斤)。而我只用 70 块钱就“买”了个老婆，太合算了。

妻子当时没有恼，只是低着头说，谁叫你家这样穷呢。

在此再向读者交待一件奇事：

我返部队后不到半个月，弟弟来信告诉我，说俺垸的那个带我去武穴镇相亲的刘嫂子，就在我回部队的第二天，与丈夫争吵，喝农药自杀了。

读了弟弟的来信，我庆幸当时做出的决定。当年农民与吃商品粮的人结婚，特别是女方是吃商品粮的，那悬殊就大了，太不般配了，岂能长久呢？当然，极个别人还是能长久过下去的，我讲的是大多数，是普遍现象。

[作者自己点评：

近 5 年来，我几乎每天都要接到一些单亲妈妈的电话，都是向我诉说孩子不争气，不听话，学习成绩差，以及自己婚姻的不幸，其中不少人还在电话那一头发出悲愤、伤心的哭泣声。

我不知道这些单亲妈妈当年是怎样恋爱结婚的，或者说是看中男方什么，是其富有？还是帅气？或是青梅竹马？或是门当户对？或是一见钟情？或是母命难违？

但要我说，这些女性，当年谈对象，都忽视了最关键的一条，即：一个人的品德。

当然，造成离婚的原因也可能不在男方，那就另当别论了。但女性在谈婚论嫁时，首要的还是应关注男方的品德。

还有一些暂未离婚的妈妈，都诉说丈夫如何的不争气，华而不实，一天到晚除了上班，就是喝酒、抽烟、打麻将和“斗地主”，不但自己不管孩子，还不让她管孩子。

现在回过头来看我妻子当年的选择，她什么都不计较，只看中我不说过头的话，人实在、老实。看来她很聪明、有眼光。

我记得她的父母和她的哥哥也对我很满意，不计较我家穷。这

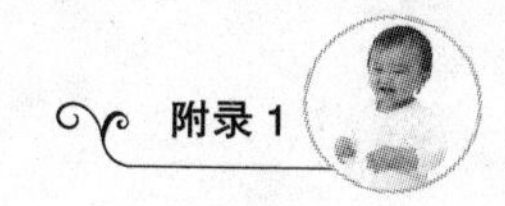

也是我选择了刘桃容的理由之一。

而其他几个姑娘的父母就不一样，老问我结婚时能不能分到两间房子，说一间房子太少了，农村种田至少也要有两间房子。

也许这些父母为女儿考虑周全一点是对的，但是，光靠父母给两间土房子，女婿如果不实在，好吃懒做没本事，这两间房子又有何用呢？

因此说，我奉劝当今那些未婚恋的青年男女们，找对象千万别图门当户对，更别图帅不帅的。关键看人品、实在不实在、能否吃苦耐劳，待人诚实可信就是好样的。

结婚之后，夫妻二人扑下身子搞经济建设，培养好孩子，就一定能成为幸福家庭。]

（二）两个小姨子代写情书

我与刘桃容订完亲，我假期也到了，便匆匆返回部队。

到了部队之后，我才发现问题有些严重。刘桃容不认识字，而我又远在千里，这交流沟通、“谈情说爱”咋办呢？我很苦恼。但我还是写了信，信是写给她父母的。

可是，就在我到部队的第 7 天，我却率先收到了她的来信。一看字体，完全是在校初中生的“杰作”。可笑的是，信的抬头居然用了“亲爱的金会”之称谓。我想这一定是小姨子代写的。刘桃容虽然没有文化，但在家中却是一“霸”，由于她勤快，全家 9 口人都听她的，大权独揽，她指东，别人不敢往西；包括她的父母和哥哥，都听她的。她叫妹妹给我写信，妹妹敢不写吗？

从后来的来信中可以看出，信是她的三妹和四妹轮流写。我想，刘桃容没有文化不行，假如今后生了孩子，一个文盲妈妈怎样教育孩子呢？于是，我在信中要求，今后不准让她妹妹代写信，信封可代写。信的内容只能自己写，写错了不要紧，哪怕一封信写一个字也行，不会写字可问妹妹。

就这样，刘桃容走上了一条艰难的识字路。说来也奇怪，才三个多月，她居然一封信能写50多个字，虽然错字占了一半，但意思还是明白的。

就在这时，我们部队传来消息，国家决定撤销铁道兵，将17万铁道兵全部转到铁道部工作。战士们都当工人，转成“商品粮”。

这个消息，也使得许多来自农村的战士马上解除了与农村姑娘的婚约，有些已结婚的也准备“拜拜”了。其理由是，今后夫妻两地分居不好办，不般配了。

我当时也苦恼过，也动过解除婚约的念头。

我将这一消息告诉刘桃容。

没想到，这一回，她没有亲自给我写信，却让她妹给我写了一封信。

信的大意是，你的地位马上要变了，婚约可以解除，一切由你拿主意。我姐姐不会强求你的。

小姨子的信，反而打消了我解除婚约的念头。我想，人要讲良心。我当时是按照回家种田的标准找的对象，可人家没有嫌弃我家穷。如今，我们地位虽然变了，今后，随着时间的推移，夫妻之间的地位，身体等变化会越来越多，总不能变化一次就离婚一次吧。再说，未婚妻除了没有文化外，目前看没有什么缺点。如果解除婚约，对她的打击太大了，她已按照我的要求在学习文化。解除婚约就是我的不对，这种没良心的事我不能干！

于是，我按照当时订婚时的约定，于1983年农历十二月二十四日回家与刘桃容如期举行了婚礼。但没有到民政部门办结婚登记手续。

当时考虑到办结婚证要花好几块钱，为了省下这几元钱，就没有去办结婚登记手续。

在我们那偏僻的乡村，不办结婚登记就结婚的实在太普遍了。

说句老实话，我们虽然结了婚，但妻子没文化，对我们整个家庭影响的确是太大了，我们的婚姻后来出现的几次危机，都是因为妻子

没有文化引起的。这是后话。

[作者自己点评:

从当前众多的离婚现象看，许多家庭解体的主要原因便是一方地位变了，嫌弃对方引起婚变的。我不是差点儿也解除了婚约吗?

如今，不少明星们、企业家们、高级知识分子们、高级白领们都过了晚婚年龄，都在 33 岁以上，都不敢结婚，有的虽然同居了，但不敢办婚姻登记，更不敢要孩子。据了解，这些大龄男女们不是不想结婚，而是害怕一方地位变了之后会离婚。有的则是工作和生活上的压力以及经济条件不好被迫晚婚的。

当然，我讲的是其中的一部分。大龄青年男女 30 多岁不结婚的原因是多方面的。]

(三) 没有爱情的婚姻

说老实话，我结婚 20 多年了，还真不知道什么叫爱情。

查《现代汉语词典》，对“爱情”词条的解释是:男女相爱的感情。

对照词典上的解释，我们的婚姻似乎又有了爱情，不过，这爱情来得也迟了点儿，是在我两个儿子出生之后。从订婚到结婚后的 7 年时间里，我对妻子有的只是同情、而不是爱情;但妻子似乎有爱情，她常说，自相亲那天见我第一眼，就喜欢上我了，爱上我了。这可能就是书上说的“一见钟情”吧。

不过，这是剃头挑子一头热，只能说是刘桃容一个人有爱情罢了。

妻子爱我，我却不爱妻子，这种婚姻怎能维持呢?

记得我们结婚不到一周，妻子就与俺娘发生了激烈争吵。

这次争吵，其实是俺娘不对。作为才过门一周的新媳妇，妻子辛辛苦苦把一家大小衣服都拿去洗了，还不见俺娘一个好脸色，于是就产生了口角。

俺娘本来就不同意这门亲事，她甚至认为我骗了她，认为我当了军官，不然，怎么不退伍了呢?

给她解释也不听，说我不听话，找个城里的媳妇多好。在垸子（注：垸子是指一个自然村）里多风光，多有脸面啊！加上娘的脾气又大，而我妻子在娘家又从未受过委屈，脾气也大，这婆媳二人怎么合得来呢。

我明知母亲做得不对，但我还是站在娘那一边说话，妻子气哭了，只好回了娘家；我也就回部队了。

回到部队后，从来信中了解到，我娘与妻子不断产生矛盾。1983年底我又回家探亲，假期有一个月。可是，回家不到三天，我娘又与妻子吵开了，我又是完全站在我娘那一边。这一次闹得很厉害，妻子又哭着回娘家了；我也没有去接她。

我想，像这样吵闹下去如何是好，不如离婚算了，于是，打定主意与妻子摊牌，我借1万元钱补偿她，离婚算了。

那时我家并没有钱，连500块钱都没有，又何来1万元呢？再说，那时1万元至少相当于今天的50万元左右。这说明我的决心蛮大的，我宁愿当"孝子"，也不要老婆；打算去岳父母家摊牌。

可是，妻子在娘家住了半个月后，她父亲送她回到了我家。我与妻子摊牌，她坚决不同意离婚。

从这一点看，妻子非常爱我。一般来说，今天的一个普通人家，能通过贷款手段拿出50万元买断婚姻，想必大部分女子会同意的，但我的妻子却不同意。

于是，只好分家了。我们分到一间土房子。妻子一个人种三亩水田、一亩旱地。

对于一个妇女来说，一个人在农村种田，其艰辛和难处是可想而知的，主要的难处是妻子不会犁田。妻子只好求本垸的男人们帮忙。还要准备烟酒招待，尔后，妻子再帮助男方家里干活，栽秧插田，以工换工。

1984年1月1日，我终于脱下了军装，成为铁道部第十一工程局第四工程处的一名组织干事。

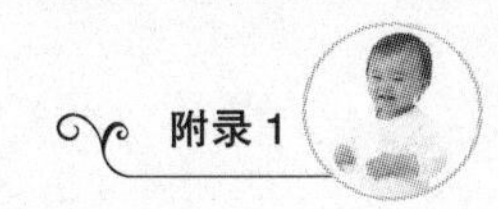

1985年2月，我的长子库搏飞诞生了；1987年2月，我的次子库稳飞诞生了。

妻子仍然带着两个孩子在家种田。

由于我父亲长年在江西一带挑着小货郎担做小生意，所以无人能帮助我妻子犁田。

夏天，妻子每天早上5点起床，把两个孩子挑到田边地头，将兄弟俩用绳子绑在椅子上；虫子经常爬到儿子身上叮咬，儿子只好大声哭闹，妻子也顾不了这些，任其哭喊，儿子哭累了，也就睡着了。

下午，妻子就让大儿子在家带弟弟，她一个人外出干活儿。当时两个孩子分别只有3岁和1岁。

农村没有幼儿园，也只能这样了。大儿子好几次把摇篮摇翻了，摇篮将弟弟反扣在地上。大儿子便坐在门槛上等妈妈。妻子收工回家翻开摇篮一看，小儿子满身是汗，也许是哭累了，正睡得香呢。妻子只好抱住两个儿子大哭。

晚上夜深人静，妻子就写信向我诉苦。

捧着妻子的信，我只恨自己无能，一个大男人，竟让妻儿跟着我受这样的苦。

从此，我便爱上了我的妻儿，我发誓要让妻儿过上幸福的生活。

[作者自己点评：

婆媳关系不好处理，这是中华民族5000年留下的痼疾，也是人性的弱点使然。我们本是普通人家，自然不能幸免。可是，当俺娘与妻子产生矛盾时，做儿子和做丈夫的，又难以一碗水端平。

我当时的做法是不妥当的，但我也没有其他办法，最后只有分家。

我相信目前农村里许多家庭仍然延续着这种矛盾，而城市里这种矛盾可能少一些，但婆媳矛盾肯定有，而且还普遍。希望读者能从我们这里受到一点启示，力争比我做得好。

写到这儿，读者可能会产生疑问，我们结婚6年之后，夫妻之间才

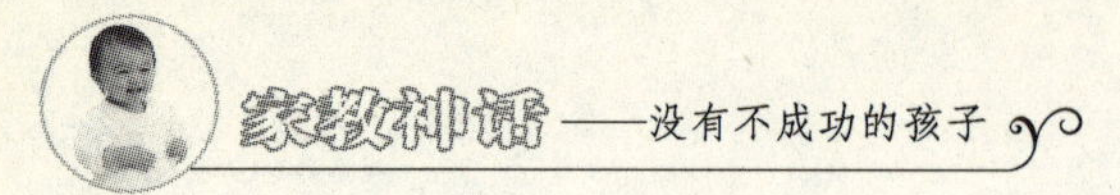

产生爱情，我才爱上妻子，这可能吗？

可事实就是这样的。我们的婚姻也不能完全说没有爱情。首先，妻子一直是爱我的，按照词典上的解释，这就是爱情嘛。只是我当时太理智，考虑的是今后过日子，至于爱不爱就不考虑了，也不能说我不爱妻子，只是没有什么感情，没有那么强烈地去爱罢了。]

二、爱情不是老鼠爱大米

我虽然是在结婚6年之后才对妻子产生爱情的。可是，自从有了爱情之后，并非像歌词中唱的那样，爱情就像老鼠爱大米，不分青红皂白无条件地去爱。相反，爱情要用辛苦、体谅忍耐去维护。

（一）背井离乡

妻子一人在家带着两个儿子种田，真是苦不堪言。由于我们家没有牛，好几户共养共用一头牛。妻子带着两个儿子，轮到自己放牛时，两个儿子就没人带了。于是，我就让妻子放弃牛、不要牛了。可是，没有牛，又怎么犁田呢？

妻子只好求助于娘家人，年近70的老岳父只好带着两个女儿，牵着牛从12华里外到我家帮助犁田，令我非常感动。

为了减轻岳父和小姨子的负担，我只好在农忙时，利用出差时间或专门请假回家帮助妻子犁田插秧。

记得每次回家，儿子开始都不敢接近我，不认识我嘛。等到我们混熟了，我又要走了。

我经常劝妻子不要种田了，管好孩子就行了，可她就是不听，总说一个家庭，光靠一个人是富不起来的。

要知道，我的妻子是个闲不住的大勤快人啊，也可以说是一个女强人啊！只可惜没有文化。

自从爱上妻儿后，我发誓要让妻儿过上幸福生活。

为了改变妻子种田苦的现状，1988年，我将发表于全国各报刊上的文章剪贴寄到家乡湖北省武穴市人事局，请求调回家乡工作。没

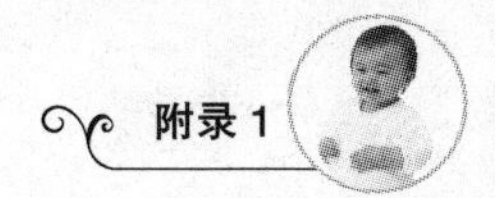

想到，武穴市司法局选中了我，竟把我录用为政府公务员。

1989 年 3 月，我正式到市司法局报到，在办公室当秘书，还分到了一套三居室 90 平米的新房子，我便把妻儿接到县城，总算是离开了农村。

可是，苦日子又跟到了县城。我每月只有 70 块钱工资。养不活一家人啊！再说，妻子也是个闲不住的人，她要求做小生意补贴家用。

于是，妻子在司法局门口摆起了水果摊，专卖橘子。我也不怕机关同事们笑话，下班了也帮助卖水果，换妻子回家做饭。

现在回忆起当时的这一做法，有些不妥，作为政府的公务员，不应该亲自经商啊。

我和妻子每天早上 4 点钟起床，推着小推车到附近乡下批发橘子，天亮前赶回机关上班。

因为舍不得花钱送其上幼儿园，妻子卖水果时，只好将家中的所有电源插座用胶布封上，把刀具藏起来，将两个儿子锁在家中自个儿玩。

下午，妻子有时还要搭乘去江西省九江市的大轮船，在船上卖水果。

由于是偷着卖，经常被船上的管理人员将水果没收了扔进长江。记得妻子有时空手而归便伤心地哭起来。

晚上妻子 11 点收摊，做完家务后，都快凌晨 1 点了，我们每天只能睡 3 个多小时。

吃苦还是小事，我们一家人还要受机关同事们的另眼看待，他们特瞧不起我们一家，我们每天只能低着头走路啊！

屋漏偏遭连阴雨，真是祸不单行。

一天，妻子在卖橘子时，有个小伙子买了橘子不给钱，还打我妻子。可怜的是，我身在司法部门上班，却有理无处诉，晚上，我思来想去，跟妻子商量，这日子没法过了，再回到原单位中铁 11 局集团工作吧。那里的领导曾对我说过，到了地方，如不满意或不习惯，可以再调回来。

于是，我连夜向集团党委书记王国平写信，请求调回去。王书记委托干部部门很快给我回函，同意我调回。

父母听说我们一家人好不容易调回家乡，现在又要背井离乡到十堰市工作，竟伤心地哭起来。

1990年5月4日，我们一家人乘轮船去武汉，在武汉转乘火车去十堰。在武汉我们一家人相互走失了，后来在警察的帮助下才在火车站相会的，记得当时我快急疯了。

母亲后来竟哭了一个多月。此时，我的两个儿子分别只有4岁和两岁多。

[作者自己点评：

我与妻子自从订婚到结婚后的6年间，虽然过着没有爱情的婚姻生活，但也没有出现大的危机。

作者与妻子刘桃容1990年合影

可是，当我爱上妻子，有了爱情之后，并不像歌词中唱的那样，爱情犹如那老鼠爱大米。我们没有体会到爱情的甜蜜。只感到现实生活的残酷无情，每日为生活所迫，累得晕头转向不说，还四处受气遭人瞧不起。最后竟落得个全家背井离乡到大山区十堰市工作。

当然，我当年在培养孩子方面，在两个儿子处在幼儿阶段，我的培养方式、方法完全失败，我的做法是极端错误的。家长们一定要吸取我的教训，趁早抓紧对孩子进行早期教育。

为什么要抓住早期教育呢？因为这是孩子养成好的学习习惯和好的生活习惯的最佳年龄段。正如古人所说的："三岁看大，七岁看老。"

据科学研究以及我的实验观察，人的记忆力最佳年龄段在3.5岁～15岁。如果在这个年龄段让孩子完成小学至高中的教育，孩子就能成为"神童"啊！

（二）我们带着俩儿子去领结婚证

我调回原单位后，领导把我当人才看待。

处长马春强对我很照顾，安排我在秘书股工作做他的秘书，并很快为我妻子解决了城市户口和工作问题。

妻子有了十堰市城区户口，需要与我的户口并在一起办一个户口簿，并为将来儿子户口"农转非"作准备。

当我们去十堰市武当路派出所办户口合并手续时，工作人员说要有结婚证才能合户。

而我们当时没有领结婚证啊，我家乡的祖祖辈辈都没有领结婚证，但离婚的非常少。

怎么办呢？儿子都有了，并且是两个，再去领结婚证，人家会发给我们吗？但是，没有这个东西、户口就不能合并，还可能给今后诸如买房子以及儿子办户口都带来麻烦。总之，这个结婚证太重要了，必须办。

于是，我们也就顾不得脸面，丢人也要办啊！

我们从单位开了证明，带着两个儿子到十堰市茅箭区民政部门去领证。

为什么带上儿子呢？因为儿子未上幼儿园，我们又没有住房。

说起来读者会不相信，我们一家四口，借住在单位8号住宅楼6楼的楼梯口——一个只有3.5平方米的小储藏室里。房子里仅仅能放下一个小书柜和一张单人床。单人床白天必须拆掉，不然开不了门。所以每天晚上要架床铺。做饭则在门口只有一平方米左右的过道上，也就是在人家的门口做饭。晚上一家四口挤在一张单人棕床上睡觉。这就是我们家在上个世纪90年代初的生活。

试想，我们住在6楼这么高，房子又小，两个儿子就必须带在身边啊。

所以，领结婚证也要带上儿子啊！我们这种做法，不知在全国是不是首例。估计不一定是首例，世界之大，无奇不有呀。

我和妻子带着儿子，还在顾家岗商场买了两斤糖。听说领结婚证要给办证人员发喜糖，这个“俗”是不能免的。

临到办证门口，妻子给儿子一人3粒糖，哄着儿子在门口玩，千万别进那屋，爸妈在那屋里有事，一会儿就妥。

我们对工作人员说，我们都是晚婚，所以今天来办证。工作人员相信了我们的话。可是，正当工作人员要盖公章时，大儿子突然跑进屋里，大喊爸妈，说弟弟要拉屎了。办证的工作人员问怎么回事，很不高兴，眼看到手的结婚证飞了。

我们只好实话实说。工作人员就是不办，批评我们不诚实，说要调查后再办。

我和妻子只好带着儿子回家。一路上，妻子一个劲地责怪大儿子，还打儿子。我批评妻子不该打骂儿子，说儿子还小，不懂事。不想“引火烧身”，妻子把我骂了个狗血喷头，回到家里，又足足骂我两个小时，主要是骂我没本事，让她和儿子丢了人。

妻子为什么这么大脾气呢？我后来才想明白。

原来，妻子在娘家做姑娘时，里里外外一把手，大权在握，养成了大脾气。所以，她后来在我们家，这种“权力欲”极为强烈，大搞“一言堂”。

记得有一次妻子过生日，我当时也是心血来潮，买了一支玫瑰花送她，当她得知这一支花儿要2元钱时，竟唠唠叨叨地骂了我一下午，说不该浪费钱，花儿有什么用呢？令我哭笑不得。

其实，妻子过生日，是她告诉我的，我从来就不记得她过生日。我们一家人，俺娘记不得我的生日，我也记不得她的生日，就更别说记妻子和我弟弟们生日了。但是，奇怪的是，我却能记得住我两个儿子的生日。妻子不但记得住儿子的生日，也能记得住我的生日，还能记住她自己的生日。我们家这种记生日的怪现象，估计在全国也不多见。

[作者自己点评：

人们常说，幸福人家的种类有许许多多、各式各样，但穷人的模式几乎是一样的。

我们家当年那个穷样，读者看了千万别笑话。但我要告诉读者的是：人穷不可怕，只要肯吃苦，只要勤快节俭，通过奋斗拼搏，10年、20年之后，也能像我们家一样翻身。

但由穷变富，夫妻之间的关系处理好非常重要。如果夫妻之间老是斗争，闹得不可开交，这个家庭是很难致富的。可是，如果是一对不般配的夫妻，或者说夫妻中有一方天天无理取闹、唠唠叨叨的，又怎么办呢？是离婚还是维持家庭完整？

我和妻子后来的发展就如同上述情况一样。我们是怎样生活下去的呢？是怎样维护家庭完整的呢？请看下文分解吧，也许对读者还能有某些启示作用呢。]

（三）我为爱情婚姻和家庭而奉献

却说我们夫妻原本就不般配。从身材来说，妻子120多斤，福态丰满，杨贵妃型的，但“肥而不腻”。

我却只有87斤左右，“排骨型”的。

我们俩个子都一般高，只有1.6米。但看起来妻子比我高多了，显得人高马大。

从文化来说，我是单位里的头号笔杆子，在全国性中央级大报上都发表不少作品。现在,大家又都称我是教育家、多产作家。而妻子呢,大文盲一个。

从个人地位来说,我是吃商品粮的企业中层领导干部;妻子却是在我的帮助下才吃上了商品粮,才被招为国有企业正式职工的。

可是,尽管我们不般配,我们却仍然产生了爱情,生儿育女,过日子。只是我没有想到的是,自从妻子吃上商品粮,成为国有企业正式工人后,却像变了一个人似的。叫我好苦恼啊!我甚至认为婚姻当成了一杯极苦的苦酒,于是,我痛苦,长久地痛苦,伤心,有时甚至落泪。

过去,妻子在农村,不知我在单位里的情况。如今,她成为工人后,发现单位里,凡是丈夫职务高一些的,妻子的工作就会好一些,收入也多一些。

说老实话,当时领导对我比较照顾,如果妻子有文化,她也能进机关坐办公室啊!

妻子慢慢地对我的要求高了,几乎每日都唠叨我没本事,职务老升不上去,年年还是当个"破科长"。

尽管妻子天天唠唠叨叨地说我这个男人没能耐,骂我没本事。但我回忆了一下,自1978年参加工作以来,还是有些"本事"的:

(1) 在部队时立三等军功一次,获得连、营嘉奖50多次;转入现单位后,曾被集团评为文明标兵;其家庭在2004年被中宣部、全国妇联、教育部等18个单位组成的全国五好文明创建活动协调小组授予"首届全国学习型家庭"称号;最近又被市委、市政府授予"文明市民"称号;并且,我到过全国20多个省(市、自治区)作演讲300多场;其事迹被分别编入《全国优秀复转军人传略》、《世界优秀专家人才词典》、《世界名人录》等。

(2) 培养两个极调皮的儿子考进了全国一流大学,并到美国读博士(全额奖学金)。这一神话被全国1000多家媒体报道,其中有20多家省级报刊连载过我的著作《没有不成功的孩子》;中央电视台于

2005 年 2 月 24 日特派摄制组到我家采访 9 天；央视“东方书城”、“当代教育”、“大家看法”等多个栏目都作了专题播出。我每天要接 10 个以上咨询电话或信件，还有购买书的汇款单。

作者与央视著名主持人曾媛合影

在中央电视台与主持人路晨（右二）及两位编导合影

(3) 自参加工作以来，在人民日报、大众日报、黄冈日报、铁道兵、陕西日报等报刊发表作品1000余篇；出版著作10部计180万字(其中有一部是研究《红楼梦》的)；加入省作家协会；其著作畅销海内外(《没有不成功的孩子》在美国和日本等国的华侨中畅销)，收入不菲；国家文化部、财政部还将其中两部《没有不成功的孩子》、《没有不成功的家长》采购送给全国贫困地区图书馆。

(4) 拙著《没有不成功的孩子》被国家新闻出版总署、全国总工会、全国妇联、团中央联合下文向全国推荐；平时写的工作论文有3篇被十堰市评为一等奖。2000年5月撰写的《赋权管理法在铁路铺架施工中的应用》被中国铁道建筑总公司评为第四届企业现代化管理创新成果一等奖。

(5) 作家张振鹏先生写的《名家教子书——父亲的榜样》一书2008年出版，书中写了中外36位父亲的故事，其中就有我的故事。其余35个父亲有的是总统和有的是省长、部长，有的是亿万富豪等，如美国总统里根、比尔·盖茨、宋庆龄之父、叶圣陶、梁启超、陈景润、李嘉诚、鲁迅、钱三强等，这些人都是世界级伟人、名人。我能与这些人并列成为全世界“父亲的榜样”，我却不被妻子认可。

随着住房条件的改善，1996年，我们家搬进了四室两厅新房，妻子更讲究了；讲究的并不是买好家具，而是讲卫生。

说起来妻子讲卫生，这里如实地写出来，读者不会相信这是真的。

① 不管谁到我家，坐过的沙发、沙发巾必须洗，地板必须擦3遍。

② 我和儿子们每日回家，必须先换拖鞋；必须径直走到卫生间，脱下外衣，交由她刷干净，再洗手。尔后，她用毛巾跪在地上沿着我和儿子走的路线擦3遍。

③ 早、中、晚吃完饭之后，每次必须将大小客厅擦两遍。

④ 不允许我和儿子洗衣服和洗菜、做饭、洗碗等，怕我们洗不干净。

⑤ 被单、衣服常洗常换，有时衣服才穿一天就要洗。

妻子还有一个习惯，不允许我和儿子们自作主张买水果、买菜。

理由是：我们不会还价，会吃亏。有时，我也偷着买点新鲜菜，回家只好骗她，说是在马路上捡的。可是，骗一两次还行，第三次就通不过了。

这样一来，妻子就非常辛苦。她在机关食堂上班，早上5时起床，6点上班，9点下班；10点又上班，14点才下班；下午16点上班，21点下班。她工作时间这样紧，又要做完家中所有家务，不让我和儿子动一根指头。读者们评说评说，这样累不累？

我和儿子怎么劝说都不听，我们劝说过多少次，一点效果也没有。由于她每日工作、做家务达18个小时以上，就免不了心烦，于是就唠唠叨叨，骂我没本事，一天至少“修理”我两次以上，每次1～3小时；大部分是晚上才有时间“修理”我，有时还对我动粗呢。

刚开始我也想不通，也与之争吵。发现吵也无用，怎么劝说都无效。特别是每当我出差出门时，妻子便用最恶毒的语言咒骂，什么出门坐车翻车啊，乘飞机要摔下来啊，乘船要翻江啊，等等。

可是，每次出差回来，竟都平安无事。我真闹不明白，她为什么总是在我出差出门时发火。

后来我才弄明白，她是爱我爱得太深了，不愿意我出差，才动怒咒骂我。

有时，在她开骂之时，儿子便叫我出门，我就躲在门外偷听，结果呢，我不在家，她仍然要骂够1～3小时才停下。

奇怪的是，妻子在外面非常懂礼貌，从不多说一句话，单位里人人都夸她。

就这一现象，我也曾咨询过不少人，包括心理学专家和医生，他们说这是患了两种病，一种叫爱洁癖，一种叫抑郁症。

但我不相信。我们家过去那么穷，日子那样艰难，妻子为什么没有病？如今过上了小康生活，怎么会患病呢？

在我们单位，98％的男职工长年工作在外，一年回家才一两次，其中不少职工在外有了新欢或重新组织了家庭。其妻子在十堰机关守着家，当然，有不少夫妻就此离了婚。

而我基本上长年在家与妻子在一起，一年出差七八次。我的妻子比起别人，应该说是最幸福的女人啊！怎么会得病呢？

所以，我不相信妻子有病。但是，在劝说、争吵无效的情况下怎么办呢？

我是这样去思考应对的：

① 妻子是爱我的，这一点我非常清楚、明白无误；我呢，也爱妻子。我们之间不存在大矛盾。

② 假如我因为受不了妻子的骂和唠叨，受不了妻子过份的讲卫生，就此离婚吗？再说，我本身也讲究卫生，只是我讲卫生的程度或者说方式与妻子不太一样罢了。

比如我自从部队转入铁道部工作后，我原来一人在单位，就从未叠过被子，我认为叠被子浪费时间。

我特别对部队叠被子那一套做法不理解。每天早上，班里统一由一人为全班整理内务卫生，就是叠被子。那手上的汗水，穿着臭袜子什么的踩被子，假如你刚洗得很干净的被子，也让他们给弄脏了。如果有什么传染病，是最容易传染的。

所以，脱下军装后，我再也不叠被子，用一块布把床蒙起来即可。但我反对别人坐在我的床铺上。

我出差在外，无论冬夏，住宾馆都不脱衣服睡觉，我怕有传染病，如乙肝什么的。我更不在小摊上吃东西，再饿也不吃，买一包饼干充饥。

我如果一个人住一间房子，我从不扫地，更别说擦地板了。我认为，只要屋里没有病菌就可以了，再说，擦地板、叠被子，一辈子下来，要浪费多少时间啊！

而我妻子就不一样，不管三七二十一，机械地、天天去擦。试想，我们这种讲卫生的方式、方法不一样，理念不一样，怎么能不产生矛盾呢？比如你在晚上 8 点在床上躺了一会儿，哪怕再过半个小时又去睡，她也要把被子叠整齐了。

③ 假如我和妻子离婚了，如果再组织家庭，新的妻子又不太讲卫生了怎么办？

新的妻子懒惰、好吃懒做、不做家务了怎么办？

新的妻子不喜欢我两个儿子，或者说我两个儿子不喜欢这个新妈妈又怎么办？

如果妻子与我离婚后，她改嫁后被丈夫欺负挨打骂，她又离婚了怎么办？

她一旦受不了打击和刺激，真的成为精神病怎么办？或者自杀了怎么办？那岂不是害死一条人命么？那可是极其不道德的啊！

经过反复权衡思考，我发现我还是很爱我的妻子的。

于是，我决定，忍为上！为家庭去奉献，为爱情、为婚姻、为儿子去奉献！

于是，我不再与妻子争吵。

说实在话，夫妻生活如果产生矛盾，必须有一方作出牺牲、作出让步，忍耐至上、奉献至上才行！

但是，这个忍耐也的确残酷，可以说残酷到极点。

君不见，许多人的卧房里、办公室里，都悬挂着一个大大的"忍"字条幅！有人的手臂上甚至刻着个忍字呢。为什么会是这样的呢，正如古人所说的那样，小不忍则乱大谋。从古到今，多少人失败就失败在不能忍耐啊！事业上的失败、官场上的失败、生意场上的失败，婚姻家庭上的失败、几乎都归结到一个"忍"字，不能忍耐才导致失败啊！

在忍耐的过程中，我有时还真想到过死呢。你说这忍耐该有多残酷，可以说残酷到极点。但我坚持下来了。

我当时想，妻子的唠叨，妻子骂我没本事，无非是她心烦，为什么烦？都是生活、家务累的。如果孩子上大学后，家务活就不多了，就不会累了，她也就不会烦了，就不会唠叨了。

果不其然，随着我两个儿子分别于2002年和2004年到北京上大学，她又在2005年6月办了内退手续，她就没什么事可做了；家务活儿少得可怜，家里已达小康生活水平了，也不用再去为生计奔走、发愁了。而我又经常被邀请到全国各地去做演讲报告，在家时间不多，妻子现在基本不唠叨了，更不骂我了。这也就证明我当时的判断是正确的；如果听心理学家的话、听医生的话，把妻子送到精神病医院，或强迫她吃药，岂不坏了大事？

后来我也分析了一下，妻子之所以在我每次出差前骂我，是由于爱得太深了，不情愿我出差；她又没文化，无法表达出来，她实在是不想我老出差啊！

总之，妻子过去的那些毛病，主要是累的，是生活压迫造成的。当然，也有性格上的原因，还有没文化的原因；而没文化应该是主要原因。如果她多看一些书，就不会那么固执、听不进我和儿子的劝说了。当然，也许她一旦有了文化，是个高级知识分子，说不准又会产生其他毛病呢。

总而言之，人无完人，完美无缺的人是不存在的。正因为我把妻子看成为不是一个完美的人，我自己也不是一个完美的人，我才会去迁就妻子。

比如陪妻子逛商店，这是一百个男人中，有九十九个男人不愿干的"苦"活儿。但我就不得不去陪，因为不陪着逛就会挨骂。久而久之，我也成了逛商店的"爱好者"。真的，我如今在外出差，没事儿也会去逛逛商店。

其实，逛商店好处多着呢，我可以了解到许多社会情况，如物价的升降，买东西人的多寡，商店员工的工资收入，等等。我可以由此判断老百姓的生活质量，物价是否会上涨或下跌，逛一逛房地产市场，更能了解民情、社情，给我提供培养两个儿子的动力。

“二飞”与母亲(1994 年)

说真的,看着商店里那些未成年的打工孩子,是那样的帅、那样的漂亮、那样的聪明,但由于父母的不懂或者说不负责任,使孩子厌学,不爱读书,过早地走入社会,干一个月才拿 600 多元或 1000 多元的活。说实在的,这点钱,养不活自己啊!

看到这一切,就增强了我维护一个统一的家庭、和谐的家庭以及培养好孩子的紧迫感和信心。

总之,贫困的家庭、苦恼的婚姻,使我下决心培养孩子。所以,我后来就把培养孩子当成了头等大事。

[作者自己点评:

如今在一些大中城市里,离婚率是那样的高,据说许多夫妻都是因为性格的原因而分手的。

其实,这些夫妻们,在结婚之前,也许有一见钟情的成分吧。在大体上说,当初还是双方都认可的,是般配的,起码说比我当时搞对象时要般配得多。

当然,结婚之后,变化是肯定的,肯定要比婚前变得不可思议。比如相貌,女方肯定会在 30 岁或 40 岁时变得“人老珠黄”,不那么好看了，有的甚至一生孩子就肥胖起来。

再比如家庭财富，有的会变得富有，有的则变得日子拮据、钱不够花。

再说身份地位，丈夫或妻子，一方有可能当上省长、市长、大款、大老板，或是歌唱家，或是作家或是科学家，双方的条件地位就不般配了；许多人离婚都是这个原因造成的。比如文艺界的大多数名人。

其实，说一千道一万，只要夫妻双方想一下当初结合的情况，婚前一见钟情的理由，后来如何变化，都会忍受住的。所谓的爱情、婚姻、家庭，是要付出的啊！是要奉献的啊！

亲爱的读者们，我今天把我们夫妻间的一些"丑事"都抖出来了，也不怕读者笑话，我的目的是想让读者从中得到一种启示，即夫妻之间，只要是没有原则问题，根本闹不到离婚那一步。只要夫妻双方一方做出让步，做到"忍耐"二字，婚姻就不会破裂。

退一步讲，即使夫妻之间发生了原则问题，如第三者插足等，这个问题也好解决，无非是一方做出让步，用真情来感化对方，相信问题会解决好的。关键的是，夫妻双方，总要一方表现出脸皮厚一点、态度好一点，多一点关心，多一点爱，就不会走向婚姻破裂。

再说，如今的男女结婚，都是有爱情基础的，不然不可能结婚啊！既然当初都爱得死去活来了，如今一方出了问题，另一方也要检讨自己，对方为什么会不爱自己去爱别人，自己有什么过错吗？假如吵将起来、闹起来，离了婚，再去组织新的家庭，能保证新的对象比现在的更优秀吗？离了婚，再漂亮的姑娘、小伙子，也要打三折的啊！再去组织新家，会幸福吗？

总之，只要抱着好好过日子的心态，想想严重的后果，就会正确面对夫妻一方所犯的错误，就能建成一个幸福的家庭。通过我到300多个家庭帮助孩子，使我了解了这些家庭的一些内幕，我几乎成为全国知道隐私最多的人；但是，令我伤心的是，我在那些省长、市长和亿万富豪以及普通人的家庭里，几乎没有看到一个完美的幸福家庭。都有许多苦恼、烦恼，而且大部分都是孩子问题和婚姻问题。]

附录 2：

库金会著作以及撰写库金会传奇故事的作品一览表

编号	书名	作者	出版社	年份	价格
1	没有不成功的孩子	库金会，作家、教育家	北京，九州出版社	2003 年	20
2	没有不成功的孩子（图画本）	库金会，作家、教育家	北京，九州出版社	2004 年	25
3	没有不成功的家长	库金会，作家、教育家	北京，九州出版社	2004 年	22
4	我是这样管好孩子的	库金会，作家、教育家	中国华侨出版社	2004 年	22.8
5	女儿七岁上中学	库金会，作家、教育家	河南人民出版社	2005 年	20
6	普通孩子也能进名校	库金会，作家、教育家	河南人民出版社	2005 年	26
7	红楼忧患不读书	库金会，作家、教育家	河南人民出版社	2005 年	29
8	最管用的家教	库金会，作家、教育家	漓江出版社	2006 年	22.8
9	都有可能	库搏飞、库稳飞	哈尔滨出版社	2005 年	26
10	执着是首歌	冰客，记者、作家	人民日报出版社	2004 年	16

编号	书名	作者	出版社	年份	价格
11	教育神话：库金会实录	李振斌，作家、公务员	北京出版社	2004年	18
12	家教是门艺术	杨晓升，北京文学主编	中国长安出版社	2005年	18
13	《北京文学》优秀报告文学精选	杨晓升，北京文学主编	中国社会出版社	2005年	25
14	10位优秀父母的独特教育方法	晨曦，作家	石油工业出版社	2007年	23.8
15	名家教你做父母	吕明晰，山东电视台工作	中国国际广播出版社	2007年	26
16	中国式父教	东子，教育家	中国妇女出版社	2007年	25
17	父亲教育决定孩子的一生	东子，教育家	漓江出版社	2008年	23.8
18	名家教子书：父亲的榜样	张振鹏，作家、记者	青岛出版社	2008年	29
19	“天下父母”丛书：教子有方	吕明晰，山东电视台导演	山东教育出版社	2010年	35
20	家教神话：没有不成功的孩子	库金会，作家、教育家	山东教育出版社	2011年	

后　记

我今年54岁,已经过了知天命之年。本书也许是我的封笔之作。因此,我要感谢为我出版此书的山东教育出版社和责任编辑乔友福老师。还要感谢在我人生成长的关键时刻给予我帮助的师长和战友,他们是:原铁道兵一师五团十三连副指导员赵世松,原铁道兵一师四团六连副指导员孙玉信,指导员赖清泉,团政委马春强,宣传股长徐同贤;战友蔡春生,孙春亮,李达林;原中铁十一局集团二、四公司董事长汤英杰、郑开明;十堰市司法局局长胡建明;十堰市卫生监督局局长魏津;江苏丹阳市安全生产监督局领导许玲珍;十堰市工商局领导胡中其;十堰市教育局汪强科长;现任中华人民共和国铁道部副部长卢春房。

此外,我还要感谢中国中央电视台延宏等几位编剧和导演、记者远涉千里赴我家拍摄专题片。山东、湖北、江苏、内蒙古、贵州等电视台、《深圳特区报》、《光明日报》、《大河报》、《新安晚报》、《齐鲁晚报》播出和连载拙著,还有内蒙古通辽市人民广播电台、中央人民广播电台、《北京文学》、《家庭》、《楚天都市报》、《武汉晚报》、十堰市所有电视台诸频道以及全国千余家媒体连续播出我的教育成果,使千百万家庭受益。在此向诸媒体致敬。

最后,告诉读者一个好消息,我已经办了学校,面向全国招收5～18岁幼儿和上小学、初中、高中的孩子。学校名称是"库金会超常教育学校(研究所)",每年学杂费3万元(含食宿费和暑假培训费、心理咨询辅导费)。我的联系方式是:18986883103、0719－8763001;地址是:湖北省十堰市武当路36号;邮编:442012。

作者

2011年03月于湖北十堰

图书在版编目(CIP)数据

家教神话——没有不成功的孩子/库金会著.—济南:山东教育出版社,2011
(成功家教丛书/杜希福主编)
ISBN 978-7-5328-6826-1

Ⅰ.①家… Ⅱ.①库… Ⅲ.①家庭教育—研究 Ⅳ.①G78

中国版本图书馆 CIP 数据核字(2011)第 062521 号

成功家教丛书
杜希福 主编
家教神话
——没有不成功的孩子
库金会 著

主　　管:山东出版集团
出 版 者:山东教育出版社
(济南市纬一路 321 号　邮编:250001)
电　　话:(0531)82092663　传真:(0531)82092661
网　　址:http://www.sjs.com.cn
发 行 者:山东教育出版社
印　　刷:山东临沂新华印刷物流集团有限责任公司
版　　次:2011 年 6 月第 1 版第 1 次印刷
规　　格:787mm×1092mm　16 开本
印　　张:20.5 印张
字　　数:242 千字
书　　号:ISBN 978-7-5328-6826-1
定　　价:29.80 元

(如印装质量有问题,请与印刷厂联系调换)

电话:0539—2925659